Top 100 Holiday Paradises

U0712269

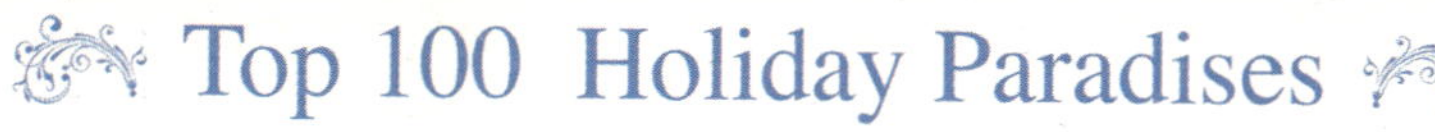

全球100度假天堂

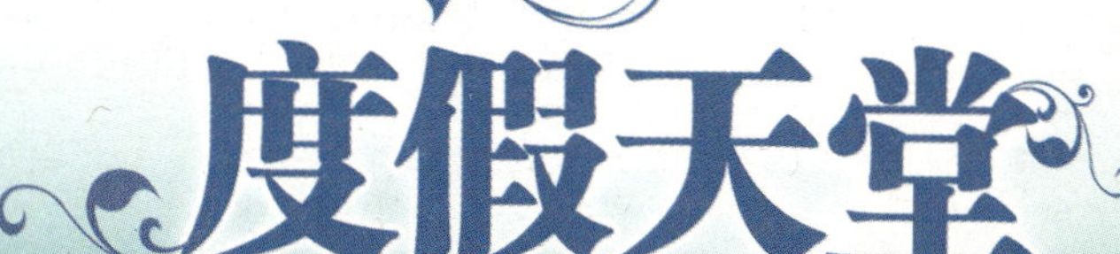

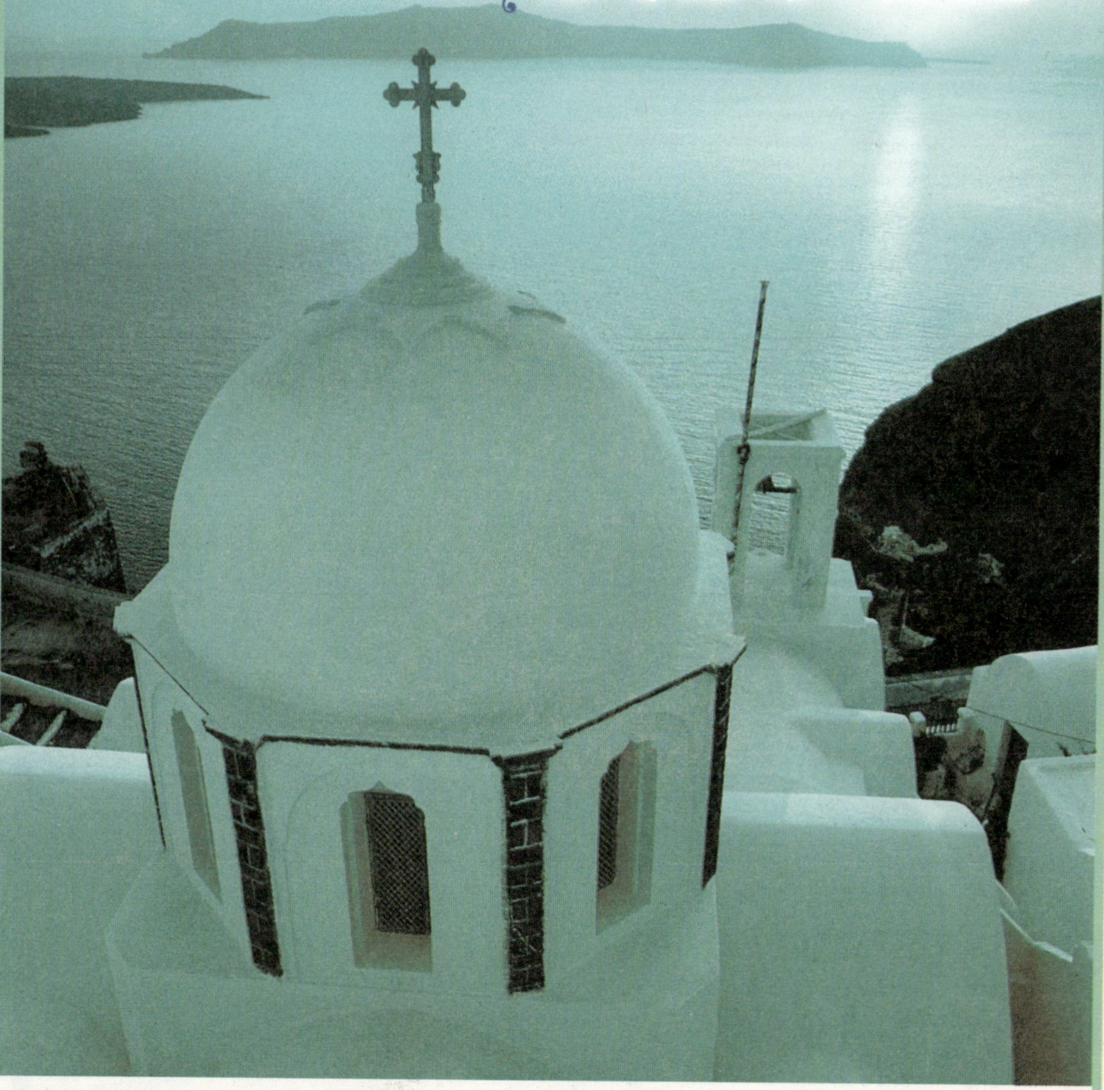

国家地理 National Geography

《国家地理系列》编委会 编

蓝天出版社

图书在版编目(CIP)数据

全球100度假天堂／《国家地理系列》编委会编 —北京：蓝天出版社，2008.12

(国家地理系列)

ISBN 978-7-5094-0116-3

Ⅰ.全… Ⅱ.国…Ⅲ.①名胜古迹－简介－世界②风景区－简介－世界 Ⅳ.K917

中国版本图书馆CIP数据核字（2008）第176018号

全球100度假天堂

【责任编辑】：傅晓莉　魏汉鑫

【责任校对】：李树林

【封面设计】：韩少杰

【出　　版】：蓝天出版社

【社　　址】：北京市复兴路14号（邮编：100843）

【电　　话】：66987132（编辑）　66983715（发行）

【制　　作】：日知图书（www.rzbook.com）

【印　　刷】：北京瑞禾彩色印刷有限公司

【开　　本】：787×1092mm　1/16

【印　　张】：24

【字　　数】：220千字

【版　　次】：2009年1月第1版

【印　　次】：2009年1月第1次印刷

【印　　数】：1-15 000册

【定　　价】：39.80元

前言

爱琴海的点点岛屿是天空洒落在大海的泪滴，塞纳河畔的一缕浓香是永恒爱情的催化剂，普罗旺斯的薰衣草是春风献给大地的礼物，梵蒂冈是上帝在地球上的故居……

生活是平庸乏味的，而生命是跃动的。既然如此，我们何不抛弃世俗的烦恼，给自己的心灵放个假，去畅游欧洲，体会美洲，感受非洲呢？虽然，并不是每个人都有机会去领略我们祖先的创造和大自然的杰作，但是，只要我们有一颗向往美好的心，这些遥远的距离就不再是空间的阻隔。

翻开书页，让我们一起徜徉在尼罗河畔，追寻远古文明；漫步哲学家小径，与哲人一起沉思；遨游马尔代夫的碧波，洗去灵魂的尘埃；置身肯尼亚大草原的狮群，刺激懦弱的神经；步入天鹅堡的演奏大厅，冥想皇族的爱情……

我们反对把自己禁闭在火柴盒一样的房间，拒绝日复一日劳累体形，更讨厌整日置身污浊的空气。因为，我们活着并不是为了其他，而仅仅是为了幸福。我们需要幸福的色彩、幸福的味道、幸福的声音、幸福的感觉。或许，你正在为世俗事务而劳神，你正在为生活中没有激情而沉沦，你正在为周围缺乏爱而激愤，甚至，你正在为因不知道人生的目标而郁郁消沉，再或许，你正在……那么，就请加入我们的度假行列吧，因为，享乐无罪，快乐万岁！

FOREWORD

目录

全球100度假天堂 CONTENTS

千年古韵之回响
——追怀悠远文明

◆ 埃及/10
——千年究竟有多长

◆ 尼罗河/14
——我就是一切

◆ 突尼斯/18
——穿越时空的美丽与哀愁

◆ 爱琴海/22
——浪漫的蓝与纯洁的白

◆ 雅典/26
——西方文明的摇篮

◆ 罗马/32
——永恒之城

◆ 梵蒂冈/38
——先知之城

◆ 洪都拉斯/42
——神的国度，梦的秘境

◆ 坎昆/44
——连接美好假期的幸福彩虹

◆ 吴哥/46
——追寻高棉的微笑

◆ 泰姬陵/48
——永恒面颊上的一滴眼泪

◆ 克久拉霍/52
——性爱的艺术与哲学

◆ 布达拉宫/54
——我心高原

澄澈琴瑟诉悠扬
——漫步典雅之域

◆ 布达佩斯/62
——多瑙河畔的双子之城

◆ 哥本哈根/66
——童话王国

◆ 芬兰/70
——圣诞老人的故乡

◆ 慕尼黑/73
——啤酒之都

◆ 天鹅堡/78
——王子的童话与悲情

◆ 海德堡/82
——心灵的归所

◆ 卢森堡/86
——欧洲最美的露台

◆ 荷兰/90
——随风绽放的郁金香

◆ 普罗旺斯/94
——薰衣草的浪漫爱情

◆ 尼斯/98
——一抹蔚蓝的童话世界

◆ 维也纳/102
——多瑙河上的女神

◆ 瑞士/107
——欧洲的公园

◆ 爱丁堡/112
——风笛之乡

◆ 威尼斯/116
——波光潋滟扬思绪

◆ 米兰/122
——南方的巴黎

◆ 佛罗伦萨/126
——花之城

◆ 圣彼得堡/130
——梦想之都

◆ 温哥华/136
——充满“湿”意的休闲城市

◆ 曼谷/139
——天使之城

白日放歌须纵酒
——寄情狂野之邦

◆ 巴塞罗那/144
——火辣的艺术之都

◆ 坦桑尼亚/148
——赤道上不融的积雪

◆ 南非/150
——狂野的彩虹国度

◆ 津巴布韦/154
——壮美的极致

◆ 毛里求斯/156
——上帝按照它造出了伊甸园

◆ 纳米比亚/158
——在撒旦的阳光下

◆ 卡萨布兰卡/160
——任时光流逝

◆ 墨西哥城/163
——众神之都

◆ 哈瓦那/166
——快乐无处不在

◆ 里约热内卢/169
——热情似火的桑巴节奏

踏歌弄影上云霄
——寻梦现代都市

◆ 伦敦/174
——泰晤士河畔的雾都

◆ 巴黎/178
——一席浮动的盛宴

◆ 莫斯科/186
——森林中的首都

◆ 拉斯维加斯/190
——黄金堆砌的沙漠之都

◆ 旧金山/196
——戴朵花，把心留下

◆ 纽约/200
——最繁华的都市

◆ 香港/204
——动感之都

◆ 新加坡/206
——热带阳光下的花园城市

◆ 迪拜/210
——富可敌国的奢华

◆ 马尼拉/213
——亚洲的纽约

◆ 悉尼/216
——南半球的英美风情

◆ 墨尔本/222
——粉红天空下的鸟语花香

chapter 05 执子之手，与子偕老——共赴浪漫之旅

◆ 塞舌尔群岛/228
——最后的伊甸园

◆ 夏威夷/230
——美丽和浪漫的代名词

◆ 伯利兹/234
——潜进加勒比海的蓝色天堂

◆ 巴哈马群岛/236
——梦幻天堂

◆ 加勒比海/238
——充满冒险和神秘色彩的乐园

◆ 巴巴多斯岛/242
——长胡子的小岛

◆ 巴厘岛/245
——南海乐园

◆ 冲绳岛/248
——追寻长寿的奥秘

◆ 西双版纳/252
——神奇的动植物王国

◆ 三亚/256
——东方夏威夷

◆ 普吉岛/258
——泰南珍珠

◆ 塞浦路斯/260
——爱神之岛

◆ 马来西亚/262
——热带旅游乐园

◆ 马尔代夫/267
——海水与天空的美丽童话

◆ 斯里兰卡/270
——印度洋上的珍珠

◆ 白山乡合掌屋/273
——清雅的童话之乡

◆ 宏村民居/274
——清泥小巷画中人家

◆ 汤加/276
——最早迎接日出的国家

◆ 塞班岛/279
——太平洋风情万种的佳人

◆ 塔西提岛/282
——上帝的天堂小镇

◆ 所罗门群岛/284
——潜水天堂

◆ 新西兰/286
——世界边缘的国家

◆ 斐济/288
——南太平洋上一串璀璨的明珠

chapter 06 缓歌慢舞凝丝竹
——品味域外闲逸

◆ 冰岛/292
——透彻尘世的冰火王国

◆ 莱茵河谷/296
——上帝赐福之地

◆ 巴登巴登/301
——德国的春天从这里开始

◆ 安道尔/306
——袖珍之国

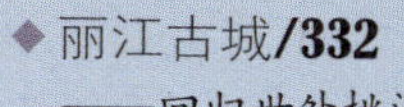

◆ 丽江古城/332
——回归世外桃源

chapter 07 天地有声，山川幻绮
——醇享自然奇观

◆ 肯尼亚/340
——失落在东非大草原的爱

◆ 马达加斯加/343
——一片神奇的土地

◆ 沃特顿－冰川国际和平公园/346
——落基山脉的皇冠

◆ 落基山脉/350
——现代人心灵的庇护所

◆ 育空地区/353
——极光绚烂

◆ 加拉帕戈斯群岛/356
——生物进化博物馆

◆ 香格里拉/360
——西方人眼中的世外桃源

◆ 西西里岛/308
——地中海的心脏

◆ 米科诺斯岛/313
——最接近天堂的小岛

◆ 长岛/316
——亿万富翁的豪宅

◆ 波多黎各/320
——海滩以外的精彩

◆ 北海道/324
——东方的普罗旺斯

◆ 济州岛/329
——神的休息处

◆ 下龙湾/364
——海上伊甸园

◆ 墨脱/368
——青藏高原上的“孤岛”

◆ 大堡礁/370
——绝美的水下奇景

◆ 鲨鱼湾/374
——人与动物的和谐之道

◆ 南极/378
——冰雪帝国

From Everlasting to Everlasting

Chapter.01

千年古韵之回响

——追怀悠远文明

Egypt …

埃及

千年究竟有多长

埃及有一句古老的谚语："人怕时间，时间怕金字塔。"黯然耸立着的金字塔向人们静静诉说着法老时代的荣光，神庙淳朴的石柱上印下了数千年文明古国的沧桑。

地理位置－非洲

度假名片－金字塔、狮身人面像、萨拉丁城堡、国家博物馆

未见过开罗的人就未见过世界，她的土地是黄金，她的尼罗河是奇迹，她的妇女就像天堂里的黑眼睛圣女，她的房子就是宫殿，她的空气柔软得像芦荟木般香甜好闻，令人喜悦。开罗怎能不是这样呢，因为她是世界的母亲。这就是《天方夜谭》里的开罗。

关于埃及，人们一提到它马上就会想到金字塔，但不一定知道苏伊士运河和西奈半岛。不要忘了，埃及地跨亚、非两洲，只不过大部分位于非洲而已。所以，埃及是东西方文化的交会点，除了古埃及的灿烂遗迹，伊斯兰教、基督教都在这里留下了它的足迹。

古埃及人并非现今的非洲人，这就是传说中的“天堂里的黑眼睛圣女”，她们可能是古埃及人历千年的混血繁衍之后的子孙，神秘又高贵，难怪当年恺撒会如此疯狂地爱上埃及艳后，可见她并非如我们想象的黑皮肤厚嘴唇卷头发。

作为非洲最大的城市，开罗地处尼罗河三角洲。整个开罗横跨尼罗河两岸，被分为东岸的旧城区与西岸的新城区两部分。东岸大部分是建于11到16世纪的古建筑，萨拉丁城堡和许多著名的清真寺就栖身在这里。西岸的新城区是近百年来发展起来的，高楼林立，近两百米高的开罗塔高高地俯瞰着整个尼罗河三角洲，宽阔的马路上高速奔驰着各种车辆，与东岸不时穿过古老街道的马车和骆驼形成鲜明的对比。这种现代文明与古老传统彼此并存的“矛盾”是开罗的一大特色。

库努姆神殿中巨大的柱子。库努姆神殿位于阿斯旺，2007年在这里有重大考古发现。

萨拉丁城堡位于开罗城东郊的穆盖塔姆山上，是11世纪时期萨拉丁为抗击十字军东征而建造的。当时埃及已经伊斯兰化，这阻止了罗马教皇的东扩野心，甚至连基督教徒到圣城耶路撒冷朝圣都遇到困难。教皇发动了长达两

菲拉神庙是唯一一座融埃及法老时代的建筑风格和希腊—罗马建筑风格于一体的综合性建筑，它还带有伊斯兰风格，大概是后来的伊斯兰文明从它那里吸取了精华的缘故。它是埃及古建筑中的另类，风光旖旎。

百年之久的东征，萨拉丁作为埃及的英雄应运而生。他击退了基督教徒的多次进攻，在军事史上写下了可歌可泣的篇章。他修建了这座皇宫，但他并没有享用过它。在城堡竣工后，他就领兵穿越尼罗河三角洲和西奈半岛北部沙漠，这一去就没有回来。十年后他在大马士革身染黄热病不治而亡，一代战功显赫的英雄就这样客死他乡，令人欷歔不已。站在穆盖塔姆山坡上，看着至今坚固如初的萨拉丁城堡，感慨万千，5 000 多年的埃及历史造就了多少英雄，经历了多少苦难，孕育了多少两岸的文明，沉淀了多少古老的文化。

伊斯兰教是埃及的国教，在开罗分布着 1 000 多座清真寺，寺顶的塔尖好似满天星斗点缀在城市上空，也为开罗这个古老的沙漠之都赢得了“千塔之城”的称号。

金字塔是埃及的名片，地处开罗西南的吉萨则拥有三座最大的金字塔，其中以胡夫金字塔最为著名。塔的四面分别朝向正东、正南、正西、正北，面与面之间竟如刀削般整齐。远远望去，三座金字塔巍峨壮观，庞大惊人的体积给人强烈的视觉冲击。徜徉在几吨重的巨石间，人类就如同蚂蚁般渺小无助。仰望着高不见顶、直插云霄的金字塔，令人不禁感叹千年不过是一瞬间而已。

哈夫拉金字塔前卧着的狮身人面像伴随着吉萨金字塔默默守护在尼罗河畔 4 000 多年了，在它饱经沧桑的脸上是一抹意味深长的笑容。数千年的风沙侵蚀在它身上留下了斑驳痕迹与累累伤痕，却无法磨平它独有的魅力。在世间无数轮回与沧海桑田之中，只有它能够掌握并严守所有的秘密。

在金字塔前，裹着大头巾，穿着长袍的阿拉伯人牵着身边装扮得五彩缤纷的骆驼向游客招揽生意，让这里永远充满喧闹的气氛。阳光、蓝天、沙漠、金字塔、阿拉伯人与骆驼，这一切组合在一起形成的画面竟是这样熟悉，也许这就是所有人心目中的埃及。

从吉萨返回开罗，从市中心的解放广场向尼罗河方向望去，有一座两层楼高的暗红色建筑，独特的气质吸引着每一个过往的行人，那就是埃及国家博物馆。在这座博物馆参观，是一生中不可多得的经历。从古王国时期到罗马帝国，从埃及艳后到法国皇帝，踏着古老文明的沉重步履，这里曾经是世界科学与艺术的摇篮。这里曾闪过亚历山大大帝的剑影，留下恺撒大帝的头像；这里还记载着拿破仑的足迹，涌起近代世界的硝烟。这里浓缩着整个埃及数千年的历史，那些精致或大气的文物是那么精彩，而创造出这些伟大艺术品的文明却早已不知所终，让人不得不感叹时间的伟大和无情。

埃及是一个神秘却张扬的国家，她的神秘蕴涵着太多的历史、太多的文化；她的张扬散发着亢奋的热情、过度的夸张。这一切的一切都隐藏在遥远的时间之中。在埃及，只想问一句——千年究竟有多长？

涅菲尔蒂是十八王朝法老阿赫那东之妻。据说世界雕塑史上有两件最美的女子雕像，一件是断臂维纳斯，另一件就是这座涅菲尔蒂（现藏柏林国家博物馆），她比断臂维纳斯要早1 500年左右。

哈索尔神庙，神庙的正立面是6尊石像，其中4尊为拉美西斯二世，另两尊为他的爱妃妮菲塔利，神殿的入口处还刻着“阳光为她而照耀”的铭文。可惜的是，神庙还没有建成王后就去世了，只有这座遗址还证明着法老对她的爱穿越了时空。

位于萨拉丁城堡内的阿里清真寺，由于寺中盥洗室外墙壁是用雪花石瓷砖镶嵌的，所以又被称为雪花石清真寺。

尼罗河 Nile River

我 / 就 / 是 / 一 / 切

地理位置－非洲

度假名片－阿布·辛拜勒神庙、卢克索

太阳升起在非洲蔚蓝的天空中，滚烫而耀眼的光芒洒在无边的沙漠上，而众河之父尼罗河就在这块土地上奔流着，在每年定期的泛滥中逐渐孕育出一个伟大的文明。

尼罗河畔的一座神像的基座上刻写着：“我就是一切——过去、现在、未来。”近5 000年的岁月在金字塔上留下的斑驳痕迹与累累伤痕，却没能在尼罗河上留下些许印迹。

作为世界上最长的河，尼罗河一词最早出现在2 000多年前，关于它的来源有两种说法：一是来源于古拉丁语的尼罗（Nil），意思是不可能，因为古代居住在尼罗河中下游地区的人们认为要了解尼罗河的源头是不可能的，故名尼罗河；另一种说法则认为尼罗河一词是由古埃及法老尼罗斯（nilus）的名字演化而来。

位于东非高原的维多利亚湖是尼罗河水的源头，白尼罗河从这里曲折流下，绵延数千千米直至流入地中海。19世纪英国探险家斯派克在寻觅尼罗河源头时发现了维多利亚湖，并以英国女王的名字为它命名，而非洲当地人则自古就称其为“尼亚萨”，即大湖的意思。

离开乌干达的白尼罗河流入非洲面积最大的国家——苏丹。苏丹位于尼罗河的两条主要支流交汇处，青尼罗河与白尼罗河一条婉约，一条奔放，风格迥异。白尼罗河穿越了苏丹南部的丛林，流过苏丹北部的广阔沙漠，与青尼

位于尼罗河西岸的沙卡拉墓地。沙卡拉是埃及死神的名字，在古埃及时期举国上下无论贵贱都力求在此地安葬。它拥有埃及和全世界第一座金字塔，也是第一个用石材建成的墓葬群。

尼罗河干流进入埃及北部后，在开罗附近散开汇入地中海，形成了扇形的尼罗河三角洲。尼罗河三角洲土地肥沃，是古埃及7 000年灿烂文明的发源地，也是今天的旅游胜地。

罗河在苏丹首都喀土穆汇合，形成了世界第一长河——尼罗河。作为苏丹的母亲河，尼罗河在喀土穆弯了一下腰，孕育出了苏丹国的首都。

过去的喀土穆曾是繁华的象牙贸易中心，现在的喀土穆则是苏丹全国的政治、经济、文化中心以及交通枢纽。喀土穆市区内伊斯兰寺院和基督教教堂并存，这也是整个非洲的一大特色，地区的原始宗教文化能够与欧洲外来者的文化彼此共存在同一城市，甚至同一街区。

作为世界上有名的热都，喀土穆的气温常年在40℃以上。即使日落之后，大街上的柏油马路仍然是软软的，是名副其实的“世界火炉”。苏丹人为了抵抗酷热的侵蚀，在喀土穆大街小巷栽种了成片的榕树。这种榕树枝叶繁茂，从街道两侧伸向街心马路的上空，形成一种巨大的天然“遮阳伞”。这些树林既减少了烈日的炎威，又起到了美化城市环境和净化城市空气的作用。

苏丹人爱喝咖啡，这点在喀土穆体现得尤为明显，喀土穆

卢克索神庙长262米，宽56米，由塔门、庭院、柱厅和诸神殿构成，塔门两侧矗立着6尊拉美西斯二世的巨石雕像，是世界上最壮观的古建筑物之一。

的大街小巷遍布着大大小小各种咖啡馆和路边咖啡摊。在简易的木炭炉上放一壶水，咖啡摊的老板会端着盘子将咖啡杯递到你手里，同时给你一个甜美的微笑。在苏丹喝咖啡要有耐心，不然你就无法品出苏丹咖啡的味道，也就很难熟悉苏丹人的生活习俗，无法了解苏丹人的内心世界与情怀。

喀土穆是一座吸引游客的城市，青、白尼罗河在喀土穆汇合这一奇特景观吸引着无数游人。在两条尼罗河汇流处的跨河大桥上远眺，一边是清澈湛蓝的青尼罗河，一边是河水混浊的白尼罗河。河水交汇处一半是蓝色，一半是白色，彼此互不干扰地奔流向前，犹如两条色彩截然不同的锦带平铺在人世间。一川双色，蓝白分明，波光粼粼，蔚为奇观。不过最终两条迥异的河流还是汇集在一起，继续向着北面的埃及流去。

埃及的尼罗河河畔坐落着一座伟大的建筑——阿布·辛拜

图坦卡蒙陵墓中的黄金面具是墓葬品中最著名的一件。

卢克索神庙的羊首斯芬克斯大道宽阔壮观，它连接着卢克索神庙和卡纳克神庙。

勒神庙，它是法老时代最美的纪念物之一。这里有一大一小两座神庙，都是在山岩中开凿成的。神庙名义上是祭祀太阳神和女神哈索尔，实际上供奉的却是法老拉美西斯二世和他深爱的妻子。在法老时代，阿布·辛拜勒神庙的位置正好是埃及和南方国家努比亚的边界，是埃及向邻国宣示国威的象征。这座神庙不愧为拉美西斯二世留下的众多宏伟建筑中的登峰造极之作。

夕阳把尼罗河染成一片金辉，就像埃及的沙漠。

埃及自古分为南部的上埃及与北部的下埃及两部分，以古城孟菲斯为界。上下埃及的区分是一个地域概念，而非时间概念。在古埃及时代，上下埃及分别由不同的王权代表，因而分别有自己的图腾象征，敬拜的神也各不相同。在许多神庙中，你会发现上到众神和法老的王冠，下至动植物图案，上下埃及都泾渭分明。然而在上下埃及统一后出现的雕刻中，你会发现所有的象征都合二为一了，最常见的是装饰在大圆柱顶部的莲花和纸莎草的图案，意寓两片土地王权和神权的统一。

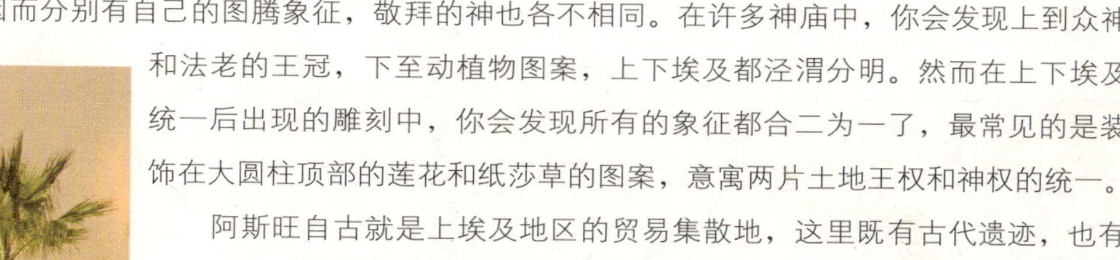

阿斯旺自古就是上埃及地区的贸易集散地，这里既有古代遗迹，也有现代文明的奇迹，世界第七大水坝——阿斯旺大坝就建在这附近的尼罗河上。被水坝拦截而成的纳赛尔湖周围地区更是融合了东方的平和气氛与非洲大陆的勃勃生机，成为世界闻名的冬季休养地。

阿斯旺附近的尼罗河上有很多富有古埃及特色的帆船，游客可以选择乘坐这些帆船到附近的小岛游览，也可乘坐豪华游轮遍览美丽的尼罗河。

卢克索古称底比斯，位于开罗南方 671 千米的尼罗河岸边，是古埃及帝国中王朝和新王朝时期的都城，至今已有超过 4 000 年的历史。据说当时的底比斯人口稠密、广厦万千，仅城门就有 100 座豪舍，《荷马史诗》中将底比斯称为“百门之都”。历代的法老们在这里兴建了无数的神庙、宫殿和陵墓，其中最神秘、最具吸引力的就是帝王谷。

经过 4 000 年漫长岁月的侵蚀，卢克索昔日宏伟壮观的柱廊、神殿以及圣像尽管已是断墙残垣，却丝毫没有烈士暮年般的苍凉和悲悯。它们依旧在碧蓝的天空下洒脱地挺立着，静静地昂首向天，没有粉饰、做作和张扬，却宣誓着一种最伟大的力量。而尼罗河畔的旭日也将这里映成一片灿烂的金黄，让人能够想见它们当年的雄姿。

传说特洛伊战争之后，希腊英雄尤利西斯带着船员在地中海漂泊，看到白色的突尼斯后，决定在此扎根繁衍，而白色的突尼斯也从此被染上了五颜六色的光彩。

突尼斯 Tunisia

穿/越/时/空/的/美/丽/与/哀/愁

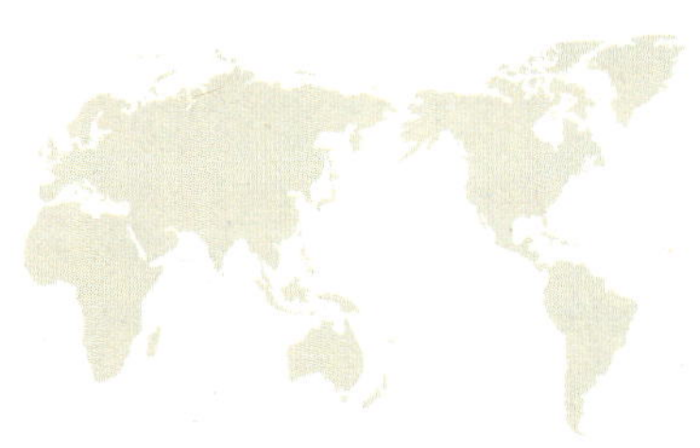

地理位置－非洲

度假名片－迦太基古城遗址、巴赫多博物馆、埃尔·杰姆斗兽场

从文明的历史或时光的角度来看，突尼斯是通往漫长迦太基历史的一扇门，因此有人说："人到突尼斯，必至迦太基。"

迦太基城始建于公元前750年。公元前6世纪左右，迦太基变得更加强大，从北非的沙漠开始向富庶的地中海地区扩张。公元前3世纪，迦太基与地中海北岸的头号强国罗马发生冲突，双方进行了三次旷日持久的布匿战争，上帝站在了罗马人这边，最后迦太基被罗马人攻陷。公元前146年，繁盛的迦太基被一场燃烧了10天的大火焚为灰烬。后来，罗马人在废墟上建立了一座新的迦太基城，不过这个时候的迦太基城已不再是北非霸主的巢穴。公元7世纪，阿拉伯人远征而来，迦太基再次被毁。从此，这颗古代地中海女王皇冠上的明珠失去了往日动人的光芒，黯淡与怀伤是它的底色。

突尼斯东部杰姆城内的埃尔·杰姆斗兽场，建于公元230年到238年间，是世界上现存的古斗兽场中名列第三、保存得最好的古罗马斗兽场。

今天的迦太基古城遗址离突尼斯市不远，虽然这里现在只剩下残垣断壁，但昔日的繁华风韵依稀可辨。零星洒落的古迹残痕，厚重巨石砌成的墙基，断裂风化的花岗石圆柱，雕刻着花篮、卷叶、荷花、棕榈叶等各种装饰花纹的柱头，显示着当年古城建筑的宏伟与辉煌，也散发着一种衰败残破的美。

在迦太基古城遗址见到的不是曾经繁华强盛的迦太基帝国的正午，而是一个衰败没落的迦太基人的黄昏……而如今突尼斯的首都突尼斯城却朝气蓬勃地发展着。从天空俯瞰突尼斯城，蓝色的地中海、被树荫笼罩的城市与星星点点的白色清真寺屋顶共同组成了一幅美丽的自然画卷。同许多古老的城市一样，突尼斯也分旧城与新城。旧城还保持着神秘的阿拉伯东方色彩，随处可见穿着长袍披着面纱的阿拉伯女子，而飘忽的阿拉伯乐曲则飘荡在麦地那上空。新城拥有鳞次栉比的高楼大厦、宽广洁净的林荫大道、清爽明亮的咖啡店、商场和饭店，它们将市区装扮得多彩多姿。漫步市区，浓郁的地中海气息迎面扑来，悠扬的音乐从咖啡厅溢出。

突尼斯有一个震撼人心的巴赫多博物馆，馆内展示着世界上最杰出、最完美的古罗马镶嵌画。那一幅幅马赛克拼画让人们慨叹古老艺术的伟大与神奇。突尼斯另一处标志性建筑是埃尔·杰姆斗兽场，这里是古罗马帝国留在非洲的最辉煌建筑之一。斗兽

麦地那本是伊斯兰教的第二大圣城，突尼斯的老城也有一部分叫麦地那，不过此麦地那非彼麦地那，这里的城市建筑保留了公元7世纪阿拉伯人征服北非以来各个历史时期的城市传统布局和建筑风格，同时也融入了非洲当地的色彩。(左图)

突尼斯联合广场北边钟塔，它是突尼斯的标志性建筑。（右图）

场层层拱廊相连，宽阔高大。行走其间，仿佛在古代城堡殿廊穿行，仿佛看到了人与人厮杀、人与兽搏斗的惨烈景象，似乎听到了败者和伤者撕心裂肺的绝望惨叫，以及看台上爆发出的震耳欲聋的喝彩声和诅咒声……

在突尼斯的海边，坐在能眺望大海的露天咖啡座上，喝着突尼斯人最爱喝的薄荷茶，回味着那种又浓又甜的滋味，真是妙不可言。有时候，旅行的意义不单单是相机中留作纪念的照片，而是那些相机无法装入、文字又无法表达的东西，比如这里的碧海蓝天，它蓝得让人没有办法用其他地方的蓝比较——斯堪的那维亚的蓝天大海也许更纯净，但颜色过于淡了一些；普吉岛外印度洋的蓝天大海也蓝得纯粹，但又蓝得过于热烈了些。这是只有在迦太基遗址才能感受的蓝，是地中海的蓝天与大海，是大海与沙漠在最古老的对峙中产生的蓝。

迦太基古城内的古罗马城门遗迹，在夕阳的映射下显得苍凉而壮美。

巴赫多博物馆内部的穹顶。人们评论说巴赫多博物馆是世界上最美丽的博物馆之一，的确如此，灯火辉煌的博物馆内有着这个世界上最杰出、最完美的古罗马镶嵌画，要想仔细研究陈列在这里的每一件藏品，大概得要三天的时间。透过一幅幅的马赛克镶嵌画，我们强烈感受到了先人们创造力的旺盛。

Aegean Sea ...

爱琴海

浪漫的蓝与纯洁的白

如果蓝与白是天堂的颜色，那么爱琴海就是一个纯净的人间天堂。蜿蜒街道上的白色栏杆，青山碧海中高低错落的白色房屋，蓝色屋顶上纯白的十字架……

地理位置—欧洲

度假名片—米诺斯遗址、圣托里尼岛、阿帕伊亚神庙、欧塔廓伊清真寺

去爱琴海，其实并不需要给自己找什么理由，也不需要制订什么旅行计划，只需要投奔那湛蓝的长空与大海就足够了。上帝在希腊泼洒了太多的蓝色颜料，那里的天空和大海蓝得耀眼，而海天一色之下，是爱琴海中的基克拉泽群岛。上千个大大小小的岛屿上，点缀着一栋栋洁白的屋舍。当目光触及这种极致的蓝、纯粹的白时，心里总会涌起一种莫名的感动。

爱琴海的名字源于一个凄美的传说。相

悠扬的风车摇出凝练的岁月。（左图）

位于博斯普鲁斯海峡边的欧塔廓伊清真寺，远处是横跨博斯普鲁斯海峡的博斯普鲁斯大桥，它是世界上唯一连接两个大洲（亚洲和欧洲）的桥梁。（右图）

传很久以前，克里特岛上米诺斯国王的王后生下了一个牛头人身的怪物，即米诺牛。国王命人在王宫的地下为米诺牛修造了一座错综复杂的迷宫，并要求其附属国雅典每年进贡七对童男童女以供米诺牛享用。雅典惧怕米诺斯的强大，不得不按时纳贡，因此凡是家中有童男童女的人家都惶惶不可终日。雅典国王爱琴的儿子忒修斯不忍心看到国民深受骨肉别离之苦，决定前往克里特岛，杀死米诺牛。临行前，他和父亲约定，如果杀死米诺牛，便在返航时挂上白帆，反之则挂黑帆。

到达克里特岛后，忒修斯王子英俊的相貌和不凡的气质赢得了米诺斯公主的爱慕。公主给忒修斯一个线团，让他在杀死米诺牛之后能沿原路退出迷宫。英勇的忒修斯在顺利完成任务后带着同伴和美丽的公主胜利地归航了；然而，神谕指示王子必须放弃他的爱情，王子只好将公主留在荒岛上，独自离去。沉浸在痛苦中的王子忘记了与父亲的约定，没有把黑帆换成白帆。伫立在岸边的老国王看到渐行渐近的黑帆时，以为儿子已经命丧黄泉，万念俱灰之下纵身投入了大海。为了纪念这位可怜的父亲，这片海从此就叫爱琴海。

爱琴海是地中海东部的一个大海湾，位于地中海东北部、希腊和土耳其之间。南通地中海，东北经过达达尼尔海峡、马尔马拉海、博斯普鲁斯海峡通黑海，南至克里特岛。爱琴海海岸线非常曲折，港湾众多，是世界上岛屿最多的海域之一，共有大小约 2 500 个岛屿，所以爱琴海又有“多岛海”之称。爱琴海最有名的岛屿是色雷斯海群岛、圣托里尼岛和克里特岛。

克里特岛是海中最大的岛屿，面积 8 000 多平方千米，东西狭长，是爱琴海南部的屏障。爱琴海岛屿的大部分属于西岸的希腊，一小部分属于东岸的土耳其。从雅典的港口搭上一班游艇，驶向迷人的爱琴海，迎面吹来的柔柔海风总能使人慢慢地融入这蓝与白的无尽浪漫之中。

如果说克里特群岛是一串散落在爱琴海里的珍珠项链，那么圣托里尼岛就是坠子上最闪亮的那颗钻石。圣托里尼岛除了和其他爱琴海岛屿一样拥有日落的美景外，还有色彩缤纷的火山口和亚特兰蒂斯的传奇故事。由于火山爆发的关系，圣托里尼岛地势较高，如直角般立于海平面上；蓝色的天幕与海洋构成了庞大的背景，成群的屋舍盖在拔地而起的火山口悬崖边，白色的建筑镶在数百尺高的峭壁上，静静地守候着爱琴海的日出与日落。这里蓝白相间的色彩天地是艺术家的聚集地，是摄影家的天堂；在这里，你可以做诗人，也可以做画家，彩绘出你心目中圣托里尼最蓝的天空。佩里萨和卡马利是圣托里尼岛上的著名小镇，这里以黑色沙滩而闻名，带来了很不一样的爱琴海度假气氛。

紫色的回忆，海天一色，仿佛有风铃传来。

希腊岛屿上的白色建筑具有反射强烈阳光、保持屋内清凉的功能，这些建筑在湛蓝的爱琴海海水的衬托下亮丽夺目。

在古希腊神话中，天神宙斯就将情人藏匿在爱琴那岛上，这座岛上有许多海鲜馆。店主为了招揽客人，将大大的墨鱼悬挂在海鲜馆外的栏杆上，让人远远看到就会大流口水。这个岛上最著名的古迹是位于东北面松林掩映的山顶上的阿帕伊亚神庙，那里是远望爱琴海的最佳视角。神庙是公元前 480 年为了纪念萨拉米斯海战而建。当时，波斯王率领庞大海军进犯希腊，雅典城邦危如累卵。但是，雅典人没有屈服，在统帅铁米斯托克利的率领下，精悍的雅典海军在萨拉米斯海一举消灭了三倍于己的波斯战舰。

此外还有充满艺术家气息的伊兹拉岛、以风车为标志的米其龙士岛，具有独特梦幻气质的米科诺斯岛……漫步于爱琴海的岛屿，也许所有人都希望时间就这样停下，今天就是永远，就是永恒。

雅典 Athens

西／方／文／明／的／摇／篮

地理位置－欧洲

度假名片－西方文明的摇篮、卫城、帕特农神庙、阿戈拉

雅典至今已有5 000多年的历史，自古就有“西方文明的摇篮”的美誉。当世界还沉睡在古老时代的黑暗中，文明的曙光就已在爱琴海升起。辉煌的古代文化，珍贵的文化遗产嬗传至今，构成了雅典给世人的印象。

帕特农神庙是雅典卫城主体建筑，为歌颂雅典战胜波斯侵略者的胜利而建，是供奉雅典娜女神的最大神殿。这座神庙历经两千多年的沧桑之变，如今庙顶已经坍塌，雕像荡然无存，浮雕剥蚀严重。但从巍然屹立的柱廊中，还可以看出神庙当年的风姿，它代表了全希腊建筑艺术的最高水平。庙内原陈放的著名雕塑《命运三女神》现存伦敦大英博物馆。

经修复后的阿戈拉已经没有两千多年前的热闹气象了，不过更显肃穆和安静。

雅典卫城的少女柱。

雅典的名字来源于希腊神话中的智慧女神雅典娜。雅典娜是聪明、勇敢和智慧的化身。相传她与海神波塞冬为争夺雅典的守护神地位争斗不休，宙斯决定谁能给人类一件有用的东西，城市就归谁。波塞冬赐给人类一匹象征战争的壮马，而雅典娜则献给人类一棵枝叶繁茂、象征和平的油橄榄树。人们渴望和平，厌恶战争，于是雅典娜成了雅典的守护神。

传说雅典娜是宙斯与聪慧女神墨提斯所生，有人预言墨提斯所生的儿女会推翻宙斯，宙斯遂将她整个吞入腹中，因此得了严重的头痛症。在百般无奈下，宙斯不得不请火神打开他的头颅。奇迹发生了：一位体态婀娜、披坚执锐的女神从裂开的头颅中跳了出来，光彩照人，仪态万方。她是最聪明的女神，是智慧与力量的完美结合。她就是女战神与智慧女神雅典娜——雅典的守护神。传说她在特洛伊战争中的表现活跃，为希腊人献木马计攻破了特洛伊人的城门。除了司战争和智慧，她更爱和平，这也是雅典被称为“酷爱和平的城市”的原因。

巨大的雅典娜女神像矗立在卫城广场上。传说海船驶进雅典城，远远就能望见女神手中长矛的镀金矛头，十分壮观。

雅典人正是按照他们的守护神的意旨生活的。他们爱智慧，也爱和平。他们创造了最远古的民主，在伯里克利时期达到了鼎盛，这也是现代西方政治的源头。为了保卫和平，就得抗击战争。雅典人参与过两次著名战争——希波战争和伯罗奔尼撒战争：前者为了维护整个希腊世界的和平，抗击波斯的侵略；后者则是为了泛希腊世界的霸权平衡，不过这一次雅典人被他们的守护神抛弃了，在这之后整个希腊都衰落了。古雅典的最终灭亡是人类文明的悲剧，直到几百年后欧洲蛮族才把它从“坟墓”里挖出来，让它的光芒再次普照世界。

古代雅典是西方文明的源泉，对艺术、哲学、法律、科学作出了杰出的贡献。公元前 5 世纪，雅典进入极盛时期，出现了许多不朽的大师——悲剧作家欧里庇德斯，喜剧作家阿里斯托芬，哲学家苏格拉底、柏拉图、亚里士多德，历史学家希罗多德……这一连串照耀着人类文化黎明的伟人都诞生于雅典或曾在此居住。我们不妨扪心自问，现如今我们的思想和价值观里有多少元素是古希腊的？原来，人类两千年来的追求和探索仅仅是古希腊文明的若干注释而已。

雅典是希腊古文物的中心，迄今保留着许多古代文化遗址。漫步雅典市内，到处都可以看到举世闻名的历史文化古迹。位于市中心的希腊历史文物博物馆里，陈列着从公元前 4000 年以来的陶器、雕刻等丰富多彩的希腊古文物，生动地展现了希腊各个历史时期的文化。另外，还有拜占庭博物馆、国家图书馆、科学院、国家剧院以及建于 1837 年的雅典大学等。卫城是雅典的一颗明珠，也是雅典的象征。可能世界上再也没有一个地方像雅典卫城一样，在一小块地方集中了如此之多的建筑、绘画和雕塑的经典之作。帕特农神庙、伊瑞克提翁神殿、卫城山门、胜利神殿、狄奥尼索斯剧场、阿迪库斯音乐厅和阿克波利斯博物馆……在希波战争中，卫城被彻底破坏。庆幸的是，战争结束后，雅典人花费了 40 年的时间重建了卫城。可以说，雅典卫城达到了古希腊圣地建筑群、庙宇、柱式和雕刻的最高水平，不仅是古希腊文明的缩影，也是世界建筑史上的奇迹。

雅典也是现代奥运会的发源地，图为奥林匹克综合体育场入口，该场馆是2004年雅典奥运会主体育场。

卫城中的建筑几乎全部用洁白的大理石建成。从山下四周仰望，这些建筑物沿周边布置，相互之间既不平行也不对称，而是利用地形把最好的角度朝向人们。而欣赏卫城最好的时间莫过于早晨。雅典的第一缕阳光是从卫城中射出的，而后才照耀于整个城市。晨光中的卫城庄严而祥和，古希腊留下的一砖一瓦都散发着神秘的魅力。

帕特农神庙是卫城中规模最大的神庙，2 500 多年以来，这座白色石灰石神殿，在蓝天与红日的交相辉映下，向世人展示着绮丽的风姿。它是希腊全盛时期建筑与雕刻的主要代表，有“希腊国宝”之称，也是人类艺术宝库中一颗璀璨的明珠。它为纪念希波战争胜利而建，当然更是为了表达对守护神的崇拜，并

帕特农神庙上的浮雕，描绘泛雅典娜节游行队伍中的青年。

以雅典娜的别名 Parthenon（古希腊语中的贞女）命名。它采用了“黄金分割比”，让人觉得优美无比。神庙背西朝东，耸立于3层台阶上，玉阶巨柱，画栋镂檐，遍饰浮雕，蔚为壮观。这里曾经供奉着古希腊最伟大雕塑家菲亚狄斯创作的雅典娜神像，可惜今已不存。不过我们在两千多年后的今天仍可以感受到当年的盛况，光是那条长达160米的浮雕带就让人惊叹不已，它再现了泛雅典娜节游行庆祝活动的盛景，在激烈运动和兴高采烈之中又饱含着端庄典雅之美，数以百计的人和马的形象竟然没有一个雷同！这些形象在向前行进的态势中有跳跃、飞奔、暂歇、举步、备鞍等各种动作，更不必说身形面容、个性气质等差异了。整个浮雕有如一首壮丽的交响乐。

漫步于保留至今的残垣断壁之间，你仿佛还能听到柏拉图的雄辩、荷马的吟唱，或是伯里克利的激情演说……

从卫城出来，向西北一侧的山坡走下去，有一条相对幽静的小路。两千多年前，这里就是雅典的主干道，阿戈拉就在它的两侧。“阿戈拉”在希腊语中是“集市、聚集之地”的意思。在古希腊人的生活中，这里是人们购买商品、议论时事、发表演讲、

拉斐尔的壁画《雅典学院》。两侧的壁龛里分别供着智慧女神雅典娜和音乐之神阿波罗，中心是柏拉图与亚里士多德，当时雅典的名人毕达哥拉斯、阿维洛依、伊壁鸠鲁、圣诺克利特斯、欧几里得、托勒密、第欧根尼、阿尔西比亚底斯、赫拉克利特等都在画中，可见雅典民主时期历史之辉煌。

画外传音——雅典三圣指

雅典是西方文明的两大源头之一（另一为犹太—基督教），它留给人类的最大精神遗产大概要算三位哲学家的思想了。苏格拉底、柏拉图、亚里士多德，他们的学说一脉相传。巧合的是，中国儒家思想诞生过程中也产生了三位相似的人物：孔子、孟子和荀子。苏格拉底的一生大概都用于对真理的追求和跟学生的交谈，他没有留下著作，要知道他的故事得通过后人的记载，他就像孔子一样“述而不作”；柏拉图是位人文主义气质很浓的哲学家，按后人的说法叫“唯心主义”，这也跟孟子相似，孟子强调“气”；亚里士多德是位具有所谓“朴素唯物主义”倾向的思想家，他曾作《物理学》，把真与善、美的领域区别开来，这跟荀子相似，荀子的作品很少有感情的奔放，他比较关注自然现象。

Extensive Reading
延·伸·阅·读

传播学说、朝拜神灵的地方，也是古典民主萌芽之地。

然而时光流转，现在的阿戈拉已经满目疮痍。古代建筑只留下地基，连柱子都难以找寻。不过在残破的废墟之上，古希腊时代几乎所有的名人都曾在这里出现过，苏格拉底每天都要在这里待很久，他站在阿戈拉的“宙斯门廊”前，和自己的学生柏拉图等人探讨知识；斯多葛学派的创始人芝诺总是在这里宣扬自己的学说；圣保罗则在这里宣扬过基督教。苏格拉底自认为是个精神助产师，他教导学生时不是给出结论，而是一步步引导他们，在辩难中让他们自己思考，“宙斯门廊”因此成了雅典文化的精神产房。

雅典就是雅典，当看到一轮夕阳从雅典卫城的背后落入爱琴海时，你会感叹卫城的落日，仿佛它是这座城市古典文化命运的象征。但当皎洁的明月从庄严的神殿、宏大的剧场后方升起时，照耀的仍然是千年如一日的雅典，一个既属于众神，也属于凡人的地方。

位于大理石体育场上的雕塑掷铁饼者，它是奥林匹克精神的完美诠释。大理石体育场也称泛雅典体育场，是在雅典古运动场的废墟上复建的，也是1896年现代第一届奥运会的主赛场。

罗马 Rome

永 / 恒 / 之 / 城

地理位置－欧洲

度假名片－斗兽场、那弗纳广场、许愿池、万神殿

罗马，对于很多人来说，是一个梦一样的名词，说出来的时候，想象的翅膀便随风飘起。这是一个古老的城市，无数个世纪重重叠叠，辉煌与寂灭交织，充满光彩的碎片和荣耀的瞬间。

罗马有千姿百态的喷泉1 300多个，其中最著名的喷泉是特莱维喷泉，也称许愿池，整个景观再现了海神胜利的景象。

罗马是意大利首都，也是欧洲最古老的城市之一。它坐落在意大利中部的台伯河下游平原上，是古罗马帝国的发祥地和首都，一直以来都以悠久的历史和绚丽的风光名闻天下。罗马老城是当今世界上完美保存古城建筑结构的典范，早在1983年就被联合国教科文组织列入世界遗产名录。

罗马城被誉为“永恒之城”，距今已有2 700多年的历史，因其最初建在景色秀丽的7座山丘之上，所以又有“七丘之城”的别名。关于罗马的来历，还有一段“母狼乳婴”的美丽传说。相传亚平宁半岛的阿尔巴隆加国的公主西尔维娅与希腊战神马尔斯相爱，生下了一对可爱的孪生兄弟。其叔阿穆里乌斯篡夺王位后，为了斩草除根，处死了西尔维娅，并将孪生兄弟放入篮筐扔进了台伯河。哪知篮筐不但没有沉没，反而顺流而下漂到河边。一只母狼将两个孩子衔走，并用狼奶喂养他们。后来两兄弟被一位猎人拾去抚养，长大成人后，终于杀死了阿穆里乌斯，为母亲报仇雪恨。

街上耸立的奥古斯都雕像复制品。奥古斯都即古罗马历史上著名皇帝屋大维，他于公元前27年被元老院授予“奥古斯都”（至圣至尊的意思）的称号，成为罗马的独裁者。该雕塑原作现藏梵蒂冈博物馆。

其后，兄弟俩在母狼喂养他们的台伯河畔大兴土木，建起一座城市，这就是罗马城。两兄弟和他们的后人并没有忘记母狼的抚育之恩，今天罗马的城徽图案就是一只母狼哺乳着两个男孩。

传说毕竟远去，大多数人对罗马的第一印象，可能会是恺撒和他战无不胜的军团，可能会是大斗兽场那样的罗马帝国的荣耀建筑，也可能会是奥黛丽·赫本那美丽的微笑和许愿泉边飞溅的泉水……罗马本身就是一幅充满了历史建筑和异域风情的恢弘画卷。

来到罗马，就仿佛为人们打开了一扇通往遥远过去的历史之门。欧洲的历史，如果说文化史必然要提到希腊和雅典，那么政治史无疑不能绕

罗马人共铺筑硬面公路8万千米，所谓“条条大路通罗马”。阿庇亚大道是古罗马建立的第一条大道，也是最有名的罗马古道。

西班牙广场上拥有众多咖啡馆，是济慈、拜伦、雪莱等文人最爱去的场所；由于附近艺术家云集，因此也被誉为罗马艺术家气息最浓厚的地方。广场中央的巴洛克式喷水池由贝尔尼尼设计。

开罗马的名字。

罗马古城到处都呈现着罗马帝国的遗迹，使这块土地深深地散发出一种高贵和顽强的气息。罗马没有高楼大厦，也没有现代化的玻璃外墙写字楼，倒处处可见高高低低、大大小小的圆柱、拱形的支撑、圆形的教堂顶，虽然它们大多已经残缺不全，但历历在目，向人们无言地述说着曾经的动人故事和沧桑巨变。

位于今天罗马南区的罗马古城，是罗马帝国时代遗迹最集中的保留地，最初是由希腊人建造的。罗马帝国兴起后，这里几经毁灭，又屡次重建，曾经一度是古代罗马的政治、经济、宗教、文化和商业中心。

沿着威尼斯广场旁边长长的石路一路走来，展现眼前的是布满雕塑和浮雕的宏伟高大的古代议会大门与庙宇。各种各样的政治、宗教和社会生活的遗迹，每一处都有说不完的故事。即使不懂意大利文，看不懂大小楼眉上的标志和说明，也可以在遗迹中间徘徊，默默地感受古老的文化带来的气息。

古城里最负盛名的大概就是大竞技场了，这座建于两千年前的斗兽场，能容下七八万名观众。在当时的技术条件下，它的设计和建造可说是人类创造的一个奇迹。

历经千年的风吹雨打，看台的表面和斗兽场中间的地面都已经不存在了，但整体结构仍然使人震惊。斗兽场没有现代的钢筋水泥，仅用砖石砌成，却比许多现代建筑更为奢侈复杂。立于其中，闭上双眼，喊杀声、叫好声、兵器交鸣声混杂在一起，仿佛置身于帝国时代狂热的观众和惊心的厮杀之中。

罗马不只有征战与动荡，许愿池可说是罗马最为浪漫温馨的地方了。许愿池，全名叫特莱维喷泉。早在公元前

这是台伯河上的圣天使桥和圣天使堡。桥的两侧排列着雕像。古堡是哈德良皇帝为自己及子孙修建的壮丽陵墓，今天已辟为军事博物馆。我们在梵蒂冈将仔细欣赏圣天使桥上的雕像。（右图）

19 年，古罗马人将贞女泉引进罗马城，这里就是水道的终点。15 世纪，这里进行过一次大规模整修，整修后的样子一直保留至今。

喷泉主体部位是大理石制作的海神雕像，雕像栩栩如生，十分精细，微小之处如海马们拉着的贝壳也处理得相当精美。不过人们来到这里并非为了欣赏雕塑，这些精美的雕像在这里只能作为点缀，那一潭清澈的池水才是人们的虔诚所在。许愿

在今天的罗马博物馆中陈列着“母狼乳婴”的青铜造像，传承着那段美丽动人的传说。

罗马大竞技场于公元75～85年间落成，被称作科洛西莫斗兽场。它曾经接待过千万痴迷若狂的观众。两千年过去了，风骨犹存的奇迹仍能激起人们的无限激动和震撼。

池，“许愿”二字才是人们争相来此的缘由，据说投上一枚硬币就可以许上三个愿望，但其实只能是两个愿望，因为三个愿望中的一个必须是“再回罗马”。

许愿池在阳光下熠熠生辉，折射出无数道炫彩的光线。创造出如此美丽景象的不止是池水，还有铺满了池底的硬币。汇集在许愿池底的硬币种类繁多，花纹各异，来自世界各地。石阶旁，或坐或站的人们都是来这里许愿的，手中也少不了拿着一枚枚硬币。背转身去，满心虔诚，握紧手中的硬币，闭上眼睛，真诚地在心中许下心愿，右手从前至后绕过肩划出一道优雅的弧线。随着硬币入水的声音传入耳中，一场不算华美却饱含深情的许愿仪式才正式结束。硬币入水的声音不绝于耳，怎么听都像是一首动听的乐曲，一定是承载着太多美好愿望的缘故。

罗马，荣耀之城，永恒之城。这里散布着众多承载着悠久历史和传说的古迹。走在罗马的街道上，随便从哪里捡起一块石头，也许它就见证过恺撒的凯旋，或曾被赫本的纤脚踩踏，在它的背后，就可能有着说不完的故事。

威尼斯广场位于罗马市中心，墨索里尼曾从二楼的阳台向广场上的人群发表著名的“阳台演说”。现为收藏意大利文艺复兴时期艺术品的博物馆。

画外传音——帝国的皇帝们

曾在历史上称雄12个世纪之久的古罗马帝国在后人心目中是强力和侵略的象征，它总是跟一些伟大的名字联系在一起。公元前60年恺撒、克拉苏和庞培组成了“前三头”，恺撒了消灭庞培、克拉苏，后人用他的名字代表罗马国王的称号。公元前43年，由屋大维、安东尼和雷必达组成了“后三头”。这些都是帝国时期最著名的统治者。值得一提的是，古罗马还产生过一个哲学家皇帝，他就是斯多葛学派重要人物马可·奥勒留（即好莱坞大片《角斗士》里的老皇帝），其《马上沉思录》是千古名著。当然，因臭名昭著而被后人记住的皇帝也不少，暴君尼禄就是其中之一，他荒诞、残酷、淫乐，吃掉了母亲，杀死了妻子，强奸了妹妹，烧掉了罗马的12个街区，呕吐出青蛙，把圣彼得钉死在十字架上，砍了圣保罗的头，最后被狼吃掉。公元395年，罗马皇帝狄奥多西在临终前将帝国分与两个儿子继承，庞大的帝国被分裂为东西两部，东罗马定都君士坦丁堡，也称拜占庭帝国，西罗马仍定都罗马。5世纪后西罗马逐渐衰落，先后被西哥特人、汪达尔人、匈奴人侵略，公元476年最终瓦解。东罗马则继续存在，13世纪的十字军东征对东罗马造成了巨大损失，1453年奥斯曼突厥攻陷君士坦丁堡，拜占庭帝国灭亡。

Extensive Reading
延·伸·阅·读

梵蒂冈 Vatican

先 / 知 / 之 / 城

地理位置－欧洲

度假名片－朝圣、圣彼得大教堂

几乎没人能抗拒梵蒂冈的魅力。这个面积只有44公顷、总人口不过1 000多人、世界上最小的国家，却是全球8亿多天主教徒的信仰中心，除去本身的辉煌史迹，这里陈列了太多的艺术巨作，令人心驰神醉。

西斯托桥的落日带有东方风韵，显示出恬静和空逸。

世界上最小的国家梵蒂冈（教皇国）位于罗马城西北角的梵蒂冈高地上，圣彼得广场、圣彼得大教堂、梵蒂冈宫和梵蒂冈博物馆等著名建筑都集中在这里，可谓“麻雀虽小，五脏俱全”。去罗马而不去梵蒂冈将是人生的一大憾事。

圣天使堡前横跨台伯河的圣天使桥是罗马城中最美的桥梁，桥上有12尊天使雕像，每个天使手上都拿着一样耶稣受刑的刑具，这12尊天使都出自贝尔尼尼之手。

乍然进入这个艺术的宝库，一瞬间，仿佛掉进了中古世纪的时空，任泰山崩于前而不变色的人，也难免失神。米开朗琪罗、拉斐尔、罗丹、康定斯基、修拉、马蒂斯、雷诺阿、凡·高、达利、蒙克……这一个个平时只能仰视的名字忽然成了眼前真实的存在，密密地在你身边织起了一道网，网住你的眼睛和你的心。罗丹说，艺术是心灵深入大自然时发现它蕴涵灵性而感到的欢悦。梵蒂冈的气质是艺术在历史的长河中经过无数次洗礼，无数次沉淀才成就的。每个人都可以把梵蒂冈当成一本书来读，一本超越政治、利益、金钱的人类文明艺术史的教科书。这里的每一件艺术品都洗去了几百年人世浮沉的伤痕，洗去了俗世荣辱的尘嚣，在其中走上一遭宛如经历了一次纯美的朝圣之旅。

梵蒂冈宫位于圣彼得广场对面，自公元14世纪以来一直是历代教皇的定居之处，是世界天主教的中枢，举世闻名的西斯廷小教堂就位于其中。进入西斯廷小教堂，欣赏传说中的《创世记》原作，我们仿佛看到了艺术家正“胡子向着天，头颅弯向着肩，胸部像头枭”一样地辛勤创作着，不由自主地会被米开朗琪罗那气势磅礴的作品所震撼。作品总面积达600平方米，按《圣经》的描述分为9个主题，其中最重要的是“创造亚当”，强壮的体魄、简约的背景、神人相顾，让人感受到巨大的张力。上帝在这一刻唤醒了昏沉的亚当，难怪拉斐尔在看到这幅作品时惊叹道：有幸适逢米开朗琪罗时代。

梵蒂冈宫的螺旋形楼梯，似乎从这里可以看到天堂。

大教堂中的雕塑《哀悼基督》则是另一番风味。死去的基督肋下有一道伤痕，脸上没有任何痛苦的表情，横躺在圣母玛丽亚的两膝之间，右手下垂，头向后仰，虚弱无力。圣母年轻而秀丽，形象温文尔雅，身着宽大的斗篷和长袍，表现出无奈的痛苦，陷入深深的悲伤之中。圣母的表情是静默而复杂的，不仅倾泻了无声的哀痛，还充满了哀思的祈祷。美学上把美分为两种，一种是女子的阴柔美，另一种是男子的崇高美；世界上很难找到一件作品能把这两种美都融为一体，而这座雕塑无疑是两种美完美结合的光辉典范，它们的结合产生神圣。

当然，在梵蒂冈度假，给人留下最震撼回忆的肯定是圣彼得大教堂和圣彼得广场了。圣彼得大教堂，这座文艺复兴运动带给罗马的最伟大建筑、全世界最大的教堂，几乎因为它的存在而取代了圣地耶路撒冷。这是世界上最宏伟的建筑之一，更是巴洛克艺术美

画外传音——梵蒂冈的由来

西罗马帝国灭亡后，东罗马帝国无暇西顾，伦巴第对教皇统治的罗马公国构成了威胁，教皇不得不向欧洲“蛮族”势力求援。法兰克宫相矮子丕平野心勃勃，妄图篡夺王位。公元751年，在教皇的协助下，矮子丕平成功废黜墨洛温王朝末代国王，成为加洛林王朝的开国君主。作为回报，矮子丕平于756年出兵征服了伦巴第人，并把从伦巴第人手中夺回的罗马城及附近区域划归教皇管辖，这便是历史上著名的“丕平献土”，也是教皇国的起始。“丕平献土”后，东罗马帝国曾要求收回在意大利的这些失地，教皇不得不精心杜撰了一份所谓“君士坦丁恩赐”的档案文件，根据这份伪造的文件，早在公元4世纪罗马君士坦丁皇帝就已把拉特兰宫、罗马以及帝国的西部交给了教皇统治。后来历代教皇都把这个捏造的故事作为护身符和遮羞布，也得于此，教皇国才成为一个主权独立的国家。

Extensive Reading
延·伸·阅·读

学的最完美展现。它跨越了两个世纪才完工，可以容纳 6 万人同时祈祷。如果说梵蒂冈是世界天主教的中心，那么圣彼得大教堂就是梵蒂冈的中心。教堂中有使徒圣彼得的陵墓，因此吸引着来自世界各地的朝圣者。站在米开朗琪罗设计的穹隆顶下抬头上望，你会感到大堂内的一切都显得如此渺小，体会到造物主的伟岸肃穆，由此抛却一切的世俗算计和烦恼，拥抱人类，爱每一个人。

圣彼得广场坐落在台泊河西岸，可容纳 50 万人从事大型宗教活动。这个广场留下了一个才华横溢的艺术家的名字——贝尔尼尼，他开一代艺术之风，被后人尊为巴洛克之父，这座广场就是他呕心沥血献给人类的伟大礼物。只有见过如此的杰作，才知道没有崇高信仰的人是不可能创作出伟大作品的；同样，没有灵魂、不用生命创造的艺术家的作品并不比低等动物为了生存而建造的巢穴高明几分。

直面艺术本身，品味隐含其中的历史情绪，无论是谁都会浮想联翩。登上圣彼得大教堂圆顶，罗马街景尽收眼底的刹那，有如在湖中投下了一枚石子，心中被遗忘很久的幸福和感动，悠悠如浪花般扩散开去。第一次，为身为万物之灵的人类而深感骄傲。梵蒂冈就是这样，永恒的神圣之城。如爱默生所说：它就是地球上最美的装饰品。

摄人心魄的圣彼得大教堂和圣彼得广场。圣彼得大教堂是世界上第一大教堂，它是意大利最优秀的建筑师布拉曼特、米开朗琪罗、德拉·波尔塔等人前后花费120年时间创作的杰作。圣彼得广场由贝尔尼尼设计，广场上的284根托斯卡纳式柱子诉说着人类艺术创造的永恒。

洪都拉斯 Honduras

神／的／国／度，梦／的／秘／境

地理位置－美洲

度假名片－玛雅文明

伟大的探险家们往往都富于文学创作的灵感——他们会以描述性的、概括性的，甚至情节性的词语去命名一座新的海岛或大陆，从而将一次壮举直截了当地凝固在永恒的历史记忆中。具体到哥伦布，因为在登陆前夕遭遇到狂风与巨浪的侵袭，他条件反射地把自己在1502年停靠的这片国度称作“洪都拉斯”（西班牙语“无尽的深渊”），而沿海地区则被称为“格腊西亚斯阿迪奥斯”（西班牙语“感谢上帝”）。

在科潘玛雅古城山坡和庙宇的台阶上，耸立着一些巨大的、表情迥异的人头石像。

是的，感谢上帝——但大概只有西班牙人而已。这是古印第安玛雅文明曾经繁盛的帝国，偶然闯入的外来者揭开了它笼罩千年的神秘面纱，也给这片土地带来延续几个世纪的创痛。而后，历经百年沧桑的磨砺，洪都拉斯人最终在蓝白相间的国旗上镌刻下了“自由、主权、独立”的不灭信念，也将它牢牢地刻在了每一个国人的心头。他们说，这是上古神明眷恋的国度，生活着神明遗留给尘世的子民。

洪都拉斯濒海而多山，素以丰沃的自然环境自豪。在它的北部及南部海岸地区遍布着高大而茂密的红树林，间有充满诡秘气息的沼泽与活泻湖；东北角的整个海岸地区浩瀚无边，其间最为著名的则是人称“蚊子海岸”

的神秘海角，它是保存至今的原始部落栖息之地。

而濒临加勒比海的北部城市拉塞瓦，则是一座成长迅速的自然生态都市。那里不仅有川流不息的河流可供泛舟游乐之用，雨林区还可进行登山和渠道探险活动，植物、动物和自然风光完美地融为一体，无愧于联合国在 1980 年授予这片地区的世界遗产称号。再由此间通往海湾群岛，该群岛由主要的罗丹岛、瓜纳哈岛及乌提拉岛和超过 60 个小岛组成，洁净的白色沙滩令人赏心悦目，离岛附近海域拥有丰富的珊瑚礁脉，更是潜水爱好者们向往的天堂。

在哥伦布发现洪都拉斯后约 70 年，即 1570 年，古印第安玛雅文明的遗迹科潘玛雅古城被一位探险家发现了。科潘位于洪都拉斯首都古西加尔巴西北部大约 255 千米处，坐落在一条长 13 千米的峡谷地带，海拔 600 米，占地面积约 1 500 平方米，是古玛雅文明现存最为古老且规模最大的城市遗迹。步入其间，可以寻见雄伟的玛雅金字塔和塔前宽阔的石砌广场，并有庙宇、雕刻、石碑和象形文字石阶等建筑。而真正令人称奇的，便是这些精奇的石造建筑本身。在远古时代，不曾使用过金属的玛雅人是如何采集、搬运这些巨石，又如何将它们按照传说中“梦的幻境”雕刻修砌成形的呢？这些建筑中都隐藏着深奥的科学规律，如金字塔形神庙有 12 个平台和 365 阶，每一平台代表一月，每一阶代表一天，计算了一年的时间；有的建筑则指出金星或月球的运行规律；有的甚至表示出了地球与太阳的平均距离。到底是有意为之还是巧合？

或许，这一切的一切，只有传说中的神明才能给出正确的答案吧！

洪都拉斯人用特制的藤草编织成各种生活用品和装饰品，带着浓浓的加勒比海风情。

坎昆 Cancun

连/接/美/好/假/期/的/幸/福/彩/虹

地理位置－美洲

度假名片－库库尔坎金字塔、阳光、沙滩

美丽的加勒比海沿岸，有一座美丽的海滨城市因为雨后的彩虹而得名，这个城市名叫坎昆。在玛雅语中，坎昆的意思是“挂在彩虹一端的瓦罐”，被玛雅人认为是欢乐和幸福的象征。

坎昆，拥有着度假胜地所必需的一切要素，这里有热情似火的阳光、洁白的沙滩、摇曳的棕榈树和隐藏在密林中那失落已久的玛雅文明。一旁是游人齐聚的美丽海滩，一旁是失落的玛雅遗迹，颓败的废墟中隐藏着无尽的故事，遥远神秘的玛雅文明被埋葬在残垣断壁之中。在坎昆，历史与现实被完美交融在一起，展现在人们的眼前。

30 年前，坎昆还只是一个 300 多人的小渔村，在墨西哥政府先后投入数亿美元的资金大力开发当地的旅游资源后，坎昆逐渐成为加勒比海沿岸一处世界知名的度假胜地。坎昆 24 千米长的狭长海岸线上遍布着 74 家大型国际连锁酒店，每家酒店都拥有自己的私家海滩，游客不用走出酒店，就可直接享受到加勒比海细腻洁白的沙滩与火辣热情的阳光。

湛蓝的天空和海水，如此悠闲之境，能不心泉摇晃吗？

美丽的白色沙滩上，铺满了由珊瑚风化而成的彩色细沙，如同波斯绒毯般细腻柔软。这里的沙滩被分别命名为“白沙滩”、“珍珠滩”、“海龟滩”和“龙虾滩”，形象而生动。美丽的海滩上长满了高大的棕榈树，具有浓郁的热带风情。这里随处可见一些用石头搭成、用棕榈叶做顶的玛雅式凉亭与小屋，充满着神秘的异域色彩。游客们随时都可以坐下来歇歇脚。在沙滩上尽情享受加勒比海的阳光；身旁微风习习，树影婆娑，如同天堂

坎昆的玛雅遗迹，虽然已经成为废墟，但气势如故。

般的美景与轻松随意的气氛感染着每一个在这里度假的游客。

在坎昆附近有很多早已破败的玛雅遗迹，奇琴伊察就是这其中保存最完整、规模最大的玛雅古建筑群。在玛雅语中，“奇”的意思是“口”，“琴”的意思是“井”，“伊察”则是当年居住在这里的印第安部族的名称，合在一起的意思就是“伊察人的井口”，这些玛雅人当年的圣井如今则成了潜水爱好者探险的好去处。

奇琴伊察遗址中还有闻名世界的库库尔坎金字塔，在玛雅语中库库尔坎表示带羽毛的蛇神，是当地风调雨顺的象征。作为整个奇琴伊察古城中最高大的建筑，9 层叠建的库库尔坎金字塔四周各有 91 级台阶通向塔顶的神庙。神庙内有一尊美洲豹的石头雕塑，双眼用玉石雕刻而成，活灵活现，体现了玛雅人精湛的工艺技巧。虽然经过了几百年岁月洗礼，作为新七大奇迹的库库尔坎金字塔依旧雄伟壮观地伫立在世人面前。

头顶洒落的光线在地面上留下斑驳的圆点，玛雅人精湛工艺下鲜活传神的神像立在眼前，这样的氛围使人产生好像在看《印第安纳琼斯》的幻觉。古老而神秘的玛雅文化与当地独特的风土人情，加上清澈见底的碧蓝大海，在坎昆，神秘与现实完美地交织在一起，打动着每一个到这里来的人。

库库尔坎金字塔既是羽蛇神的神庙，也是一座巧妙的天文台。

800年前，高棉王朝像流星一样陨落了，却把最浓重的一抹亮色凝固在了东南亚这片神秘的土地上。在这里，高棉的微笑依旧祥和、淡定而神秘。

吴哥 Angkor

追／寻／高／棉／的／微／笑

地理位置－亚洲

度假名片－吴哥窟

几乎每一个了解柬埔寨历史的人都是怀着一种对美的朝圣、对文明的朝圣而来到这里，感受他们用信仰支撑生命的秘密。身处其中，不由得为它那宏伟壮观的建筑而感叹，为那曾经辉煌一时的王朝而感叹。

吴哥位于暹粒市北 6 千米处，分布在 45 平方千米的莽莽丛林中。吴哥古迹可以分为大、小吴哥两部分。吴哥城也被称为大吴哥，占地 10 平方千米，是高棉王国的最后一座都城。从远处看，大吴哥层叠起伏的山峰四面都是佛像，走近了仔细端详，佛像天庭饱满，风格与中国盛唐时期的摩崖造像相似。虔诚地伸出手，轻轻触摸那冰冷坚硬的佛像，顿觉陷入空灵。组成佛像的巨石是以一种混合的棕榈汁黏合的，经过上百年的风吹日晒，至今仍严丝合缝，反映出当时国民精湛的技艺。

吴哥城最吸引人的莫过于“高棉的微笑”了。著名的巴戎寺由54座人面塔楼组成，每座塔楼的四面都雕琢着巨大的微笑着的脸庞，这就是“高棉的微笑”的由来。考古学家说，这微笑来自高棉王朝的主要宗教之一——佛教中的佛陀。历史上的高棉人则认为，这微笑是属于下令建造吴哥王城的国王——耶跋摩七世的。而对于尘世中的我们，“高棉的微笑”就是佛陀那“拈花一笑”的悲悯与宽恕，是看透红尘俗世的通透与豁达，更是穿越历史长河的永恒与神秘。

远远望去，还以为这只是一座乱石堆。走近了才发现，这其实是一座用信仰和技艺雕刻的山峰。当我们置身于无数的微笑中时，只在呼吸的瞬间，便能使所有的兴奋和好奇悄然隐退，喜悦和悲伤也顿时淡然如水。

吴哥窟也叫小吴哥，它既是王国的首都，也是王室的宫廷；既是宗教圣地，又是文化活动的中心；既是国王生前的寝宫，又是国王死后的寝陵。吴哥窟有着丰富多彩的装饰浮雕，在回廊的墙壁及廊柱、窗楣、基石、栏杆之上，无处不在，令人目不暇接。第一层回廊上的浮雕主要取材于印度的两大史诗《罗摩衍那》和《摩诃婆罗多》，第二层的回廊也有许多优雅而华丽的神雕像。

“吴哥是一段历史，吴哥是一个朝代，吴哥是一座都城，吴哥是一群建筑，吴哥是一门艺术，吴哥是一方崇拜。”如果你也有无法忘却的过去，那你一定要到吴哥窟去。到了那里你会顿悟，有些事情越想忘记，就会记得越牢。当有些事情无法得到时，也许我们唯一能做的，就是不要忘记……

吴哥窟的雕塑精美辉煌，反映了东方艺术家技艺之精湛。

Taj Mahal …

泰姬陵

永恒面颊上的一滴眼泪

有人说，不看泰姬陵就不算到过印度。的确，在世人的眼中，泰姬陵已经成为印度的代名词；因为泰姬陵的存在，阿格拉成为印度旅游金三角中最耀眼的一个顶角。

地理位置－亚洲

度假名片－泰姬陵

阿格拉位于亚穆纳河的南岸，距印度首都新德里204千米。它与德里的南部、斋浦尔的东部形成了三足鼎立之势，共同构成了印度古文化之旅的金三角。

对于来到印度的游客来说，绝对不可以错过的地方就是阿格拉。这里是莫卧儿王朝的首都所在地，融合了登峰造极的艺术成就与刻骨铭心的凄美爱情。阿格拉是典型的印度北方城市，喧闹而拥挤。但就在这里，却屹立着世界七大奇迹之一的泰姬陵。

泰戈尔说，泰姬陵是“永恒面颊上的一滴眼泪”。一个如此凄美的比喻，就是在给我们讲述一段凄美动人的爱情故事。

泰姬陵是莫卧儿王朝第五代皇帝沙贾汗为他的妃子泰吉·玛哈尔修建的陵墓，历时22年才修建完成。玛哈尔是一名来自波斯，美丽聪慧而又多才多艺的女子。她深得皇帝的宠爱，真可谓是集三千宠爱于一身。然而，自古红颜多薄命，玛哈尔在生下第14个孩子后就死去了。噩耗传来，沙贾汗悲痛欲绝。这位驰骋纵横的帝国之首，在沙场上指挥若定，却留不住枕边最美的温柔。

泰姬陵墙壁上的围屏装饰豪华又雅致，一派皇家气质。

于是我们看不到一代帝王的文治武功，只看到一个悲痛的丈夫耗费22年的时间为爱妻写下的这段瑰丽的绝响。据说，沙贾汗本来还打算在亚穆纳河对岸，再用黑色的大理石为自己建一座陵墓，然后用一座桥将两座陵墓连接在一起，与爱妃相对而眠。然而，他的儿子夺权之后，便将他囚禁在一座城堡中。痴情的他只能终日远眺泰姬陵，怀念自己的爱妃，最终郁郁而亡。

泰姬陵坐落在亚穆纳河畔，高67米，雕刻精美，从任何角度看它都将对称之美运用到了极致。整个建筑通体用洁白的大理石砌成，外形端庄华美；寝宫的门窗以及围屏也都用白色大理石镂雕成菱形带花边的小格；墙上则用翡翠、水晶、玛瑙、红绿宝石镶嵌成色彩艳丽的藤蔓花朵。每有阳光挥洒下来，泰姬陵内部都光彩夺目，灿若星辉。

每当朝霞初起时，一轮红日在亚穆纳河袅袅的晨雾中冉冉升起，而泰姬陵也自香梦沉酣中苏醒，静谧而安详。也许正是因为历经了百年风雨，才能有这般的泰然自若。中午时分，头顶蓝天白云、脚踏绿树碧波的泰姬陵，在南亚耀眼阳光的映衬下，更加光彩照人。而傍晚时分，则是泰姬陵最妩媚的时刻。斜阳西下，白色的泰姬陵从灰黄、金黄渐渐变成粉红、暗红、淡紫色，随着月亮的冉冉升起，最终变成银白色。在银色月光的轻抚下，即将安寝的泰姬陵，美得仿佛是清丽出尘的仙女。

当你真正站在她面前时，才会深深体会到她的美。阳光下

午后，白色的大理石陵寝在阳光的映照下变成了金黄色，恰似一座富丽堂皇的琼楼玉宇，无言地诉说着这段天地间亘古长存的爱情。

的泰姬陵，通体都散发着无比圣洁的光彩。太多的感叹已经无法用语言来表达，你只能找一个角落悄悄坐下，抚摸着身下晶莹的白色地面，仰望着近在眼前的美丽建筑，感受着笼罩在你身边的一片洁白光辉。“绝代有佳人，遗世而独立。”俏立于亚穆纳河畔这个洁白晶莹、玲珑剔透的身影，秀眉微蹙，若有所思。这一刻，任何言语都是多余的，唯有静默和倾听，或许才是最好的表达。

泰姬陵因爱而生，这段爱情的生命也因为泰姬陵的光彩而延续至今，光阴轮回，代代不息。尽管有人说，美轮美奂的泰姬陵脚下，不知埋藏着多少人的眼泪和生命。但是我们似乎更愿意相信，这世上真的有穿越时空的思念，真的有生死相随的爱情。泰姬陵已然超越了简单的建筑意义，在后人立起的石碑上，有这样的文字：“忧伤隐藏在它华丽的表面之下；河的对岸，那曾经的遥望。”

于是，很多游人选择印度的理由只有一个：泰姬陵。什么也不做，静静地徘徊在她的身边，从清晨到日暮，默默地守候着她的美丽，守候着心中对爱情的美好向往。

克久拉霍 *Khajuraho*

性／爱／的／艺／术／与／哲／学

地理位置–亚洲

度假名片–人类历史上最大的性爱神庙群

印度教故事说湿婆神与乌玛交媾一次就达100年之久，众神对湿婆神的生殖能力感到惊慌，要求他把精液倾倒在恒河，这就是恒河之水天上来的传说。黑格尔在听到这个故事时愤怒地说："我们的羞耻感差不多都要被它搅乱了。"令人吃惊的是，印度人居然把这个传说化为实体，它就是克久拉霍。

如果没有去过印度，如果没有听说过克久拉霍，一旦看见从那里带回的照片，很多人的第一反应是，这怎么可能是宗教庙堂？怎么有这样的宗教？这怎么能大庭广众之下？但是的确，这就是被列为世界文化遗产的克久拉霍神庙群，这就是令世界为之瞠目的印度教庙堂，就是这些建筑让世人趋之若鹜，一部分人是因为爱好艺术，更多的则是因为好奇。

克久拉霍印度教寺庙群建于公元 950 年到 1050 年间，位于瓦拉纳西和阿格拉之间，原来共有 85 座寺庙，现在只剩 22 座，建筑风格为印度—雅利安式。这里有全球最大的“情色”雕塑群，是古代雕刻家们留下来的杰作。但是切不可误会，神庙里蕴涵的哲学含义要比我们现在看到的色情场面深远丰富得多，它们是对当时生活的讴歌。那时人们生殖崇拜，印度教是“既禁欲又纵欲”的宗教，古印度哲学认为：瑜伽（一种精神修炼）和博伽（肉体欢娱）同为通向解脱的途径，两者彼此依赖，缺一不可，人对性的享受能使其超脱进而涅槃。《奥义书》说：“那就是超脱欲望，无所分辨，无所畏惧，正如男子被爱妻全身心拥抱时对外部世界和内心世界全然不知。”在此过程中一切欲望对象都实现了，人与宇宙融为一体，梵我合一，之后无望亦无痛。所以，这不是亵渎，而是天经地义。

神庙按地理位置分为三个区，其中西区建筑群最为庞大，最有艺术价值。永及宁神庙是克久拉霍遗址群中历史最悠久的一座古建筑，有一座金字塔形的屋顶，它内部的大多数雕像都是为了纪念三位一体的神灵，即造物神梵天、保护神毗湿奴、破坏之神湿婆。雕像造型生动，可说是五花八门，天花乱坠，从性交的 64 种姿势到各种变态交媾方式都有刻画。众人物热情饱满，喜笑颜开，艺术家们对这些极为隐私的行为描绘详尽，毫无顾忌。

除了色情雕像以外，还有大量反映日常生活、宫廷生活、战争场景的雕像。公开刻画性生活而不遭禁止，这反映了当时人们生活的随心所欲。

如今，克久拉霍也是印度新婚夫妇度蜜月的浪漫之所。

表现交媾场面的雕塑，它们让禁欲的人愤怒，让享乐的现代人好奇又愉悦；当然，这种场景大概只有生活在那个时代的人才有机会享受。

布达拉宫 Potala Palace

我／心／高／原

地理位置－亚洲

度假名片－高原朝圣

巍巍高原，屹屹雪城，恢弘的宫殿横空出世，记载文明千年的传承。说到西藏，你不可能不马上想起布达拉宫，以及它那永远令人仰望的高度。

这座世界上最高的宫殿建筑坐落在西藏首府拉萨市中心西北约两千米处，建在俗称“红山”的玛布日山上，巨大的宫殿群在此横空出世，密密麻麻的房间将山体重重叠叠包裹起来，楼宇层叠，木石交错，处处翘角飞檐，曲折迂回一直蜿蜒到山顶。

布达拉，是梵语“Potalaka”的中文译音，又译作“普陀”或者“普陀罗”，原指观世音南海所居之岛。在信仰

藏传佛教的当地人民心中，布达拉宫就如同观世音菩萨的普陀山一样令人景仰膜拜，因此他们称它为“第二普陀”，意思是“佛教圣地”。这座恢弘的建筑，距今已有1 300多年的历史了。

唐朝初年，一统西藏的松赞干布雄心勃勃，率兵进攻大唐边寨松洲，结果被一举击败。少年得志的松赞干布由此认识到了大唐的强盛，希望自己的家乡能如大唐一般繁荣富强，于是在向唐太宗上书谢罪的同时，派遣得力下属禄东赞携黄金5 000两、珍玩无数，向大唐求婚，希望迎娶大唐公主为妻，两族永结秦晋之好。

布达拉宫金顶的飞檐龙头雕饰。

当时，和亲是最普遍的一种交好形式，但是皇帝骨肉有限，所以出嫁的公主并不一定是皇帝的亲生女儿。不过这一次唐太宗格外重视，特别挑选了宗室之女李雁儿，赐封文成公主，带着大批嫁妆，将唐朝的友谊与文化送进西藏。

相传这位文成公主不但美貌过人，并且自幼聪慧能干，而且是虔诚的佛教信徒。在唐太宗露出许婚之意后，她担心松赞干布虚有其名，于是亲自出下难题，三次考量西藏使者禄东赞的智慧，过关之后认为有臣如此，何况君王，才芳心遥许，真正认可了这门婚事。

消息传回西藏，松赞干布为自己将娶得一位能够欣赏、理解自己的公主而骄傲不已，同时也为了表达对大唐的感激与尊重，倾全力在玛布日山上兴建了9层宫阙作为公主的居所。因为他一直把观世音菩萨作为自己的本尊佛，所以就用佛经中菩萨的住地布达拉来给这所宫殿命名，称为“布达拉宫”。

其时，万丈高楼平地而起，大小房屋加上山上的修行室共1 000间。玛布日山上宫

巍峨，分部合筑层层套接，和山体相融相合，尽显藏族古建筑的精华。然而天工不可夺，这精美无匹的布达拉宫在之后的雷击与战火中毁损大半，至吐蕃王朝灭亡的时候，仅余了两座佛堂。

到了 1645 年，五世达赖喇嘛洛桑嘉措开始重建布达拉宫，三年后竣工入住，称之为“白宫”，之后的历代达赖喇嘛都居住在这里，大多数重要的宗教仪式和政治典礼都在此举行。

五世达赖去世后，为了安放灵塔，布达拉宫继续扩建，据说当时每天施工工匠多达 7 700 人，连清政府和尼泊尔政府都出力相助。在耗时 48 年、耗资 213 万两白银后，布达拉的“红宫”初具规模。

此后，布达拉宫又多次以白宫、红宫为主体扩建，方才成就了今日雪域高原上的巍峨。从山脚到山顶，这座世界上海拔最高、规模最大的宫殿式建筑群东西长 370 余米，高 117 米，分为 13 层，最高一层在强光之下几乎目力难及，只能遥望一片铜瓦鎏金映射出的华美辉煌。

东面白色外墙一带是白宫，名字也由墙色而来。它高 7 层，是达赖喇嘛生活起居的地方，最顶层的是达赖的寝宫，殿内有朝拜堂、经堂、习经堂和卧室等。

白宫大殿分为东、西两部分，西面修建在前，东部则按照它的布局仿造，两相对称，分别称之为东、西日光殿。这处宫殿设计巧妙，部分屋顶敞开，阳光可以毫无阻隔地照射到殿中，明亮柔和的光线一如佛祖的微笑，如坐春风的感觉让来到此处的人无不感到充满活力，又内心宁静，两位达赖也因此选择在此处理事务。五、六层则是日常办公和生活的地方，布达拉宫的重大活动都在第四层的主殿东大殿举行。这座又称“措钦厦”的宫殿是整个白宫中最大的一所，殿内 34 根大柱环立，四壁绘满了

通往白宫的石阶。

布达拉宫内供奉的佛像。（左图）

布达拉宫的高级会客室。（右图）

宗教故事和历史人物的壁画，高悬着顺治皇帝亲笔所书的“振锡绥疆”匾额，北面放置着达赖宝座，整个大殿富丽堂皇、庄严肃穆，坐床、亲政等典礼都在此举行。

由扎厦而上是布达拉宫的中部——红宫。红宫采取曼陀罗布局，围绕修建着众多经堂佛殿，顶端立着 3 座金色宝塔，与单檐歇山式的金顶连绵成一片炫目金光，辅以屋顶外围深紫红色的女墙，墙顶的鎏金宝幢和大红经幡相映生辉，浓浓藏族气息扑面而来。

红宫主要用于存放历代喇嘛的法体，因此主体为 8 座灵塔殿，其中最大的是由 16 根大方柱撑起的达赖五世灵塔殿。这间灵塔殿高 3 层，包镶这一灵塔所耗的黄金就达 11.9 万两之多。

此殿之上不远处就是法王洞，即松赞干布修法洞，内存松赞干布、文成公主等人的塑像。这是布达拉宫最古老的建筑之一，当年硝烟四起，无数雕梁画栋毁于战火，如今的人们只能凭借此洞凭吊古人，遥想先贤风采了。

红宫最高处则是三界兴盛殿，内存经书万卷，供奉着耗资万余两白银铸就的十一面观音像和清朝皇帝的画像。自七世达赖之后，每年藏历正月初三凌晨，达赖喇嘛都要来此朝拜。

为了保存各式达赖法体塑像和众多皇帝御赐的金册金印以及大量文物珍品，红、白二宫不断扩建，廊道交错，殿堂林列，精美的壁画和华丽的陈设随处可见。难怪布达拉宫不但是佛教徒心中的圣地，还成为让无数人神往的宗教和建筑艺术的博物馆。

布达拉宫依山势而建，宫宇叠砌，巍峨耸峙。

Strolling around Classical Palces

Chapter.02

澄澈琴瑟诉悠扬

——漫步典雅之域

布达佩斯 Budapest

多／瑙／河／畔／的／双／子／之／城

地理位置－欧洲

度假名片－链桥、多瑙河、国家歌剧院、马提亚斯教堂、英雄广场

布达佩斯这对多瑙河畔的双子星，在她安静而怀旧的城市性格下，潜藏着的是对自由的强烈向往和持续迸发的活力与热情。这个属于裴多菲和李斯特的城市，引发了多少人对匈牙利的狂想。

在历史上，布达和佩斯原是一对隔河相望的姊妹花。穿城而过的多瑙河缓缓流淌，将城市分为东西两个部分。布达位于多瑙河的西岸，丘陵起伏，古朴静谧，宛如一部凝固的史诗悠悠地诉说着千年沧桑；佩斯位于河东岸，平原广袤，风情万种，一派热闹繁华的景象。

在分离了几个世纪之后，布达和佩斯终于合并为一座城市。1839 年，一座链桥横跨在多瑙河上，将两地紧密地连接起来。现在，共有 8 座别具特色的古桥和一条地铁隧道穿过多瑙河，将风格迥异的两个城市和谐地统一在一起，层叠与开阔、古朴与现代，两个本来冲突的部分就这样完美地结合在了一起。

很多人来布达佩斯为的是追寻那片自由的空间，呼吸自由的空气，缅怀昔日自由的感觉。多少年前，才华洋溢的裴多菲在这里接受了近代欧洲的激进思想，创作出了许多脍炙人口、慷慨激昂的抒情诗，毅然呼出“生命诚可贵，爱情价更高；若为自由故，两者皆可抛”的千古绝唱。

布达佩斯曾是中欧各国中开放最早的城市。在欧洲近代化初期，思想开放的布达佩斯就紧追时代的步伐，兴建了当时最先进的现代化市政设施、铁路、汽车、电车、电话，甚至地下铁路、飞机场都先后出现。至于歌剧院、音乐厅、展览馆、博物馆、科学院和名牌大学等更是应有尽有。在 19 世纪末，布达佩斯已经发展成为欧洲首屈一指的现代化大都市，被人们誉为“东方巴黎”、“多瑙河明珠”。

走过沧桑的岁月，布达佩斯也许是今天世界上最安静的首府，这座城市洗尽铅华，缓缓地走过历史的岁月，把宁静留给了大街小巷。有“咖啡之城”美誉的布达佩斯拥有

匈牙利国会大厦是欧洲最宏伟、最庄严的建筑之一，是新哥特式建筑的典范。

威德汉亚德城堡位于城市公园内，四周被湖水包围，夏天可以滑水，冬天可以滑冰，是市民休闲的好去处。（左上图）

链桥是横跨多瑙河上连接布达和佩斯的第一座桥梁，它以结构巧妙、造型美观和古典式桥墩闻名，对面就是国会大厦。（左下图）

重建后的国家歌剧院内部陈设依然辉煌富丽。（右图）

数不清的咖啡馆，即使是工作日，街头也总有三三两两的人们悠闲地品着咖啡，晒着太阳。

选一个宁静的午后，在巴洛克、哥特式风格的建筑中闲逛，看着偶尔驶过的马车，一时间，恍若漫游于中世纪的老城。街边那一扇扇高大沉重的橡木门似乎隐藏着一段段珍贵的历史，那份曾经的富丽堂皇虽已消逝，但是现在的古朴和平凡反倒愈发地诱人遐想。

来布达佩斯度假，多瑙河是不容错过的经典。特别是在清晨的时候，沐浴着朝阳和清风，乘船在多瑙河中畅游，整个心灵都沉浸在约翰·施特劳斯的《蓝色多瑙河》之中，自由沉浮。

英雄广场是布达佩斯的坐标，这座竖立着历代民族英雄雕像的广场是 1896 年匈牙利为庆祝建国 1 000 周年而建的。铁马金戈的骑士雕塑，手持盾牌与宝剑，气宇轩昂，诉说着这个饱经风霜的民族的历史和骄傲。广场对面是一个很大的森林公园，每

斯蒂芬一世是匈牙利的圣人，也是匈牙利的第一位国王，他的大氅和剑以及加冕时的誓词，直到哈布斯堡王朝的最后一位君主都一直是匈牙利国王加冕式上必不可少的内容。

到周末，当地的居民就会阖家出游，在这里优哉游哉地体会世外桃源般的生活。

教堂的钟声，沉沉地从远处飘来。自由的匈牙利民族走过了所有的苦难和沧桑，在宁静的美景背后积淀的是深厚的历史底蕴和文化内涵，不仅令人陶醉，更令每一个到访的人悠悠地回味……

渔人堡是座古罗马风格建筑，面向多瑙河，站在这里可以鸟瞰布达佩斯全城的美丽风光。

具有400年历史的茹森堡宫坐落在国王公园里，曾为国王的夏宫。它建筑别致、小巧玲珑，是哥本哈根最迷人的景点之一。

哥本哈根 Copenhagen

童 / 话 / 王 / 国

地理位置—欧洲

度假名片—阿美琳堡王宫、安徒生故居、小美人鱼雕塑

许多人都是伴随着《卖火柴的小女孩》、《海的女儿》、《皇帝的新衣》等美丽的童话故事长大的。而哥本哈根就是这些童话的故乡。音乐、美酒、时尚等快乐的元素与浓郁的童话气息不约而同地汇集在哥本哈根的大街小巷和波光水影里。

哥本哈根是丹麦的首都，也是一座北欧名城。11 世纪初，哥本哈根作为一个小渔村出现在地球上。此后，随着贸易的繁盛，这里逐渐成为北欧重要的通商口岸。1443 年，哥本哈根被定为丹麦王国的首都。

经过时间的洗礼，哥本哈根愈发散发出迷人的风味。在市内，罗可可、新罗可可、文艺复兴及现代主义等多种风格的建筑和谐地排列着，其中最受游人青睐的建筑就是阿美琳堡王宫。它建于 18 世纪中叶，至今仍是丹麦皇室的主要宫殿。整座王宫的建筑群组成了一个美丽的八角形图案，中间是一个大广场。广场中央是法国雕塑家沙利所创作的皇宫建造者腓特烈五世的塑像。这座雕像因被称为“欧洲最美的雕像”而吸引了很多游客。皇宫侍卫队每天中午举行的换岗仪式也颇受欢迎，每次都吸引了许多观光者。

著名的美人鱼铜像折射出安徒生童话摄人心魄的魅力。

老城是一个城市的记忆。除了皇宫，还有很多古堡也值得一游。它们记载着哥本哈根青春岁月的辉煌，走进这里，就走入了悠远的记忆。哥本哈根深厚的历史文化底蕴非但没有使这个城市变得沉重，反而使整个城市洋溢着一种浪漫迷人的气息。

画外传音——哥本哈根学派

哥本哈根大学是世界顶级大学之一，哥本哈根物理学派曾引领世界物理学研究潮流。1922年11月，哥本哈根显得格外喧闹，因为丹麦第一个诺贝尔奖获得者诞生了，他是37岁的玻尔。玻尔早年求学于英国剑桥大学，是著名的物理学家卢瑟福的高足。在求学期间，他掌握了卡文迪许实验室的优良传统的真谛，先后发表了史称“物理学伟大的三部曲”的论文，奠定了原子结构量子力学模型的理论基础。玻尔—爱因斯坦论战，是20世纪物理学史恒提恒新的话题，它使爱因斯坦这位物理学巨人更加丰满高大。在玻尔的教导和激励下，20世纪上半叶哥本哈根成为全世界青年物理学家向往的圣地，十几位世界一流物理学家在二三十岁左右就脱颖而出，海森堡、约尔丹、泡利、罗森菲耳德、福克、朗道等多位诺贝尔奖得主都出自这里。此外，还有一大批物理学家也是吸吮着哥本哈根学派的乳汁而成长的，如狄拉克、德布罗意、德拜、考斯特等人。没有哥本哈根学派的刻苦努力和不懈探索，20世纪物理学的繁荣兴旺是不可想象的。另外，安徒生也于1829年入读这所大学。

Extensive Reading 延·伸·阅·读

有人说，欣赏一座城市首先要欣赏这座城市培育的人。提到哥本哈根，甚至提到丹麦，人们脑海中马上会浮现出这样一个名字——安徒生。不知道是应该说哥本哈根养育了盛名的安徒生，还是应该说安徒生成就了哥本哈根的盛名。今天，很多游人都是带着对童话世界的憧憬来审视哥本哈根这座城市的。

在宁静安逸的哥本哈根，天空永远是那么的澄澈，一种透明的蔚蓝伴着几朵浮云，安然地笼罩着大街小巷。在这样的城市里漫步，总能感受到浓浓的美丽童话的氛围。静谧的乡村，金黄的麦田，忧郁的古堡，忙碌的庄园，古老的乡村教堂，独具风情的小酒馆……这些都是童话世界中不可或缺的元素，而你，和每一个到这里度假的游人一样，都是故事中的主角，都将在这里上演自己的浪漫故事。

来哥本哈根的游人几乎都会拜访安徒生的故居，近距离地凝视一个童话作家的起居生活。这座位于新港的老房子朴实无华，不受外界纷繁的困扰。但这座简朴的旧居却是哥本哈根真正的灵魂。公寓的卧室不足10平方米，简简单单地摆放了一张床、一张方桌

哥本哈根克里斯蒂安堡皇宫前的运河，它与巴黎塞纳河有几分神似。

和一把椅子，桌子上放着一些手稿。

作家在这狭小的空间里生活了几十年，因爱情受挫而饱受寂寞之苦，却用他的笔为世人构筑了一个色彩斑斓的世界，一个充满希望的美好世界。很难想象，是什么启发了他如此广阔的想象空间，是什么赋予了他如此丰富的内心世界，是什么赠与了他如此伟大的灵魂。也许只有窗外飞翔的海鸥才知道。

举世闻名的小美人鱼雕塑是到哥本哈根必游的一个景点，如今她已经成为城市的标志。人们早已读懂了故事中的善良与奉献，每天都有来自世界各地的游客排着长队争相拍摄美人鱼的倩影。

安徒生有句名言："旅行就是生活"，当你开始旅行的时候，一定要到哥本哈根来享受度假天堂的乐趣。

芬兰 Finland

圣／诞／老／人／的／故／乡

地理位置－欧洲

度假名片－芬兰浴、圣诞老人、北极光

芬兰是一个冰与雪的童话世界。在这里，你可以漫步赫尔辛基的曼纳海姆大街，领略诸如国家歌剧院、岩石教堂、奥林匹克运动场以及西贝柳斯公园等充满北欧风情的建筑人文景观；也可以约上三五好友，去体验一把享誉世界的芬兰浴；还可以驱车北上，直抵圣诞老人的故乡，去追寻儿时记忆中那些曾经温暖而美丽的梦境。

芬兰号称世界上“最北的共和国”，国土全境有1/4位于北极圈范围以内。这是一个拥有着大大小小近19万个湖泊的“千湖之国”，更是一个森林覆盖率达到68%的“森林王国”。

赫尔辛基大教堂建于1852年，在大海上一眼便能望见，是赫尔辛基的地标性建筑，它也是芬兰最受欢迎的结婚场所。为了能在这里举行婚礼，新人们需要提前一年半预约。此外，每年赫尔辛基大学的神学院都会在赫尔辛基教堂举行传统而又隆重的毕业典礼。

说到芬兰，自然得提到芬兰浴。当然了，它还有个比较通俗的说法——桑拿。这其实是一种极具芬兰地方特色的民俗，从诞生至今已经有数千年的历史。而桑拿在芬兰的普及程度，从全国500万人口竟拥有130万间桑拿浴室，自可窥见一斑。其中的缘由，想来自然也和他们住在北极圈附近，需要更好的御寒方式有关吧！

传统的芬兰浴室呈圆形，木质结构，四下密不透风。洗浴的过程与世界各地通行的方式并没有多大差异：

芬兰是圣诞老人的故乡，每年的圣诞节都十分热闹，处处洋溢着浓郁的节日气氛。

室中放置着装有石块的大铁炉，洗澡时用柴火把石块烧热，再将水泼在石头上，骤然蒸汽翻腾，室温随之急速升高。入浴者汗流浃背之余，身心放松，疲乏也一扫而空。许多人还会在洗浴过程中不断用带叶的白桦树条拍打身体，加速汗液排放，更能起到促进血液循环的保健功效。

而当地有句俗谚说得好：没有桑拿就没有芬兰。换个角度来说，如果去芬兰却没能亲身感受一把地道的桑拿浴，那实在是一大憾事！

不过，芬兰最能吸引旅游者之处，却不仅仅是这雾气氤氲的小木屋。走出桑拿浴室，向着北极圈进发，那里还有更为精彩的去处——圣诞老人的故乡，拉普兰省首府罗宛基米。

这是一座被称为“北方女皇”的极地都市，传说中圣诞老人的故乡便坐落在北极线上。既然是故乡，那便少不了

为圣诞老人拉雪橇的驯鹿，是芬兰拉普兰人最亲密的伙伴。

和圣诞老人有关的旅游景点。芬兰人在这里设立了标有极圈位置的地图标志板，开通专门受理寄给圣诞老人邮件的邮政点，还陆续建起许多出售极地旅游商品的商店，以及圣诞公园、欧恩阿斯瓦拉滑雪中心等等。而游客在这里不仅可以搭乘“驯鹿雪橇”，飞驰在一望无垠的极地平原上，去体验如圣诞老人天马行空般无拘无束的旅程，更能在游览途中纵情欣赏夏季里的午夜太阳，以及出现在冬天、世间罕见的北极光。

奥卢是芬兰北部的经济和文化中心，芬兰第六大城市。图为奥卢的初春，雪如凝脂。

此外，需要特别提醒的一点就是，远道而来的游客们在这里有两件事情是必须要做的：一是把自己的双腿横跨在北纬66度34分的北极线上拍一张留念照，二是去当地有关部门领取一张个人进入北极圈的证明文书。

和朋友、家人一起置身其间，尽情感受圣诞老人和他那些头戴尖顶小红帽的“仙童”们所营造的热情洋溢的欢乐气氛，在北极线上留下这一生当中或许最为重要的一双足印吧。这毫无疑问将会成为你人生中极为难得的一次愉快经历。

驰名中外的芬兰小木屋。

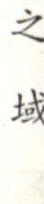

慕尼黑 Munich

啤 / 酒 / 之 / 都

地理位置－欧洲

度假名片－啤酒节、玛利恩广场、宁芬堡宫

这里是啤酒的天下。这里有世界上最早的啤酒大学；这里有世界上第一家啤酒厂；这里有世界上最大的啤酒馆；这里到处都是支着阳篷的啤酒屋；这里的人喝啤酒就像喝水一样，是世界上人均消费啤酒量最多的地方……这里就是啤酒之都慕尼黑。

玛利恩广场全景。

慕尼黑是巴伐利亚的首府，是德国南部最著名的旅游城市之一。它位于中欧进入南欧的交通要道上，历史悠久，是一座清新而典雅的艺术文化名城。

800年前，亨利公爵开始建造慕尼黑市，使这里逐渐发展成为德意志南部最瑰丽的宫廷文化中心。19世纪初，巴伐利亚国王路德维希一世在这里兴建了大量的古典风格建筑。此后的100年间，慕尼黑迎来了它的黄金时期，艺术家群集而至，使它成为欧洲著名的城市。慕尼黑经历了欧洲近代历史上的许多重大事件。第二次世界大战前夕，希特勒率领冲锋队逮捕了当地的长官，制造了臭名昭著的“啤酒馆政变”，拉开了法西斯独裁统治的序幕。战争结束后，慕尼黑的辉煌戛然而止。

现在的慕尼黑就是一个博物馆，收藏着数不尽的文明。经过800年的积淀，名人的足迹和中世纪风格的古建筑早已遍布慕尼黑的古城区。走进这个城市，仿佛走入了欧洲的建筑博物馆，欧洲各个时期的代表性建筑风格都兼容于此，哥特式、古罗马式、巴洛克式古建筑应有尽有。马克西米安宫、德意志博物馆和阿尔卑斯博物馆都是享誉世界的博物馆。

在慕尼黑传统的旅游项目中，听钟楼的钟声是不可或缺的一项。在慕尼黑市中心著名的玛利恩广场北面，坐落着市政厅钟楼。这座著名的哥特式建筑，在每天上午11时50分报时过后，顶上会簇拥而出12个漂亮的洋娃娃，载歌载舞，但是到了12点洋娃娃马上就会停下来，非常有趣。

在古朴的外衣下，慕尼黑流动的是活跃的血液。对于严谨甚至保守的德国人而言，慕尼黑是个异类，它自由而前卫，时刻充满了轻松、欢乐的气息，代表的是德国人性格中不同的面向。慕尼黑啤酒节把这里变成了一个国际旅游度假胜地，每年啤酒节期间，都有大批的游人拥入慕尼黑。

慕尼黑啤酒节开始于1810年10月，是为了庆祝当时还是王子的路德维希一世的大婚而举行的全城狂欢活动。此后，随着以酿制啤酒而驰名的慕尼黑不断发展壮大，慕尼黑啤酒节已成为世界上最大、最古老的啤酒节。一转眼，慕尼黑啤酒节已经快两百岁了，但依然活力四射。

现在的啤酒节已经扩展到16天，整个秋天都成了慕尼黑的旅游旺季。啤酒节

坐落在玛利恩广场正中的市政厅钟楼是慕尼黑的地标。

慕尼黑的啤酒店一般都很大。每到啤酒节时，这里人山人海，热闹非凡，犹如开博览会，但又秩序井然。（右页图）

Hacker-Pschorr Himmel der Bayern

画外传音——慕尼黑啤酒节

慕尼黑盛产啤酒，人们惯称慕尼黑为啤酒之都。对慕尼黑人来说不可一日无啤酒，人均饮用量世界第一，而且慕尼黑人习惯喝烈性啤酒。但“慕尼黑啤酒节”对于慕尼黑人来说却是个陌生的称谓。所谓啤酒节，仅仅是“十月节”中的一个项目而已。1810年10月12日，为了祝贺巴伐利亚的皇太子路德维希和特蕾莎公主的婚礼，人们举行了隆重的庆祝活动，共持续了5天。后来这个活动每年都反复进行，时间也延长了，并且把开幕式从10月提前到了9月，啤酒是这个节日的主角。除了喝酒，人们还唱歌、跳舞、观看赛马比赛。再后来这个节日也成了官方的节日，每年9月倒数第二个周六的中午12点，慕尼黑市长会在勒吉安维塞广场打开第一桶啤酒，啤酒节正式开始。啤酒节规模很大，并不限于这个广场，几乎席卷全市。到处都有卖酒的，从上午到深夜，不分男女老少，人们坐在酒桌旁畅饮。啤酒节持续16天，在10月的第一个周日之后结束。啤酒节是一道“大餐”，据说某年有500万人次参加，消耗了500万升啤酒、60万只烤鸡、80万对香肠，还有25万只啤酒杯不翼而飞，大多被作为“纪念品”带走了。除了战争和霍乱时期停办外，这个节日已经举办174届了。

Extensive Reading
延·伸·阅·读

的会场就是一个大型的游乐会场，高耸的摩天轮下是熙熙攘攘的人群，路旁排列着卖烤鸡、面包和香肠的小铺，当然还有不可或缺的、永远也喝不完的啤酒。也许前一刻还是陌生人，但是，只要手持一杯啤酒向他示好，你们之间的陌生感马上就会消失得无影无踪，瞬间便成了一对他乡相遇的故知。

慕尼黑皇宫区是一组融巴洛克、罗可可和古典式建筑风格为一体的建筑群，图为皇宫珍宝馆。

当然，对于一个以啤酒命名的城市而言，每年一次的啤酒节是远远不够的。每年春季的烈性啤酒节和迷你啤酒节同样是慕尼黑的亮点。德国人喜欢烈性啤酒，乃至在民间流传着这样的说法：“慕尼黑一年中有五个季节，春夏秋冬和烈性啤酒季。”

啤酒节期间，在巴伐利亚特色的啤酒花园里，还会举办丰富多彩的音乐会、卡丁车赛以及各种各样的露天市场和绚丽的焰火表演。在这里，不论男女老少都可以尽情享受啤酒的芬芳，尽情享受节日的喜悦。

宁芬堡宫让人百看不厌，最让人陶醉的还是大片的绿草和清澈的湖水，时不时有天鹅从湖面掠起，让我们的心也澄明纯洁如悠然的白云。

天鹅堡娉婷玉立，玉骨冰肌，拒人于千里之外，美得令人窒息。

天鹅堡 Swan Castle

王／子／的／童／话／与／悲／情

地理位置－欧洲

度假名片－王子和白雪公主的爱情传说

当你还是小孩子的时候，是否曾幻想过童话故事中白雪公主居住的城堡呢？是否曾幻想过在这样的城堡里上演着怎样美丽的爱情？百年来，这个城堡就孤独地屹立在德国富森，美得让人窒息。这是一个年轻国王的故事，这里是他的世界，孤独而迷幻的世界。这里有他的梦，他的童年，他的爱情，他的艺术追求……当他被废黜，蹈水而逝之后，这个童话里才有的美丽世界向天下众生打开了大门。

天鹅堡演唱大厅。路德维希二世是个忠实的瓦格纳迷，这个演唱大厅就是专为演奏瓦格纳歌剧而建造。演奏时，600盏灯全都打开，你能想象是什么样的盛况吗？

富森位于山林、湖泊和阿尔卑斯山山坡的交集点。这里风景优美，如诗似画，是巴伐利亚州最美的度假胜地。天鹅堡就位于这个美丽的德国小镇上。这座白墙蓝顶的神话城堡，早已成为富森的象征，也是当地人引以为傲的地标。因为这个古堡，严谨的德国人戴上了浪漫多情的桂冠。

沿着古老的盘山道蜿蜒而上，阳光从路旁阔叶林的叶间漏下，道道光束洒在山路上，斑驳亮丽。半山腰，一条狭长的横桥跨越深涧悬崖，令人叹为观止。一个转弯，天鹅堡赫然闪现在眼前，她屹立山巅，亭亭玉立，光芒四射。

冬日的晨曦，天鹅堡正从童话中苏醒。（左图）

春风吹开了天鹅堡的花儿，或许，它们正是因为吸取了白雪公主的芳魂才显得如此妩媚芳华。（右图）

从此拉开序幕，探幽的游人踏入了一个如梦如幻的仙境。

站在富森天鹅堡的面前，在蔚蓝的天幕下，白色的古堡如展翅欲飞的天鹅，纯净而优雅，使人不由得感叹：此景只应天上有。

建造这座古堡的是巴伐利亚的国王路德维希二世，茜茜公主的表弟。在老国王突然辞世后，18 岁的路德维希二世仓促登基。此后，这位年轻国王的人生充满了堂吉诃德式的悲剧命运。他对政治毫无兴趣，却是个艺术方面的天才，狂热地崇拜音乐家瓦格纳。他是爱情完美主义者，追求茜茜公主失败，又与奥地利公主解除婚约，他终生未娶，全心投入到城堡的设计和建造中。

1869 年，路德维希二世受瓦格纳歌剧的启发和触动，按照歌剧中对白雪公主居住的城堡的描述，精心设计了一个城堡的蓝图，并亲自监督兴建。他与剧院的布景画家、舞台设计者一起绘制了无数的草图，将城堡与天然景观融为一体，在清清湖水和幽幽山谷的掩映下，制造出如梦如幻的人间仙境。

但是，这座耗资巨大的城堡遭到了举国上下的一致反对。人们难以理解他偏执的生活，认定这个国王是个疯子。1886 年，41 岁的路德维希二世被他的臣民废黜。3 天后，人们发现他死在城堡附近的湖里，至今，他的死因仍是一个难解之谜，徒留这湖光山色中的梦幻古堡，成为巴伐利亚人心中永久的记忆。

经过后代的不断扩建，天鹅堡呈现出一塔为主、数塔相护的形态，被誉为“欧洲最美的古堡”。现在的天鹅堡内一如百年前一样富丽堂皇，随处可见镂金的装饰和华贵的陈设。从城堡的窗棂向外眺望，阿尔卑斯山的湖光山色一如既往，静静地守护着这方清新脱俗的世界。

天鹅堡傲然独处，带着一丝王子与公主式的浪漫，也带着一缕孤芳自赏的寂寥。

现在，天鹅跌落凡间，每年有上百万人到此探访。出于对古堡的保护，参观者进入城堡后，不能随意走动，而要按照管理者事先安排好的路线依序参观。每到一处，游人都会听到关于路德维希二世的故事。他的人生瑰丽而孤独，执著而悲伤，百余年后，每个到访者依然可以透过这座童话中的城堡感受到他的梦想、孤独和感伤……

如梦如幻的天鹅堡，静静地矗立在阿尔卑斯山山麓，美得令人无语，令人心醉……

海德堡 Heidelberg

心／灵／的／归／所

地理位置－欧洲

度假名片－海德堡大学、哲学家之路、尼卡河畔的别墅

曾几何时，维克多·雨果在这里悠悠长叹："我来到这个城市十天了……而我不能自拔。"曾几何时，歌德在这里低低吟唱："我把心遗失在了夏日的海德堡……"你是否会好奇是怎样的城市才会有如此震慑灵魂的魅力？

海德堡是一个让人坠入情网的城市。这里山环水绕，景色奇美，安静闲适。远处的山丘绿树葱茏，中世纪的古堡隐现其中；悠然的尼卡河静静地流过整个城市；

尼卡河静静地穿越海德堡城区，让人体味岁月之绵长。

美丽的老桥横卧江面，古老的石板在夕阳下闪烁着零星的光芒。这里每个不经意的细节都滋生出浪漫的灵魂。

海德堡整个城市就是一座没有围墙的大学城。海德堡大学从诞生之日起就与整个城市融为一体，600 多年来大学的学术精神早已深深地融入每一个海德堡人的灵魂深处。大学的分部散落在城市各地，漫步街头，偶一回头，你也许就会发现一个有上百年历史的研究所、实验室。海德堡还专门设立了一座大学博物馆展示这座德国最古老大学的历史。此外，海德堡还为游客们举办丰富多彩的长期展览，有 20 多家博物馆同时向游人开放。其中，德国药房博物馆、包装博物馆最具特色；而库尔法尔茨博物馆则最有艺术价值。

在朦胧的夜色中，尼卡河、拱桥和远处的古城堡都被摇曳的灯光装扮得分外绚丽迷人，甚至令人产生一种不真实的感觉。

尼卡河边的别墅，它可真是神仙才能住的。

早在19世纪，海德堡就是文人骚客们心中的精神圣殿，是传统精神的象征。19世纪初，这里形成了德国浪漫主义文学的海德堡流派，歌德、席勒、荷尔德林等巨匠都在这里创作了丰富的传世经典。海德堡的魅力启发了巨人的思想，巨人的思想成就了海德堡的盛名。

海德堡最有灵性的景点就是那条著名的“哲学家之路”。这条位于尼卡河大桥旁边的通幽小径据说是哲学家黑格尔最钟爱的散步场所。小径两旁树木葱郁，鸟语花香。据说，当时每天下午4点整，黑格尔都会踏上这条小路。谁也不知道这条看似平凡无奇的小道曾经怎样启迪了黑格尔的哲学灵感，产生出这么有震撼力的思想。

一时间，欧美名人纷纷前来朝圣，音乐家舒曼、作家马克·吐温、文坛巨匠歌德等都在这条林间小道上留下了足迹。这条小路也被世人称为“欧洲最美丽的散步场所”。如果你来到海德堡，一定要到这里走一走。曾经，有多少诗人在这里迷失，有多少哲人在这里漫步，有多少文人在这里徘徊。今天，又有多少普通人在这里流连忘返。

建于18世纪的海德堡老城依山面河而建，以中世纪晚期的巴洛克风格为主，处处青砖红瓦。古堡、石桥，古意盎然的老城与青山绿水交相辉映，折射出浪漫而迷人的色彩。耸立在旧城上方的海德堡宫，依稀可见当日的辉煌，记载着岁月的风霜，是今天到访海德堡的游人经常去的景点之一。

城外也有古堡，远远看去外观气势依然，但实际上已经残旧得无法修复，大半已经倾塌，处处断垣残壁，杂草在墙上、屋顶上滋生。但其恢弘的规模、精密的结构依稀可见。这样的城堡古迹，似乎由于其倾塌而更具魅力。这样的废墟是无须修复的，残破的古堡反而给美丽的山水注入了另一种沧桑的岁月之美。

在高高的山上，你可以和古城堡一起俯瞰山脉环拥中的海德堡市全景。尼卡河的两岸有许多依山傍水的中世纪别墅和城堡，一栋栋白墙红瓦的房屋点缀在绿丛之中，夕阳映照，如诗如画，没有别的想法，只是简单地希望太阳不要落到山那边去……

●画外传音——哲学家之路

哲学家之路位于尼卡河北岸的山丘上。这条小路无人不知，历史上许多诗人、哲学家曾经常在这里散步和思考，哲学家黑格尔、诗人歌德、音乐家舒曼都在这条林间小道上留下了足迹。现代哲学家海德格尔、伽达默尔、雅斯贝尔斯、社会学家马克斯·韦伯……都曾在这条路上徘徊。从“哲学家之路”远眺，可以望见对岸古城的石墙红瓦和渐行渐渺的河景。因此，这里被称为“欧洲最美丽的散步之处”。19世纪初，德国作家、诗人荷尔德林和艾兴多夫经常在这条小路上散步，探索哲理，思考人生。他们作为席勒和歌德的同时代人，以充满个性的创作形成了海德堡浪漫派，影响至今。值得一提的是，荷尔德林在大学时代与黑格尔、谢林是同学，后二人在他们在世时就功成名就，唯独荷尔德林默默无闻，晚年甚至发疯，被囚禁于疯人塔。死后他的诗被海德格尔阐释，名声大振，有人评论他的成就甚至超过了席勒和歌德，能与其比肩者只有索福克勒斯、但丁和弥尔顿。他的作品在古典主义和浪漫主义之间架设了一座沟通的桥梁。《人，诗意地栖居》就是他的作品，后来海德格尔的同名著作只是借用了他的那首诗的题目而已。

Extensive Reading
延·伸·阅·读

卢森堡 Luxembourg

欧 / 洲 / 最 / 美 / 的 / 露 / 台

地理位置－欧洲

度假名片－卢森堡大峡谷、阿道夫桥

卢森堡虽小，却蕴藏大美。在这样的袖珍国度里，一条峡谷，几座古堡，数拱石桥，简简单单的几笔就勾勒出一幅青绿山水画卷。

卢森堡大峡谷宽约100米，深约60米，是世界著名的风景区之一。站在阿道夫桥上向下看，峡谷幽深曲折，谷底绿草如茵，溪水潺潺。

卢森堡位于欧洲西北部，是德国、法国和比利时之间的一个袖珍王国，由于地势险要，在历史上它一直是西欧重要的军事要塞。它的重要性，甚至让它赢得了“北方直布罗陀”的称号。

几百年来，卢森堡人在大国的夹缝中不断发展。中世纪时，卢森堡先后被西班牙、法国、奥地利和荷兰所统治。每个国家的统治都在卢森堡留下了自己的文化风格，逐渐形成了今日卢森堡的多元发展形态。卢森堡的导游会很骄傲地告诉你，这里有三多：语言多，建筑风格多，各族食谱多。卢森堡早已完成了国际化的历程，总人口中超过 1/3 的人拥有外国护照。

卢森堡老城区里有许多优美的建筑，仍保持着乡野小城的魅力。

整个卢森堡市，就是一个汇集西欧各民族文化的博物馆。走在街上随意观看，源自德国的哥特式建筑，源自荷兰的罗可可式建筑，源自法国和奥地利的后巴洛克式建筑，甚至是带有浓郁的地中海风情的西班牙式建筑，一一映入眼帘，令人目不暇接。

在卢森堡度假，走路是最好的观光方式。由于地方不大，景点集中，不需要乘车就可以悠闲地游览各处景点。而且因为地处山区，地势起伏，落差很大，连自行车都不用。

卢森堡的美，一在郁郁葱葱的峡谷，二在点缀于绿色中的座座古堡。就这样，历经沧桑的卢森堡人终于把自然景观和人文景观完美地结合起来，为世人奉献了一幅意境深远的峡谷风情画。也正是因为这幅景致，卢森堡获得了“森林之国”和“千堡之国”的美誉。

无论世间万物多么复杂，卢森堡的峡谷却是经年不变的绿境深邃，和座座古堡一起衬托出一片与世无争的世界，给人一种时光停滞的错觉。来度假的人，只要能够彻底排开俗事，放松心

阿尔泽特河和佩特鲁斯河穿梭于卢森堡老城区。

情，就可以摆脱时间的束缚。时间，在这个空间可以说是缓慢的，甚至是了无痕迹的。

卢森堡大峡谷北侧的宪法广场是欣赏这片迷人景致的最佳角度之一，因此也为卢森堡赢得了“欧洲最美丽的露台”的美誉。清晨走在这“风景走廊”上眺望风景，晨雾环绕青山，远处古堡的尖顶若隐若现，仿佛就是王子和公主的童话世界。

与山谷的超凡之美相比，卢森堡古堡则是入世的沧桑之美，厚重之美。古堡始建于1644年，后经由法国人和奥地利人的扩建才最终完成。古堡的设计令人称叹，整个防御工事有3道护城墙，24座坚固的堡垒。古堡之下，在坚硬的岩石中还凿出了一条20多千米长的地道和向下延伸40米的地下暗堡，工程十分艰巨，可以隐藏千军万马。第二次世界大战期间，这个古堡曾经成功地保护了4万人躲过炮火的袭击。1994年，这座古堡被列为世界遗产。

连接峡谷两岸的无数古今大桥中，建于1930年的阿道夫桥是最引人注目的。桥身长221米，桥中央有长达84米的拱桥作支架，远远望去非常壮观。这座由石头砌成的高架桥，据称是世界上跨径最大的石拱桥，既是卢森堡的地标之一，也是欧洲杰出的建筑物之一。和宪法广场一样，阿道夫大桥也是观赏大峡谷及其两岸风光的最佳地点。在大桥上放眼望去，五颜六色的树木、灰红的木屋和古堡、绵延起伏的丘陵，共同把一份平静与安详的感觉送到你的心中。

作为一座历史名城，卢森堡静静地把古老和现代融合在一起，你我虽仅是匆匆过客，却不禁会对这异国的风光和历史产生强烈的共鸣，以至迷恋和感怀。

卢森堡老城区几乎没有现代建筑，仍然保留着几百年来的面貌，许多城堡坐落其间，不愧为“千堡之国”。

荷兰是个随处可见林立的风车、漫山遍野盛开郁金香的优雅国度。转动的风车为这个古老的民族带来了勃勃生机，绚烂的郁金香则赋予了荷兰人丰富的想象力和充沛的创造热情。

荷兰 Holland

随／风／绽／放／的／郁／金／香

地理位置-欧洲

度假名片-郁金香、风车、天鹅桥

荷兰有“郁金香王国”的美称，种植郁金香的历史可以追溯到 16 世纪。荷兰拥有全世界最美丽的郁金香原野，在碧海蓝天的映衬下，美到几乎无法用笔触形容的程度。或许正是因为有了郁金香的熏陶，荷兰才会诞生出从伦勃朗到凡·高一代又一代的伟大画家吧！

著名的库肯霍夫公园是欣赏郁金香的最佳去处。这里原本是贵族的狩猎领地，因为后院种植了很多食用植物，所以才得名“厨房花园”——库肯（厨房）霍夫（花园）。而后经过花农们的精心改造，这里逐渐成为一个可以让花朵自然生长、开放的天堂。

现在，这里是世界上最大的球茎植物公园，拥有郁金香、风信子、水仙花等约 700 万株观赏植物，仅郁金香的品种便有近 1 000 余种。每年春天到来的时候，在 8 个星期的花期里，公园还会举办颇具特色的花艺活动和艺术作品展览。届时，百花怒放，争奇斗艳，如果不曾亲见，你绝对无法想象出那是怎样一番绚丽动人的情景。

海牙是荷兰的第三大城市，这是海牙和平宫，著名的联合国海牙国际法庭就设在其中。

此外，世界上最大的花市——阿斯米尔鲜花拍卖市场，也是爱花之人的最爱。这里每天进行着占世界 80% 的花卉贸易，平均每天拍卖出 1 400 万朵花，100 万株盆栽植物。

位于鹿特丹的埃拉斯穆斯桥，不仅是世界上最长的斜拉索桥，也是荷兰最高的桥，它横跨马斯河的姿态像只优雅的天鹅，所以也称天鹅桥。（左上图）

很久以来，古老的风车已成为荷兰的象征。怀旧的荷兰人保存了它，并把它当做旅游胜景。（左下图）

郁金香是荷兰的国花，象征着美好、庄严、华贵和成功。荷兰每年大约培育30亿株郁金香。有人推断，如果把这些郁金香依次排列起来，能够围着赤道绕7圈。图为著名的库肯霍夫公园。（右图）

风车也是荷兰极负盛名的一大景观。说起来，这也是荷兰人在千百年间同恶劣的自然环境不断抗争的产物。荷兰是个低地国家，全国有 1/3 的地区海拔不足 1 米，有 1/4 的地区位于海平面以下。翻腾的大海随时都可能席卷而至，将他们美丽的家园浸没吞噬。而风车借助风力，不仅可以用于生产，比如造纸、锯木和磨面，还可以吸水、排水，进而保障邻近地区不致受到洪水的威胁。当然了，荷兰人沿着海岸线修筑的数千里堤坝，也是当地的盛景，而坐落其间的林立的风车，更是为其增添了些许优雅的点缀。

而有关风车和堤坝，还有一个流传至今家喻户晓的传说：一个小孩子发现海堤上有个裂缝，担心海水渗透会淹没村庄，于是便站在堤防前，用自己的手指堵住了缝隙……现在，这个位于鹿特丹（“丹”在荷兰语里便是堤坝的意思）的地区便被称作“小

孩堤防”。每年夏天的七八月间，18 座风车还会一起转动，向前来游览参观的客人们致敬。而诞生于 1740 年的小孩堤防，也在 1997 年被正式纳入了联合国的世界文化遗产名录当中。

荷兰作为沿海国家，海产美食更是值得游客细心品尝。在遍布城市的大小咖啡馆和餐馆里，大多可以叫上一份充满荷兰地方风情的鲱鱼大餐。只不过，这里和其他地方吃鲱鱼的方式不同。荷兰人既不煎也不烘焙，而是将鲱鱼拌上洋葱直接生吃。虽然听起来有些怪异，其实这些鲱鱼在食用前都经过了腌制，腥味不重，搭配着洋葱更是美味无比，这也是仅在荷兰才能吃到的独特美食。

看过了郁金香和风车，饱餐过了鲱鱼大餐，待到夕阳西下，再坐到碧波万顷的海边，去欣赏落日绚丽的余晖吧！悠扬的海风孕育出了开放、宽容而又极富创新精神的荷兰文化，作为异地游客的你，是否也能从其间领会到异于往日的感触呢？

荷兰首都阿姆斯特丹素有“北方威尼斯”的美称，整座城市有90个小岛、160条运河和1 281座桥梁。图为著名的国王运河。

一望无际的紫色花海，一望无际的蓝色天空，一望无际的阳光般的向日葵……这一切只会在一个地方交集，这就是法国南部的普罗旺斯。

普罗旺斯 Provence

薰 / 衣 / 草 / 的 / 浪 / 漫 / 爱 / 情

地理位置－欧洲

度假名片－薰衣草、阿维尼翁、艾克斯

普罗旺斯永远没有都市里浮光掠影的奢华，蔚蓝的海岸，澄澈的天空，终年和煦的暖风，带给了人们追寻浪漫的风情。

即使没有阳光和海水，那些镶嵌在蔚蓝海岸的每个小城都牵扯着你的脚步，让你情不自禁爱上它。香水之城格拉斯、教皇古城阿维尼翁，还有泉水洗礼的艾克斯……漫步在那些古老而迷人的山村、小镇，徜徉在长满薰衣草和缤纷花草的原野山间，享受山南和煦的阳光……也许天堂也不过如此了。难怪凡·高会流连于此，不过在这里他悲剧性地割掉了自己的耳朵，派人送给一个姑娘，经历了他生命中最后的悲欢离合。

其实，法国的香水之都并不是人们以为的巴黎，而是普罗旺斯的“格拉斯”。这里是法国香水制造的故乡，至今仍是巴黎各大香水厂的原料供应地，许多世界顶级的香水都是在这儿调配诞生的。

位居普罗旺斯中心点的是围绕着高墙的阿维尼翁，又称教皇城。1308 年，教皇克莱蒙五世出走罗马，率众以阿维尼翁为驻地。此后直到 1377 年，先后有 7 位教皇居住在这里。一时间，狭窄的街道上挤满了熙来攘往的教廷人员，真可谓盛极一时。意大利诗人彼特拉克、画家西莫内 · 马丁尼等艺术家也随着教皇的脚步来到这个世外桃源。

葛德是普罗旺斯著名的旅游景点，它是座岩石山庄，村里还有一座薰衣草博物馆。

阿维尼翁从此渲染了艺术的气息。每年七八月间，这里会举行国际戏剧节，届时教皇宫的内院和大广场就成了音乐和戏剧表演的舞台，热闹非凡。

至今这里仍保有 14 世纪全盛时期的宏伟气势。每当黄昏晚霞余光映射在坚固的城墙和雄伟的宫殿之上，就会流露出浓浓的中古气氛。令人仿佛穿越时空，置身于昔日的时光之中。

这就是香水之都格拉斯小镇，它带有浓浓的地中海风貌。

艾克斯是著名的“泉城”，图为艾克斯喷泉。

在阿维尼翁断桥上隔水听歌，是一件风雅的文化韵事。断桥毁于战争，却因为法国的民谣而盛名远播。在这里，听着歌中“在阿维尼翁的桥上，让我们跳舞”的呼唤，看着宽阔而湍急的河面，感受舒缓的清风拂面，凭栏四望，整个心灵都归于平静了。

普罗旺斯的艾克斯是法国最美丽的小镇。这座拥有林荫大道、凉爽的广场、上百座美丽喷泉和华宅的中世纪古城，是普罗旺斯最具有“都会”风情的地区。

水是艾克斯跳动的灵魂。罗马时代，统治这里的赛克斯蒂乌斯将军曾为治理这里源源不断冒出来的地下水头疼不已。后来，人们不再费心治理地下的泉水，而是铸造了一个个美丽的喷池。其实，人生又何尝不是如此，当不能够改变的时候，换个角度，反而能发现一种别样的美。

除了凡·高，还必须提及另一位艺术大师，那就是印象派天才画家塞尚，他就出生在艾克斯。他曾描绘过很多四周乡村

的美景。这些塞尚曾经为之感动过的郊外美景，至今仍充满了魅力。塞尚的画室仍保持着原样，只有真正站在塞尚的窗前，看远处的风景，才能明白艾克斯美丽的景致曾经给了他多少灵感、多少震撼。到了这里，一定要去法国最美的梧桐大道——米拉波大道。漫步林荫路上，遥望不远的圣维克多山，不知不觉间就已融入塞尚的画里。这条大街的53号是一家开业于1792年的咖啡馆，不妨和当年塞尚经常做的那样，在这里静静地享用一杯香醇的咖啡。

普罗旺斯也是全世界著名的裸居者的世外桃源，在小岛“太阳之城”上，每年都会接待两万多名裸体主义者，他们可以远离城市的喧嚣，在这里自由地享受清新的空气和温馨的日光浴。

也许，普罗旺斯最迷人的地方，在于单纯而恒久不变的乡村乐趣。你不妨坐在浓荫凉爽的咖啡座里静静地品一口茴香酒，在乡村广场的菩提树下来场滚球赛，在堆满新鲜蔬菜的农产品小摊前挑拣一番……

晨曦中的阿维尼翁断桥，秋水共长天一色。

尼斯 Nice

一/抹/蔚/蓝/的/童/话/世/界

地理位置－欧洲

度假名片－海滨、狂欢节、美食

如果说巴黎是时尚的代言，国际文化的交融点，那么，尼斯一带的法国南部地中海沿岸便是一片大自然赐予的纯净天地了。这里有着方外世界的味道，地中海的光与影、海岸与天空，造就了尼斯人超越其他欧洲人的艺术气质。

尼斯处于法国南部，濒临地中海，三面环山，一面临海，有长达 7 500 米的蔚蓝海岸线。那里一年四季阳光充沛，碧波万顷，风光旖旎，堪称最适宜人类居住的城市。从 18 世纪开始，这个传奇海岸日益繁荣，逐渐成为贵族的世外桃源。到了 19 世纪，尼斯成为世界各地名流显贵趋之若鹜的地方，各国王室成员也纷纷在这里定居或兴建别墅。沙皇尼古拉一世的遗孀和英国维多利亚女王都曾流连于此。

穿城而过的帕隆河，把尼斯新城和老城分割开来，河岸上是步行街道和花园。大街两边遍布豪华的饭店，人们在这里尽情享受着冬日温暖的阳光和美丽的景色。时至今日，奢华与优雅的豪门情调仍弥漫在街巷中，市内随处可见备有室外游泳池的高级豪宅。

尼斯是座休闲城市。图为尼斯街头随处可见的路边咖啡馆，生活在这里你会忘记了时间。

树影婆娑的棕榈树、椰子树和幻彩的霓虹，将尼斯装扮得犹如人间仙境，后面就是著名的内格斯哥酒店。

今天的尼斯是平民的童话世界，也是地中海沿岸最负盛名的度假城市。每一束灿烂的阳光，每一片幽长的沙滩，都令人向往，而裸体晒太阳的美女更是将欧洲人自由与开放的天性尽情展示。尼斯最大的魅力就是可以让每一个来到这里的人，尽情地放纵自己的心灵。

尼斯家家户户的阳台上都装饰着各式各样美丽的鲜花，街头巷尾的房屋仿佛被鲜花淹没一般。在这个花团锦簇的世界里，每一寸时光都如梦如幻。从碧绿的山冈上向下望，是辽阔的、蔚蓝色的海岸，岸边高大的椰树和橄榄树的婆娑暗影，驯服了太阳的光芒，使刺眼的阳光变得柔和而多情。古罗马帝国时代所遗留的古老街道，让尼斯更散发出怀古的幽思。每个角落都美得令人炫目。

穿过羊肠小道、旧街，就可以看见一栋栋相连的民舍。建筑物外面挂着的刚洗好的衣服随风摇曳，散发着生活的气息。人们在这个乐园里尽情享受闲适的生活氛围，养狗、钓鱼、跑步、游泳……各得其所，各有欢愉。在夏日的午后，饱饱

尼斯的“索卡饼”和意大利面条。

尼斯的民居很有艺术气质，人们按自己的喜好把房子装扮成自己中意的风格。

地睡上一觉，或是尝尝当地居民特有的“索卡饼”，这种生活恐怕是终日在都市里忙忙碌碌的人们最向往的日子。即使什么都不做，只是安安静静地闲坐在街边的长椅上，尽情享受阳光的轻抚也是一件十分惬意的事情。

尼斯每年都要欢庆许多盛大的节日，如赛花节、帽子节、五月节等等。而尼斯狂欢节则是其中最具吸引力的一个，于每年的1月31日到2月17日举行。届时满城飞花，落英缤纷，热闹非凡。各种大型游行、狂欢游行、掌灯游行一浪接着一浪。由欧洲娱乐传媒界的卡通制作专家设计的彩车，由尼斯老字辈狂欢之徒制作的典雅的花车，争相走过。乐队，大型晚会，摇滚及技巧音乐会……所有这一切由狂欢节所焕发出的魔力都在这期间尽情地施展着。直到告解日的晚上，人们将狂欢王的纸像点火焚烧，延续两周多的欢庆盛典，才伴随着飞腾的火花和火焰渐渐熄灭。尼斯狂欢节也为游客提供了一个欣赏“更美的尼斯”的机会。

在蓝天、阳光、宜人气候的拥抱中深深吸入一口地中海沿岸新鲜的空气，浅尝尼斯的静谧，深酌高卢的美景，个中滋味难以言表。

尼斯海滨是法国蔚蓝海岸线上最亮丽的一段。

维也纳 Vienna

多／瑙／河／上／的／女／神

地理位置－欧洲

度假名片－音乐、舍恩布龙宫、霍夫堡

“多瑙河上的女神”维也纳，既有着岁月历练的万种风情，又保留了一份世间最为纯粹的宁静与美好。华灯初上之时，静静坐在维也纳的金色大厅里，沉醉在交响乐章如诗般恢弘与柔美的意境里，便是对人们疲惫的身心的最好奖励与安慰。

奥地利，或者更加确切地说，维也纳的名字，总与音乐息息相关。这里诞生并孕育了无数名扬后世的音乐大师：海顿、莫扎特、贝多芬、舒伯特、约翰·施特劳斯父子和勃拉姆斯等等。贝多芬更是在这里写下了《命运交响曲》、《田园交响曲》、《月光奏鸣曲》和《英雄交响曲》等永垂不朽的经典之作。1827 年，这位伟大的音乐大师逝世后，被安葬在了魏林格墓地，与旁边为纪念另一位大师——舒伯特而修建的舒伯特公园为伴。尽管后来两位大师的遗体都被移往中央陵园重新安葬，但时至今日，位于魏林格大街上的舒伯特公园仍然是众多游客为之流连的胜景。

这就是洪德特瓦瑟设计的百水楼房，他有唯美的倾向，认为美是一些形式，跟内容无关，最高层次的美就是最简约的点线面。

而若想要欣赏这些大师们载入殿堂的作品，世界顶级的维也纳爱乐乐团在金色大厅的演出自然不容错过。金色大厅始建于 1867 年，由特奥费尔·翰森设计，前后历时两年完工。这是一座充满文艺复兴时期风格的仿古建筑，步入其间，在线条清晰的暗红色立面的背后，是一座富丽堂皇的大厅。大厅内有 30 座镀金的女神立像，金色大厅之名正由此而来。这座音乐大厅专门上演大型音乐会，其中最著名的，自然就是享誉世界的一年一度的新年音乐会了。伴随着已经成为欧盟盟歌的《欢乐颂》那悠扬动听的旋律，欢度新年的钟声渐渐响彻耳畔，这该是一个

从落成的第一天起，维也纳国家歌剧院就是音乐圣殿的象征。全世界最著名的作曲家、指挥家、演奏家、歌唱家和舞蹈家，都以能在这里演出为荣。

具有700年历史的霍夫堡皇宫，哈布斯堡王朝正是在这里统治奥匈帝国的，它也曾是神圣罗马帝国皇帝的居住地，如今，霍夫堡是联邦共和国总统办公地。数百年来，哥特式、文艺复兴式、巴洛克式、罗可可式、仿古典式等各种风格都在这里留下了痕迹。

多么令人兴奋与激动的瞬间！

当然，因为音乐早已渗透了维也纳城市生活的每一个层面，所以，即使离开金色大厅，你依然可以随处感受到音乐的存在。这是一个由五线谱所描绘出的神奇而美丽的城市。著名的维也纳森林从西、北、南三面环绕着城市，辽阔的东欧平原从东面与其相对，到处郁郁葱葱，生机勃勃。登上阿尔卑斯山麓，维也纳森林波浪起伏，尽收眼底。从多瑙河盆地可以远眺喀尔巴阡山闪耀的绿色峰尖，辽阔的平原犹如一幅特大的绿毯。碧波粼粼的多瑙河蜿蜒穿流其间，市内林立着诸多景色怡人的公园，气度恢弘的古典宫殿和城堡——霍夫堡皇宫、美泉宫等都是游客务必往观的所在。这些建筑大多顺山势而建，重楼连宇，层次分明。登高远望，各种风格的教堂建筑更给这青山碧水的城市蒙上了一层古老庄重的色彩。

而维也纳不仅只有古典与自然。且不去说联合国城，在第二次世界大战结束以后，奥地利著名画家洪德特瓦瑟便为维也纳设计了一座“自然与人共存的建筑”——百水楼房。这幢建筑充满着艺术家“对不规则的容忍”态度，楼房里几乎没有一块平地，没有一间房屋呈规则的四方形。色彩斑斓的立面，窗户中探出到室外的树，波浪形的围墙，所有一切都是与传统概念上的建筑的决裂。因此，远道前来参观的游客有的对它颇为赞赏，有的却不屑一顾。或许，这便正是艺术真实地融入生活后所带来的必然结果吧！

值得一提的是，历史上曾经作为德意志神圣罗马帝国、奥匈帝国首都存在的维也纳，在今天依然是奥地利共和国的政治、经济和文化中心。奥地利联邦议会、国民议会、总统府、总理府、国家政府各部委和最高司法机构都聚集在这个城市里。同时，维也纳市还享有重要的国际地位，联合国和石油输出国组织都在维也纳设有办公机构。洗尽铅华的维也纳，昔日的豪华气派尚存，音乐和历史遗落在某个角落里不为人知的秘密，正留待着好奇的人们去再度探寻。

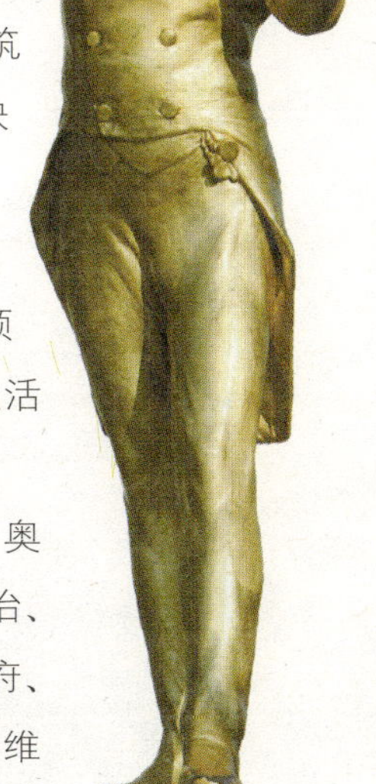

约翰·施特劳斯的铜像伫立在维也纳市立公园里。他站在一座凯旋门前，悠然自得地“拉”着他的提琴，沉醉在自己的音乐世界中。

画外传音——哈布斯堡王朝的传奇

哈布斯堡王朝是欧洲历史上统治时间最长、领土最广的王室，其家族成员曾统治神圣罗马帝国500多年，奥地利600多年，匈牙利和波希米亚近400年，西班牙近200年，葡萄牙60年，这个家族还有多人出任意大利若干公国的公爵。15世纪末家族领袖马西米连一世与多国王族通婚，使哈布斯堡王朝在欧洲的影响大大增强。至16世纪查理五世统治期间，哈布斯堡王朝达到了鼎盛，欧洲大陆的主要领土都归该家族所有。查理五世死后家族分为两支，即奥地利哈布斯堡王朝和西班牙哈布斯堡王朝，后者于1700年因绝嗣而亡，前者则于1740年开始逐渐被洛林家族渗透，直到第一次世界大战才彻底退出历史舞台。现今，部分哈布斯堡王族后裔依然健在，主要定居于奥地利、德国等德语国家。

Extensive Reading
延·伸·阅·读

坐落在维也纳市区西南边缘的舍恩布龙宫，是女皇的避暑离宫，又叫“美泉宫”，因为这里曾有一股泉水。它是维也纳城内外哈布斯堡王朝的宫殿中规模最大、布局最美的一座。历史上，它曾是几代奥皇的宫殿，在这里发生过许多重大事件。现在，它已成为遐迩闻名的游览胜地。图为美泉宫中的罗马式园林。

瑞士 Switzerland

欧 / 洲 / 的 / 公 / 园

地理位置—欧洲

度假名片—日内瓦湖、阿尔卑斯山

位于伯尔尼省的图恩湖被誉为“上帝的左眼”，欧伯侯芬城堡就建在它的水面上，自然风光与人工杰作争奇斗美。

瑞士有欧洲的公园之称。朱自清说过，“起初以为有些好风景而已；到了那里，才知无处不是好风景”。瑞士的美，信手拈来，浑然天成，恰似一杯百年葡萄酒，历久弥香，令人惬意顺畅。

瑞士是“欧洲的公园”，在崇山峻岭的映衬下，莱茵河从这里出发，隆河和多瑙河从这里经过。山的冷峻，水的柔情，在中立的保护下，造就了瑞士这个旅游者的乐园。

100多年来，瑞士的国家旅游部门不断推出各种优惠政策，吸引旅游者，终于把瑞士发展为世界著名的度假胜地。这个靠旅游业发展起来的国度几乎给每一个游客都留下了良好的印象：干净、整齐、守时。瑞士的洁净早已闻名于世，火车开到瑞士境内，仿佛车窗都突然明亮了起来。

瑞士有山，阿尔卑斯山。山是瑞士的灵魂。来到瑞士，体力好的人都要去登山，这样才不辜负大自然的好意。阿尔

卑斯山层峦叠嶂，流连低回，美不胜收。要欣赏美丽的山景，专用的高原火车是一个别致的选择。这是一种特殊的齿轨火车，100 多年前，瑞士人用了 14 年才建好这条欧洲最高的铁路线。

每天，火车静静地在海拔 2 000 米的高原上，伴着齿轨的“嘎吱”声缓缓而上，窗外的景象渐渐由绿色的草原变成了白色的冰川，那么安静，那么淡然。看着窗外的风景发呆，偶尔视线中会闪过稀稀疏疏、错错落落的房舍，三两个农人，悠闲的奶牛，耳畔似乎传来鸡鸣犬吠之声，运气好的时候还会看见几只害羞的土拨鼠跳出来……

冬季，大雪是阿尔卑斯山带给瑞士最好的礼物，这里是滑雪爱好者的度假天堂。每到滑雪季，游客们从世界各地蜂拥而至，迫不及待地投入到这梦幻般的冰雪世界中。乘坐缆车登上高峰，再从银装素裹的山顶上飞驰而下，在冰雪的世界里肆意驰骋。如果你不会滑雪，不妨信步于幽静的山林边缘，让肌肤亲近冰凉的雪花，也许就会上演一场属于你自己的冬日传奇。

瑞士有湖，日内瓦湖。瑞士的湖水是湛蓝色的，水面无风，平静得像镜子一样。朱自清曾这样形容瑞士的湖景：“太阳照着的时候，那水在微风里摇晃着，宛然是西方小姑娘的眼；若遇着阴天或者下小雨，湖上迷迷蒙蒙的，水天混在一块儿，人如在睡里梦里；也有风

阿尔卑斯山脉的马特峰是瑞士著名的观光胜地。

大的时候；那时水上便皱起粼粼的细纹，有点像颦眉的西子。”这就是瑞士的湖水，有一种风情万种、撩人心弦的美。

在瑞士这个欧洲的公园里，无论你身在何处，都可以远离喧嚣，沉浸在宁静而闲适的氛围中。即使是在日内瓦这样的国际化大都市里，也没有熙熙攘攘的人群。每天上午 9 点，这个城市才缓缓地醒来，而到了夜晚 10 点这里就会归于平静。不必为生计奔波操劳的瑞士人选择了一种安闲宁静的生活，这种悠闲的生活态度感染了每一个踏入这里的人。

日内瓦湖畔的诗隆城堡被誉为“瑞士第一堡”。

从 19 世纪开始，瑞士手表领先世界，独领风骚，产生了一系列让人怦然心动的世界名表。选择瑞士手表仿佛就选择了一种流光溢彩的精致生活。此外，瑞士的军刀和巧克力也是闻名世界的产品。游览湖光山色之余买几样瑞士名品带给亲朋好友也是不错的选择。

苏黎世是瑞士第一大城市，利马河从这里流过。图为夜幕中的利马河畔苏黎世中心区域胜景。

●画外传音——平民哲学家卢梭

卢梭大概要算瑞士历史上最有名的人物了，不过这位平民思想家的行为让人难以理解。他早年投身华伦夫人门下，成为后者的被保护人，既是她的养子，又是她的情人。他标榜爱孩子，甚至就这个主题写作了著名的《爱弥尔》，但却把自己的孩子送进孤儿院。《爱弥尔》刚出版时被认为触犯了法律，英国哲学家休谟出于好意邀请他去英国避难，但他跟休谟相处不久就怀疑休谟想加害于他，竟然不辞而别。这说明卢梭是个“自虐妄想狂”，他必须设想周围的人都想害他，否则就会不自在。他写作《忏悔录》，可并没有忏悔，而是在替自己的一生辩护。晚年他以中世纪神学家阿伯拉尔和他学生爱洛漪丝的爱情为原型创作了书信体自传性小说《新爱洛漪丝》，这本书大获成功，一时洛阳纸贵，人们排队租看此书，以至于租书人把书撕成一页一页地租给读者以牟取暴利。这本书赚取了很多人的眼泪，有人写信给卢梭说：“先生，我愿意成为你作品中的任何角色。”还有人说：“我本来是个不可救药的混蛋，但你的作品解救了我的灵魂。”这一场景估计是当代任何畅销书都不可比拟的。虽然瑞士是他的祖国，但他却几次被瑞士驱逐出境。

Extensive Reading
延·伸·阅·读

Edinburgh …

爱丁堡

风 笛 之 乡

如果你看过好莱坞史诗巨片《勇敢的心》，就不会不知道爱丁堡；如果你读过《哈利·波特》，你就会知道爱丁堡是哈利·波特的故乡。具有如此温情浪漫气质的古城怎能不引人向往？

地理位置—欧洲

度假名片—风笛、哈利·波特的故乡、苏格兰威士忌

深冬的爱丁堡天色暗得很早。街道上，中世纪风格的路灯在弥漫雾气的夜色中透出光芒，让人有重回数世纪前的错觉。在迎面走来的男男女女中，不经意间你也许会发现一个身材瘦弱，戴着一副黑边眼镜的男孩，莫非是哈利·波特与你擦肩而过？这就是爱丁堡，一个让你感到现实与魔幻交会的城市。

爱丁堡是欧洲首屈一指的古城，它所具备的传奇氛围对世界各地的游客来说，有着无法拒绝的魅力。而哈利·波特的诞生，更使这座古城平添了几分神奇的色彩。

爱丁堡是苏格兰的古都，它充满了苏格兰独特的魅力：爱丁堡城堡、香醇的威士忌、穿着苏格兰裙的风笛手。在《勇敢的心》里，华莱士和他的同伴们穿着裙子作战，悠扬的风笛声活泼中带着一丝哀怨，如紫色的水晶变幻出蓝色的翡翠，直浸人的灵魂，让人忘记一切世事的烦乱与算计。再加上温柔得如奶油的大片草地、清澈的溪水，片中的苏格兰美得让人窒息。如今，苏格兰与英格兰的征战早已结束，它们都是联合王国的一部分。

月光下的爱丁堡城堡被银装素裹，如梦幻世界。当年罗琳就是受到爱丁堡城堡色彩的启发，创作出了哈利·波特小说系列的第一部《哈利·波特与魔法石》。

王子大街是爱丁堡最主要的两条干道之一，名声仅次于皇家哩大道。从卡尔顿山上望去，王子大街的交通井然有序，一派悠闲。

爱丁堡依山傍水，地貌多姿。爱丁堡城堡是爱丁堡甚至整个苏格兰的精神象征，它耸立在一座死火山的岩顶上，居高俯视着爱丁堡市区。它在6世纪时成为皇室堡垒，自1093年玛格丽特女王逝于此地后它一直是重要的皇家住所和国家行政中心，延续至16世纪初仍然是英国重要的皇室城堡之一。圣玛格丽特礼拜堂据说是爱丁堡现存最古老的建筑，城堡内的军事监狱曾囚禁拿破仑的军队，至今墙上仍留存着法国军队在墙上抓刻的指痕。数世纪以来的风云在这里保存无遗。

荷里路德宫建于1498年，是詹姆斯五世在荷里路德修道院的基础上扩建的，目前仍是英国女王的苏格兰皇家住所。荷里路德宫见证了苏格兰历史上一些最引人注目的片断，其中最有名的当数玛丽女王的悲剧。这位女王不仅丢掉了她的皇冠，最后还被她的皇亲伊丽莎白女王推上了断头台。漫步于荷里路德宫，寻访当年主人的足迹，怜香惜玉之感油然而生。

来到苏格兰当然不能错过远近驰名的苏格兰威士忌，而想要一窥苏格兰威士忌的奥妙，就一定要到位于爱丁堡城堡旁的苏格兰威士忌中心瞧瞧。苏格兰威士忌中心以主题导引的方式，提供参观者基本的威士忌知识，包括历史由来、制作过程、实体模型，当然还可以免费品尝纯正苏格兰威士忌的风味。轻呷一口淡醇幽香的苏格兰威士忌，

皇家哩大道是爱丁堡的著名地区，它连接着爱丁堡城堡和荷里路德宫，是中世纪爱丁堡的重要道路。

荷里路德宫内敛得像个宁谧的少女，丝毫不张扬，难怪女王们都把这里当行宫。它没有皇家的霸气，倒像是小家碧玉。

品味岁月的绵长，就像穿越了几个世纪，触碰悠长的远古和浩渺的未来，体会生命的奥秘。

在中世纪晚期，爱丁堡也是欧洲的文化中心之一，素有“北方雅典”的美誉，这主要源于爱丁堡大学。爱丁堡大学建校于1583年，是目前英国仅次于剑桥和牛津的大学，在近500年的光辉历史中这里诞生了众多杰出人物，不少世界级的文学家、哲学家、经济学家、历史学家、科学家都曾在这里求学或生活过，司各特、史蒂文森、达尔文、休谟等就是爱丁堡大学的骄傲，如今市内耸立着他们的纪念碑，他们的旧居成了被保护文物。

历史、文化和大自然的天然赐予造就了美丽的爱丁堡。虽然爱丁堡城堡和荷里路德宫的风头早已被伦敦的白金汉宫和温莎古堡抢去，但这丝毫不减爱丁堡的魅力。故人已去，而笛声依旧。去爱丁堡度假，就像聆听风笛，闲适而悠长。

威尼斯是什么？是意大利的水乡，是马可·波罗的故乡，是中世纪的海上霸主，是西方通往东方的桥梁……乘坐贡多拉游弋在威尼斯迂回的水道间，1 500年间似乎什么都没有改变。

威尼斯 *Venice*

波 / 光 / 潋 / 滟 / 扬 / 思 / 绪

地理位置—欧洲

度假名片—圣马可广场、总督宫

中国人常把威尼斯比作海外江南，都是水绕着城，城伴着水。中国的江南，把小家碧玉的含义诠释得充分到位；而面对亚得里亚海的威尼斯却具有大家闺秀的风范，仪态万方而又娴静优雅，美若天仙却又柔情似水。

威尼斯水城在全世界独一无二，可是为何要把城建在水上呢？据说，威尼斯建城和匈奴的西迁有关。公元5世纪时，为躲避这个亚洲游牧民族的入侵，沿海居民纷纷逃往海边的小岛和沼泽地，慢慢便形成了一个独立的城市。中世纪时，威尼斯成为东西方交流的桥梁和贸易中心，同时也通过海上贸易积聚了大量财富。

现在的威尼斯虽然不再是世界贸易中心，名声却更加响亮，因为它赢得了亿万游客的心。

被拿破仑誉为“世界上最美丽的客厅”的圣马可广场一直是威尼斯的政治、宗教和传统节日的公共活动中心，如今它更是以地标的姿态成为威尼斯最繁华热闹的一方宝地。广场的名字来源于圣马可大教堂，公元828年，福音传道者圣马可的遗骨从埃及运抵威

生活在威尼斯的鸽子是全世界最幸福的鸽子，衣食无忧，一个个长得肥肥胖胖，讨人喜欢。

尼斯。为了表达对圣者的尊崇，威尼斯人决定建造一座华丽的教堂来供奉。圣马可大教堂的建造花了很长时间，从11世纪开始，直到15世纪才建成。

数百年的建造时间，也正是威尼斯作为城市共和国崛起的时间。这座大教堂融合了各个时期不同的建筑风格，既有拜占庭式的金碧辉煌、哥特式的建筑精神、罗马帝国时期的外观，也有半圆拱的内部构造以及伊斯兰教宫殿式的圆屋顶……展现了威尼斯的开放和与世界融合的观念。

进入教堂，其内部的奢华更让人惊叹不已，这里不像一般的欧洲教堂那样充满宗教的神圣感，却像一座金光闪耀的皇宫。墙壁上的镶嵌画都是《圣经》上的故事，却是金色的。布道坛后的一幅黄金装饰屏，也是金色的，据说这是一名金匠用纯金打造的艺术杰作，上面还镶嵌了宝石。

从总督宫眺望圣马可广场。这里是每年嘉年华的最主要场所，前面的塔是四角钟楼，是威尼斯的标志性建筑。

这里世俗的奢华远远超过宗教的神圣，在这里你可以嗅到当年既崇拜上帝又崇拜金钱的威尼斯商人的铜臭味，真让人不得不对威尼斯商人的富有和对宗教的影响刮目相看，怪不得伟大的戏剧家莎士比亚要专门写一出《威尼斯商人》来嘲讽一番呢。

威尼斯是个狂欢的城市，18世纪前法律甚至允许人们一年四季可以戴面具。如今每年还有嘉年华节和面具节，不过几乎在任何时候都可以戴面具，它已经成为日常生活的一部分。

教堂外的圣马可广场，东西长170米，东边宽80米，西边宽55米，是威尼斯最为繁华热闹的地方。这里虽然游客总是络绎不绝，但却让人感觉自在而闲适，你可以在这里做很多自己喜欢的事。广场周边是各式各样独具风格的精品店，有专卖威尼斯金饰和玻璃制品的，也有专卖意大利名牌服饰的，橱窗设计绝对一流，不买只看也是一种享受。

圣马可广场上还有一件事不容错过，那就是喂鸽子。威尼斯的鸽子并不怕人，都被游客宠坏了。也难怪，游客来去匆匆，它们才是这里的主人。威尼斯的鸽子整天都忙着吃游客们“奉献”的食物，每一只都肥肥壮壮的，在照片中必然成为镜头的主角。

其实，威尼斯并非完全建在水上，它的一部分也建在陆地上，或者说在露出海面的一些小岛上。整座城市建在大约120个岛屿上，全靠400多座石桥沟通。

一座接着一座的小桥，尽职尽责地联系着各岛的交通。威尼斯的桥和中国江南的桥相同的地方是，它们大多是由石头砌成的，不同的是，江南的桥多了几分随兴，威尼斯的桥精雕细琢，带着浓郁的罗马和意大利风格，与两岸的建筑风格水乳交融。

这些桥中，最有名的当属“叹息桥”。之所以如此命名，是由于它连接了法庭和牢房，连接了人生中最为感伤的两个地方。叹息桥建于1600年，是一座全封闭的早期巴洛克风格的石桥，它架在总督府与监

里阿尔托桥有25孔拱廊，单拱跨度28米，高出水面7.5米，是威尼斯最具吸引力的景点之一。（左上图）

威尼斯著名古迹叹息桥，横跨在总督宫和监狱之间狭窄的府第溪道上空。（左下图）

居住在威尼斯，桥和船是必不可少的重要设施和交通工具，除实用外，也为城市增添了景致，注入了活力。（右图）

狱之间的小河上。严格来说，叹息桥有顶子有墙，应该说只是一个横跨于窄窄河道上的过道而已。

据说，当犯人在总督宫中被审判定罪后，就会经过叹息桥进入地下牢房。所以只要一被带上桥，犯人就知道是怎么回事了。而从桥这一端走向那一端的时候，对于生的渴望、对于自由的渴望会让他们不由自主地发出叹息之声，这也就是叹息桥这个名字的来历。

而中世纪监狱里生活的痛苦，让犯人们更加珍惜这最后的几步路——威尼斯的监狱建在海边，海水有涨有落。落潮时还好，若是涨潮又遇上冬天，犯人泡在冰冷刺骨的海水里，可以说是求生不得，求死不能。当犯人们最后一次透过小小的窗户看到亲人与阳光时，一声声叹息久久地徘徊在桥上，那沉重的叹息声要比眼泪更令人心碎。如今时光流逝，犯人们自不必再走过这里，但叹息桥的名字却一直保留了下来。随着岁月消失的，是那座桥上

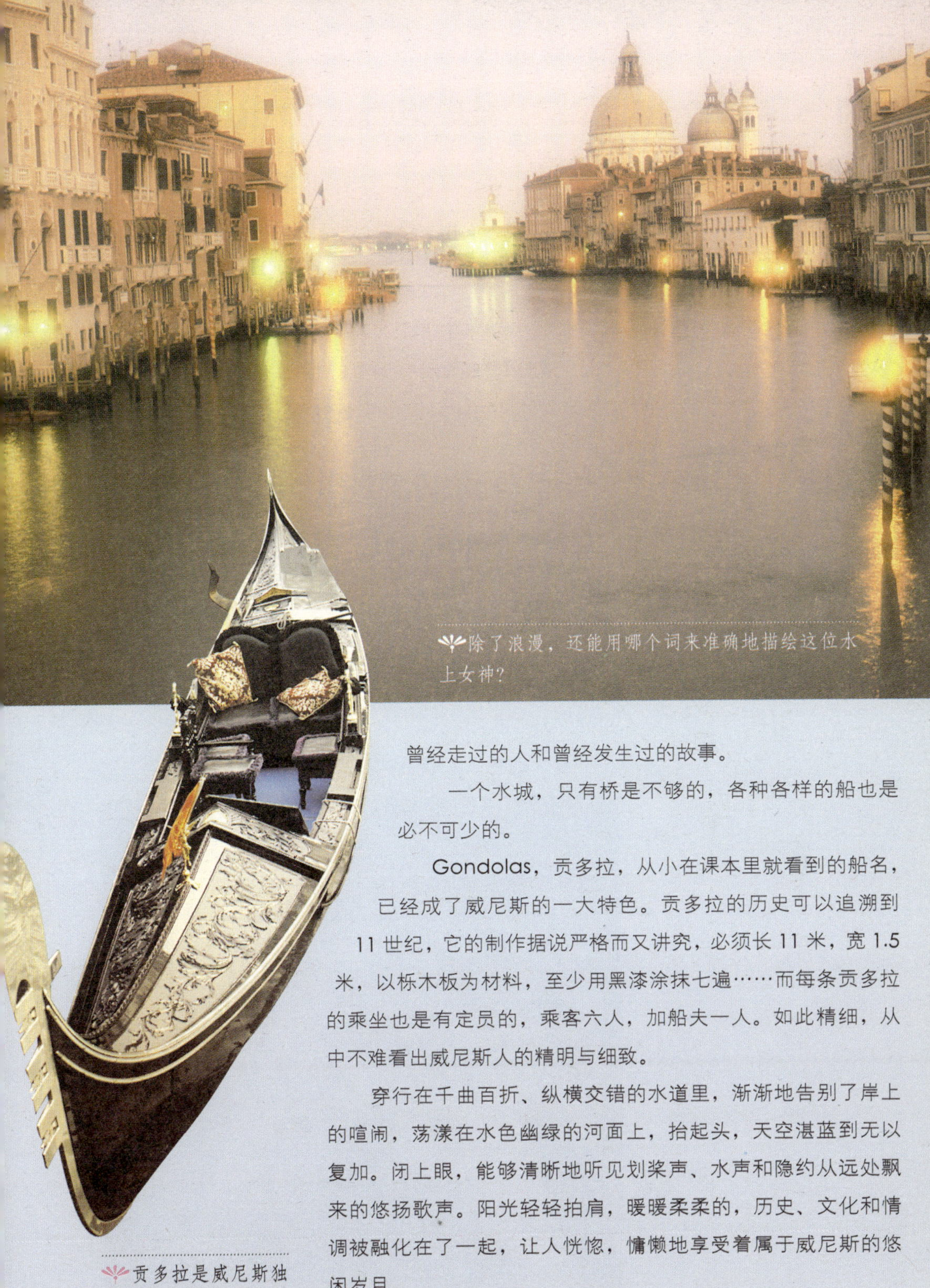

除了浪漫，还能用哪个词来准确地描绘这位水上女神？

曾经走过的人和曾经发生过的故事。

一个水城，只有桥是不够的，各种各样的船也是必不可少的。

Gondolas，贡多拉，从小在课本里就看到的船名，已经成了威尼斯的一大特色。贡多拉的历史可以追溯到11世纪，它的制作据说严格而又讲究，必须长11米，宽1.5米，以栎木板为材料，至少用黑漆涂抹七遍……而每条贡多拉的乘坐也是有定员的，乘客六人，加船夫一人。如此精细，从中不难看出威尼斯人的精明与细致。

穿行在千曲百折、纵横交错的水道里，渐渐地告别了岸上的喧闹，荡漾在水色幽绿的河面上，抬起头，天空湛蓝到无以复加。闭上眼，能够清晰地听见划桨声、水声和隐约从远处飘来的悠扬歌声。阳光轻轻拍肩，暖暖柔柔的，历史、文化和情调被融化在了一起，让人恍惚，慵懒地享受着属于威尼斯的悠闲岁月。

贡多拉是威尼斯独有的艺术杰作，也是威尼斯风韵的象征。

米兰 Milan

南 / 方 / 的 / 巴 / 黎

地理位置—欧洲

度假名片—时尚购物、杜莫大教堂、歌剧院、足球

这里是达·芬奇的第二故乡，正是在这里他创作了举世闻名的《最后的晚餐》，他的艺术之灵好像在这里扎了根，并且一直延续至今，无数艺术家们在画廊中留下了非凡的天才之作；它也是一座时尚之都，是世界服装大师们蜂拥追捧的绚烂宝地。如今，它以两支顶级足球队闻名于世，它就是米兰。

米兰位于阿尔卑斯山南麓，东邻威尼斯，西靠都灵，南部是热那亚，北部是科莫湖，是意大利的第二大城市，全国最重要的经济中心，有“经济首都”之称，是欧洲最受瞩目的城市之一。达·芬奇等著名人文主义者曾在这里奋斗，拿破仑就是在这里加冕称帝。法国、英国、美国和地中海的文化在这里交会，形成了米兰独具特色的国际大都市风味。

今天的米兰大概是以它的足球而闻名天下，但在古

金碧辉煌的杜莫大教堂之雄壮摄人心魄，它的每一个局部都精彩异常，绝无瑕疵。

代，它的繁华丝毫不亚于当今。米兰始建于公元前4世纪，公元395年曾为西罗马帝国都城，此后很长时期内它都作为米兰共和国而存在。悠久的历史造就了灿烂的文化，为后人留下了光辉的遗迹。

全市以14世纪意大利的建筑精华杜莫大教堂为中心，这座教堂充满着对新世纪的憧憬和迷蒙幻想，具有世纪末的凄美婉约之气，表现出了对人类浪漫柔情和对未来的向往。杜莫大教堂是一座典型的装饰性哥特式建筑，它始建于1386年，1500年建成，但真正定型是在19世纪末，整整建了500多年，其规模仅次于梵蒂冈圣彼得大教堂。它有130个尖顶，每一个都修建得精致细巧。2 245尊大理石雕像镶嵌在墙壁四周和尖顶的顶端和下边的柱子上，人物虽小，却颇有神采。它分成很多层次，每层又分为许多独立的、中间镂空的立式尖塔，这些尖塔有机地组合成一个整体，精致得无与伦比。教堂内部也是富丽堂皇，每一个窗上都镶嵌着彩绘玻璃，玻璃上的图画色泽鲜艳，几百

斯福尔扎城堡是米兰占地最广的建筑物，由红砖和灰泥砌成，内铺鹅卵石小径，有中世纪和文艺复兴风格庭院，外观朴实，环境优美，已成为游览胜地。

埃玛努埃尔二世长廊内部看起来像皇宫，但谁又能想到这是米兰最繁华的商业中心呢？

年都不褪色。窗户的上沿是拱形的窗框，每个窗框都有细致、精巧的雕塑，圣母、圣子，各种圣经中的故事应有尽有。难怪马克·吐温称它为“大理石的诗”。

从杜莫大教堂往北，就到了埃玛努埃尔二世长廊。长廊呈十字形，南北长200米，东西宽100米，建于1887年，顶部由玻璃覆盖，地面用大理石铺砌。长廊两边都是典型欧洲式的建筑，是米兰最繁华的商业街区，华灯初上，最为热闹，故又称埃玛努埃尔夜廊。著名的时装品牌普拉达（Prada）精品店就位于这里。

意大利是现代歌剧的故乡，虽然世界上第一座歌剧院建于威尼斯，但最著名的却位于米兰，那就是斯卡拉歌剧院。在世界艺术史上，很少有一座剧院像斯卡拉歌剧院那样，被看成是完美的化身、建筑的典范。它不仅是一座华美的大歌剧院，同时也是歌剧、尤其是意大利歌剧的象征，甚至还是意大利音乐的象征，它的历史是跟音乐大师及其杰作的名字缀联在一起的。罗西尼的歌剧《试金石》、《在意大利的土耳其人》、《贼鹊》，威尔第的《奥赛罗》，普契尼的《蝴蝶夫人》和《图兰朵》，古诺的《浮士德》，瓦格纳的《纽伦堡的民歌手》、《齐格弗里德》和《帕西法尔》，柴可夫斯基的《叶甫盖尼·奥涅金》和《黑桃皇后》等在意大利的首演，都是在斯卡拉歌剧院进行的，因此它被西方许多音乐家和歌舞演员视为歌剧圣地，有“歌剧麦加”的称号。来到米兰，品味一下博大精深的歌剧，将得到跟欣赏京剧不同的美学的享受，如品一杯咖啡，西方文化生活的精粹都聚于其中。

米兰是时尚之都，除了普拉达，古琦（Gucci）、芬迪（Fendi）、路易·威登（Louis Vuitton）、乔治·阿玛尼（Giorgio Armani）、范思哲（Gianni Versace）、莫斯奇诺（Moschino）、

香奈儿（Chanel）、爱马仕（Hermes）、高田贤三（Kezno）、爱斯卡达（Escada）、爱格纳（Aigne）、麦丝玛拉（Max Mara）、布鲁诺·玛格莉（Bruno Magli）等众多世界顶级奢侈品牌在米兰遍地开花，这里是爱好奢侈之人的天堂。

这就是米兰，能把辉煌的历史和繁华的现代文明一起展现在世人面前，这种城市除了巴黎和伦敦，估计就只有米兰了。与上述两个城市的不同在于，米兰还有它的足球，这为它添加了狂野的活力。

从外面看，埃玛努埃尔二世长廊的造型就像凯旋门。

Florence ...

佛罗伦萨

花　　之　　城

在意大利语中，佛罗伦萨是“花之城”的意思。可大多数中国人似乎更喜欢诗人徐志摩对佛罗伦萨的另一种音译——翡冷翠。

地理位置－欧洲

度假名片－圣母百花大教堂、圣十字教堂、维琪奥王宫

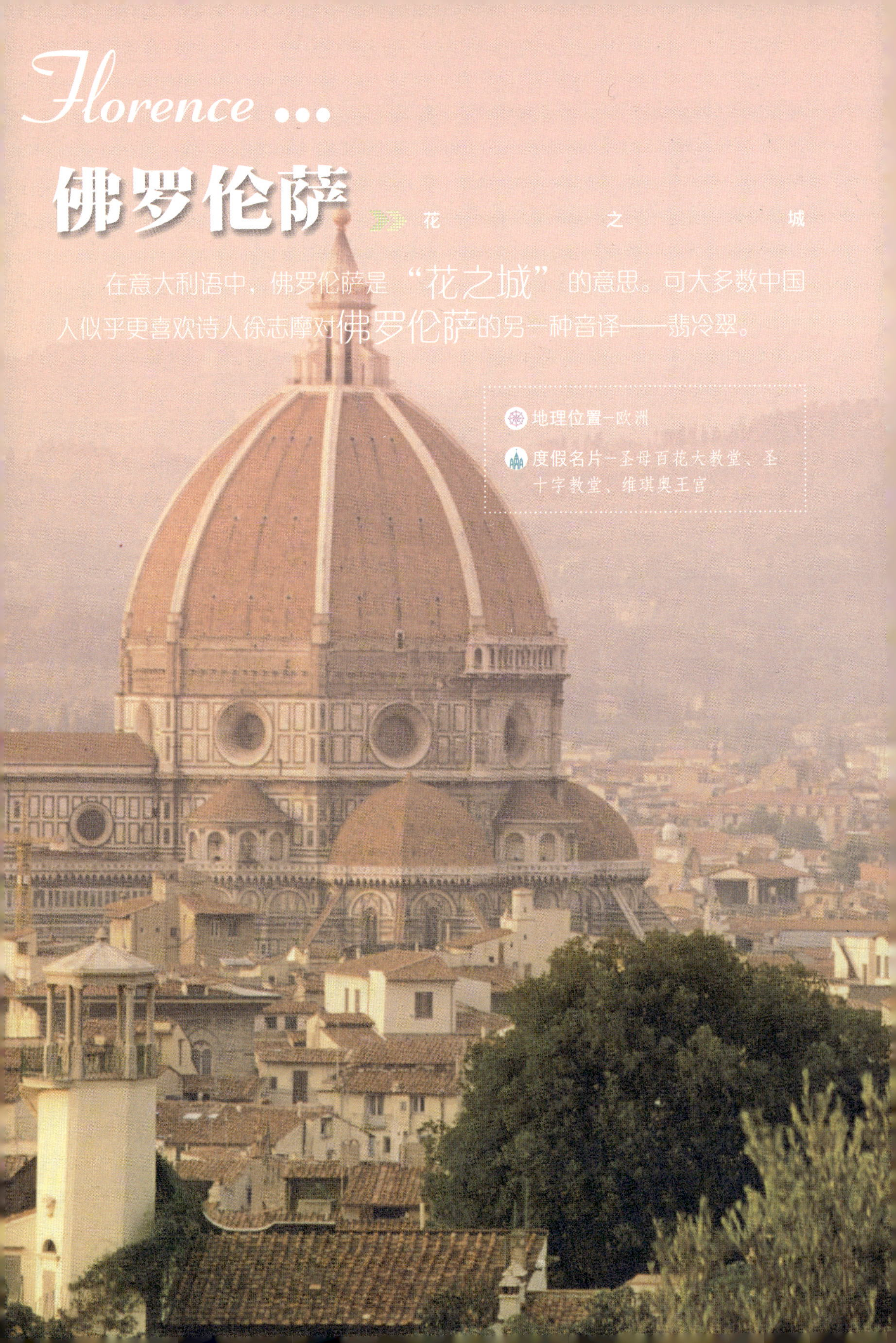

佛罗伦萨既是意大利文艺复兴运动的发源地，也是世界上保存文艺复兴时期艺术品最丰富的地方，有“西方雅典”之称。

佛罗伦萨位于意大利半岛中部，亚平宁山脉中段西麓的盆地中，美丽清澈的阿诺河从城市中蜿蜒流过。从15世纪开始，佛罗伦萨就是欧洲最著名的艺术中心和商业中心，玻璃器皿、陶瓷、高级服装、皮革、金银细工、艺术复制品等驰名欧洲。

圣母百花大教堂雄伟的圆屋顶、流畅的线条和外部轮廓造型开启了文艺复兴时期的建筑风格，它像一把巨大的伞花盛开在佛罗伦萨的地平线上。如今，它已成为佛罗伦萨的代名词。旁边的塔是乔托钟塔，它高82米。

如果说意大利是文艺复兴的发源地，那么它最初的曙光就是从佛罗伦萨升起的。佛罗伦萨的各种文化、学术书籍汗牛充栋。而来到这里的人们，不需要去阅读那些专著，只要走在佛罗伦萨的大街上，就可以感受到文艺复兴留在这个美丽城市的气息。

佛罗伦萨给人的感觉是恬静幽雅，古色古香。雕像林立的广场、华丽的教堂、巍峨的宫殿、铃声叮叮的马车以及街道两旁古老商店陈旧的门窗……使你仿佛置身于一座古老的中世纪城市。在这里，你随时可以停下脚步，用镜头摄下一幅幅油画般的照片。

有人说，佛罗伦萨的每一个角落里都隐藏着一个永恒的天才。许多世界级的艺术家、文学家、天文学家、音乐家、政治家、银行家、航海家、建筑家等等，都诞生于此，生活于此，成就于此。达·芬奇、薄伽丘、但丁、米开朗琪罗、乔托、伽利略……这些如雷贯耳的名字会聚于此。正是他们，使佛罗伦萨的声望达到顶峰，使佛罗伦萨成为意大利乃至欧洲的文化中心，成为人文主义和文艺复兴的发祥地。

从圣母百花大教堂观望乔托钟塔。

圣母百花大教堂的穹顶，这应该是建筑史上最伟大的穹顶。

佛罗伦萨全市有40多个博物馆、美术馆，还有大大小小不少宫殿和教堂。文艺复兴时期，闪耀在佛罗伦萨上空的璀璨群星，几乎都可以在这里找到他们的遗迹。在这里，可以瞻仰文艺复兴的伟大先驱者、诗人但丁的纪念碑，也可以看到被称为“人文主义之父”的彼特拉克和作家薄伽丘的雕像。

而市政广场则是来到佛罗伦萨的必到之处，众多的塑像，无一不是出自名家之手，挺身蓄力的《大卫》、驾车驭马的《海神》、跃马欲试的《科西摩一世》、还有前台上的《劫掠萨宾妇女》……

据《圣经》记载，大卫是犹太以色列的第二个国王。米开朗琪罗的这座雕塑表现的是大卫用石头打败巨人歌利亚时的情形。

米开朗琪罗最负盛名的雕塑是《大卫》像，今天它已成为佛罗伦萨城市的象征。凡是到佛罗伦萨来的人，都不会错过欣赏这一艺术神品的机会。米开朗琪罗塑造了一个为正义事业而斗争的青年战士的形象。大卫的神态庄严肃穆，悲愤而沉重地凝视着前方，目光中聚射出怒火和决心。他全身绷紧，充满力量，随时准备投入战斗。大卫的神态与体魄简直可以说是真、善、美的化身，是伟大的战斗力量的体现。

教堂在欧洲城市中是必不可少的建筑之一，佛罗伦萨城里最负盛名的教堂应属圣母百花大教堂。大教堂始建于1296年，直至1436年才最后完成。佛罗伦萨人为了显示自己超群的地位和对圣母的景仰，想把教堂的穹顶建成世界上最大的穹顶。直到15世纪20年代，杰出的建筑大师布鲁内莱斯基接手了这一难题。他没有画一张草图，也不作任何演算草稿，完全凭心算和精确的空间想象就开工建造了高91米、直径45米的大教堂圆顶。而今的人们立于圆顶之下，抬头仰望，这个浮在鱼骨形结构上的巨大圆顶，宛如一朵巨大的伞花盛开在佛罗伦萨的地平线上，让人无法不惊叹它的美丽与神圣。

古韵浓浓的佛罗伦萨是伟大的文艺复兴留给后人独一无二的标本，如果对欧洲文化有兴趣，一定要来佛罗伦萨，感受古老的文化积淀。

有一位哲人曾经说过，如果在圣彼得堡住上两天，你会觉得自己知道了很多东西；如果住上两个星期，你会觉得自己知道的并不多；若是住上两年，你会发现，原来你什么也不知道……

圣彼得堡 Saint Petersburg

梦 / 想 / 之 / 都

地理位置－欧洲

度假名片－“俄罗斯的凡尔赛”、“北方威尼斯”

涅瓦河波光粼粼，纯粹得像块翡翠。

圣彼得堡，一座曾经承载着复兴之梦的城池，一个彼得大帝用梦想缔造的杰作。作为俄罗斯最欧化的城市，它被普希金赞颂为俄罗斯“通往欧洲的窗口”。这也是一座革命和英雄的城市，十月革命的第一炮声就在这里打响，第二次世界大战中德军曾将它围困达900多天之久。别林斯基、普希金、莱蒙托夫、罗蒙诺索夫、门捷列夫、果戈理、涅克拉索夫、屠格涅夫、冈察洛夫、赫尔岑、陀思妥耶夫斯基、柴可夫斯基、高尔基等人都曾在这里留下他们最辉煌的足迹。

18世纪，俄国历史上最杰出的沙皇彼得大帝深刻体会到俄国的落后与闭塞，殚精竭虑向西方学习，1703年，他在波罗的

圣彼得保罗大教堂位于涅瓦河右岸的彼得保罗要塞，尖顶高123米，是全城最高的建筑。

海之滨从瑞典人手中夺得的领土上建立了一座全新的城市，把它命名为圣彼得堡，以此显示俄国向西方敞开大门的决心——它也是俄国第一个连接西方的出海口。1712 年，俄国首都从莫斯科迁至圣彼得堡，此后的 200 余年间，圣彼得堡一直是俄国的首都。1914 年因为俄国与德国关系恶化，忌讳“堡”字，所以圣彼得堡被改称为彼得格勒，1924 年为纪念列宁又命名为列宁格勒，1991 年苏联解体后圣彼得堡恢复了它的旧名。虽然它历经磨难，已沦为故都，但现今仍不减当年的皇家风范。

彼得保罗要塞坐落在市中心涅瓦河右岸，它是彼得大帝在 300 年前的这片处女地上建立的第一个军事堡垒，是圣彼得堡的雏形。该要塞于 1703 年 5 月 16 日由彼得大帝在兔子岛上奠基，要塞中有圣彼得保罗大教堂、钟楼、圣彼得门、圣彼得大帝的船屋、造币厂、兵工厂、克龙维尔克炮楼、十二月革命党人纪念碑等建筑物。其中，最著名的是圣彼得保罗大教堂。圣彼得保罗大教堂是一座早期俄罗斯巴洛克式大教堂，从彼得大帝到亚历山大三世的俄国历代沙皇均葬于此。教堂外表庄严肃穆，内部装饰富丽堂皇，镀铜的吊灯和有色的水晶枝形灯架布满天穹。

冬宫原为俄国沙皇的皇宫，是俄罗斯著名的皇宫，同时也是世界上最大最古老的博物馆之一，其气魄和规模令人吃惊。它是一座蔚蓝色与白色相间的建筑，高 3 层，长约 230 米，宽 140 米，高 22 米，呈封闭式长方形。19 世纪中叶，当时的俄国有一项特别的法律规定，圣彼得堡所有的建筑物（除教堂外）都要低于冬宫。最初冬宫共有 1 050 个房间，117 个阶梯，1 886 扇门，1 945 个窗户，飞檐总长近 2 000 米。冬宫的四面各具特色，但内部设计和装饰风格则严格统一。整座建筑占地 9 万平方米，建筑面积逾 4.6 万平方米。十月革命后它成了国立艾尔米塔什博

彼得宫以其喷泉闻名。

艾尔米塔什博物馆内部陈设之豪华令人咋舌。

物馆的一部分。在这里，你可以看到 270 万件艺术品，包括 1.5 万幅绘画、1.2 万件雕塑、60 万幅线条画、100 多万枚硬币、奖章和纪念章以及 22.4 万件实用艺术品。据说若想走尽艾尔米塔什博物馆约 350 间开放的展厅，行程约计 22 千米之长。后来随着收藏品不断增多，展览线路加起来有 30 千米长，这为它赢得了“世界最长艺廊”的称号。

彼得宫坐落于市郊西面的芬兰湾南岸，占地 800 公顷，是沙皇的“避暑山庄”，也称夏宫。彼得宫有 7 个公园，20 个宫殿和馆室，但它最主要的装潢是众多的喷泉（150 个喷泉，2 000 多个喷柱），其中梯形喷泉群的“参孙搏狮”雕像举世闻名，它高 3 米，重 5 吨，喷出的水柱高达 22 米。彼得宫花园是圣彼得堡的第一座花园，它的第一个方案是彼得大帝提出的，他梦想拥有一座比法国国王凡尔赛宫花园还要好的花园。彼得宫布局独具一格，笔直的林荫大道、修剪整齐的灌木丛、优雅的瀑布、千姿百态的雕塑造型令人目不暇接，还有幽静、高大的森林，更使人流连忘返。由于建筑豪华壮丽，彼得宫被人们誉为“俄罗斯的凡尔赛”。

斯莫尔尼宫位于涅瓦河转弯的地方，是融会巴洛克风格和俄罗斯风格的经典之作，也是圣彼得堡最具有代表性的教堂之一。1917年十月革命时列宁就把革命指挥部设在这里，并于革命成功后在这里发表了苏维埃政权的成立宣言。直到1918年首都迁到莫斯科为止，这里一直是苏维埃政权的中心。

全长74千米的涅瓦河是圣彼得堡的母亲河，其中28千米蜿蜒于圣彼得堡市内，这造就了圣彼得堡“北方威尼斯”的美誉。圣彼得堡是座天然的水城，河流纵横，桥梁众多，整座城市由40多个岛屿组成，70多条河流迂回其间，粼粼碧水与典雅建筑相映成趣，古风古韵的大小桥梁宛若长虹卧波。圣彼得堡又是一座名副其实的桥梁博物馆，除铁路公路桥外，300多座桥梁将这座水城连成一片。以这条河的名字命名的涅瓦大街是圣彼得堡最著名的街道，它的名字与俄罗斯历史上众多历史事件和历史名人紧密相连，也频繁出现于俄罗斯近现代的文学作品中。

圣彼得堡还是世界上少数具有白夜（不夜城）的城市，每年

皇宫广场是圣彼得堡最大的广场。广场中央矗立着世界上最高的纪念柱——亚历山大纪念柱，纪念1812年俄国打败拿破仑的胜利。

基督喋血大教堂修建于亚历山大二世的遇刺地点之上，是座典型的东正教建筑。亚历山大二世这位欧洲历史上遭到刺杀最多的帝王之一，在1881年3月1日倒在了这里，在此之前的多次侥幸逃脱的好运再也没有在这一天降临。

的5月至8月城市中几乎没有黑夜，白夜时漫步在静静的涅瓦河畔，遥望着蔚蓝天空的北极光，感觉犹如在梦幻中一般。

“没去过圣彼得堡，就没有真正到过俄罗斯。”——俄罗斯人如是说。

画外传音——一代文豪的悲剧人生

陀思妥耶夫斯基是俄国文学家中的另类，他的作品是这个民族的文学中最深刻的，他一生绝大部分时间都在圣彼得堡度过，不过他的悲惨离奇经历却鲜为人知。青年时期的陀思妥耶夫斯基具有进步倾向，他积极参与当时进步青年团体的活动，1846年因在集会上念了一封公开信而被捕，并被判处死刑。当时一起被执行枪决的有6个人，被3人一组分成两批。陀思妥耶夫斯基被分在第二组，第一组的3个人已经被枪毙，他跟其他两个同伴被绑在柱子上等待死神的降临。就在这生死两隔的时刻沙皇的赦令下来了，他被改判4年监禁，6年流放。这对他以后的生活产生了重大影响。从西伯利亚回到圣彼得堡后，他彻底潦倒了，不得不靠写文章过日子。再加上他好赌博，又酗酒，这让他欠下了一辈子也还不清的债。他脾气暴躁，有一次在酒馆里无端大骂女招待，对方竟委屈得发出了“我也是人啊！”的呼喊。枪下捡回一条命的经历影响了他后期作品的创作，他写出了极限状态下的文学，关于这段往事，他在《死屋手记》、《白痴》中都有所描写；他也不再相信进步，认为世界就是上帝和魔鬼的永无休止的战争，他的最后也是最杰出的作品《卡拉马佐夫兄弟》就深刻地表现了他这一世界观。他还痛恨革命，在《群魔》中，他把革命者描述为无耻的恐怖分子，靠投机钻营窃取了革命的领导权。在死前一年，他还发表公开演讲，号召知识分子们向千年的专制传统缴械投降。他也是第一位对欧洲精神产生了真正深度冲击的俄罗斯作家，写出了人性的高度。不读陀思妥耶夫斯基，就不懂得文学的深沉。

Extensive Reading

延·伸·阅·读

温哥华 *Vancouver*

充／满／“湿”／意／的／休／闲／城／市

地理位置－北美

度假名片－斯坦利公园、狮门大桥

“如果你厌倦了温哥华，你也就厌倦了生活。”对这个加拿大西部城市，旅行家约翰逊博士曾这样评论。在英国每年评选的全球最适合人类生活的城市榜单中，温哥华经常位列第一，这绝非偶然。

当1792年，英国冒险家乔治·温哥华船长第一次踏上这片土地时，当地土著人拿出鲑鱼和兽皮来欢迎他。两百多年后的今天，温哥华则以它深蓝色的海岸线和顶着白色雪盖的墨绿色山脉带给游客美妙的视觉观感。

温哥华因多雨的气候，被当地人戏称为“湿”海岸（Wet Coast），而非西海岸（West Coast）。但这样一座充满“湿”意的城市却是全世界闻名的休闲城市，处处充满着宁静与和谐的氛围。

要体会温哥华的宁静与和谐，三面环海的斯坦利公园自然是第一选择。公园建成于1888年，以加拿大总督斯坦利爵士之名命名，现在游客还可以在公园入口见到斯坦利爵士的铜像。铜像附近是一尊由温哥华的小孩集体捐出糖果而建成的维多利亚女王喷泉。

斯坦利公园也是北美最大的城市公园。公园中有三大沙滩、动物园、植物园、水族馆、玫瑰花园、小型观光火车，甚至还有一座迷你高尔夫球场。在这里，人与自然之间达到了一种诗意般的和谐。公园内还矗立着一根根高低不一、代表当地原住民文化的图腾柱，上面刻着各种造型夸张、色彩斑斓的原住民神灵图像。

站在斯坦利公园的山坡上，你还可以眺望远处太平洋上著名的狮门大桥，以及海面上扬帆出海的渔船。公园的湖面上游弋着洁白的天鹅，各种鸟的鸣叫声交织成了一曲动人的大自然交响乐。漫步在公园中，不时还可以见到跳跃的松鼠。公园内有一座创建于1956年的水族馆——温哥华水族馆。这座北美第三大水族馆

海水湛蓝，似乎那层薄纱可以捞起来。（左图）

秋天的温哥华富有诗意，让人渴望爱情。（右图）

中生活着7 000多种水生动物，其中甚至还有一个微型的亚马孙雨林区，而馆内北极区的白鲸表演更是深受游客的喜爱。每次白鲸从水中跃起，又优雅地跃入水中激起水花的同时，都会激起一片片掌声与欢呼声。

民居美得像花园，人们装扮成英军的样子过一把古装瘾。（左图）

斯坦利公园中的图腾园位于公园东部，由几根形状不一的印第安木刻图腾柱组成，它们不仅是印第安人文化艺术的体现，也为公园增添了一处历史景观。（右图）

在温哥华周围的众多景点中，拥有全世界第一座蒸汽钟的盖世镇也是游人必到之处。这座蒸汽钟利用地底的蒸汽来带动时钟内的发条，每隔15分钟都会有蒸汽从地底冒出。喷出蒸汽的钟盖会发出呼呼的汽笛响声，非常有趣。如今这座古老的蒸汽钟已经成了盖世镇的地标建筑。只不过，隔了这许多年，蒸汽钟的年纪大了，时间早已经不准，但矗立在街道旁的蒸汽钟与它那呼呼的汽笛声和冒着白烟的蒸汽，仍是游客争相目睹的奇景。

温哥华市区周围有塞普瑞斯山与格罗斯山。塞普瑞斯山已被指定为2010年温哥华冬奥会单板滑雪的比赛场地。不过在平时，这两座山仍是温哥华人的健身和休闲胜地。许多人都喜欢带上装备，到号称温哥华之巅的格罗斯山上滑雪或溜冰。同时，在山顶还可以俯瞰温哥华的全景，尤其是在夜晚，全城灯火通明，璀璨的灯光照亮夜空，显现出一个最辉煌灿烂的温哥华。

温哥华还有一条令人心旷神怡的购物街——罗伯逊街。那里店铺林立，商品种类齐全，从高档的香奈尔时装到颇受大众欢迎的牛仔裤、冰淇淋，都能买到。逛累了，可以在街边选择一家地中海风味或当地风味的餐馆歇歇脚。坐在高大的落地窗前，一边品味美食，一边看着街上的风景。窗外梳着奇特发型的街头艺术家弹着吉他，沉醉在自己的世界中……还有什么比这样的生活更能诠释出休闲两字呢？

曼谷 Bangkok

天 / 使 / 之 / 城

地理位置—亚洲

度假名片—大皇宫、湄南河

卧佛寺规模及佛塔佛像数量均居曼谷佛寺之冠，故又有“万佛寺”的称号。

金色晚霞，古老寺庙，璀璨华灯，这就是曼谷。该用什么词来形容它呢？热情，浪漫，自由，开放，信仰，放浪，慵懒，颓废，迷乱……每个词都显得那么单薄，因为它是混合了以上所有形容词的一块圣地。

也许你还不知道该在什么地方与爱人共度最浪漫的时光，那么自然风光与历史文化的沉淀可能会给浪漫一个全新的解释。如果你觉得去哪里并不重要，更在乎的是和谁在一起，那么我只是悄悄地建议，也许有一种最特别的方式，会给你的浪漫爱情一个全新视角，那就是这座被誉为“天使之城”的曼谷。

湄南河是泰国的“生命摇篮”，也是泰国传统的、重要的交通河道。自古以来，泰国与世界其他国家的商贸往来，都是倚赖这条美丽的河流。最早的曼谷人是择水而居的。他们以湄南河及其支流为中心，向四周扩展，逐渐形成了传说中的“东方威尼斯”。

曼谷的很多现代建筑也是临河而建，无论是繁华的饭店，还是现代的商业大厦，都把这片具有宜人风光的河岸作为安营

玉佛寺中的夜叉雕像。玉佛寺是泰国唯一没有和尚居住的佛寺。

之地，同时它们也成了河岸上不可缺少的一景，和古朴的寺庙建筑交相辉映。

乘舟荡漾在现代与古老交融的湄南河上，欣赏着淳朴的民风与现代的奢华，令人为之倾倒，随之沉迷。即使到了今天，在曼谷高度现代化的同时，湄南河岸的古老建筑与生活方式仍得以保持下来，仿佛千百年间，时间从未在此流逝。

如果你是在11月来到这里，那么还会过上最浪漫的节日——水灯节。关于水灯节的起源，有一个美丽的传说。相传在素可泰王朝的甘杏时代，农田都是依靠湄南河及其支流来灌溉，当时的王妃为了感谢河神的恩赐，用蕉叶做成了像莲花一样的灯，点燃里面的香烛放在水里观赏，颇得国王的

夜色笼罩下的大皇宫与玉佛寺灯火通明，金碧辉煌中透着一种皇家特有的雍容华贵。

欢心。而这个王妃制作的灯就是泰国的第一盏水灯。

泰国男人一生一定要剃度出家当一次和尚，一般要出家三个月，最短七天，也有长期为僧的。在泰国，身着黄袍的小和尚随处可见。

随着时间的流逝，如今的水灯节具有更强的娱乐性，尤其是对于青年男女来说，水灯节已然演变成了“情人节”。每到水灯节的月圆之夜，漫步金桂河畔，满眼都是幸福的红男绿女。他们或与情人同放水灯，祈求爱情永恒；或独自放下用心制作的水灯，希望邂逅一段唯美的良缘。一时间，河面上到处都是香红烛黄，煞是好看。与年轻人相映成趣的是，许多老年人也乐于在这时重返灯节胜地。于是，白发的老人站在桂河桥头，看着痴男怨女从身旁经过，旧日的甜蜜仿佛依稀如昨。

到了曼谷如果不去大皇宫，就像到了北京没去故宫一样。曼谷的精华就在于这座金碧辉煌且留存着奢华的皇宫和佛寺建筑。曼谷市区内大约有300座寺庙，其中最著名的便是拉玛一世所建的玉佛寺，也就是建于大皇宫中的这座寺庙。

寺内的大雄宝殿中供奉着一尊价值连城的玉佛，由整块的翡翠玉雕刻而成，是泰国人最崇敬的佛像。玉佛寺是泰国唯一没有僧众住持的国家级佛寺，是皇室举行宗教仪式的场所。大雄宝殿有三层重檐，装饰着由金色鳞片组成的龙首凤尾，外层的墙壁上贴满了彩色玻璃，就连所有的门窗上都雕刻了极其精致的花纹和美丽的图案。整座建筑雄伟豪华，洋溢着皇家的奢华与贵气。

从大皇宫的正门进来，远远就能看见道路尽头那座规模宏大的方形尖顶建筑，这就是大皇宫内规模最大的皇殿——节基殿。左侧草坪的另一端则是通体金黄的乐达纳舍利塔。为了表示对皇室的尊敬，这里还有一个特别的要求：入内参观的游客不能穿无袖衫、短裤，也不能穿拖鞋。

泰国以丰富多彩的夜生活闻名于世，曼谷则是暗夜生香的佼佼者。从热闹繁华的夜市到欲望横溢的酒吧，都为喜欢深夜游荡的精灵们提供着最奢华的沉迷空间。曼谷依然心系红尘，所以才灯红酒绿、纸醉金迷。但是最终情归何处？佛归何处？佛语有云：前生的一千次回眸，才换来今生的一次相遇。天使之城，让爱情成了心灵的唯一信仰。也许是短暂的一瞬，也许是永恒的一生，也许是未知的几个轮回，不去曼谷，谁又能参透呢？

Staying at Wild Areas

Chapter.03

白日放歌须纵酒

——寄情狂野之邦

一座神奇的教堂和一条美丽的街道，蕴涵了这个城市的精髓。有“浪漫的艺术天堂”美誉的巴塞罗那，既有西班牙热情亲切的民族特性，又与法国的浪漫情调融合在一起。

巴塞罗那 *Barcelona*

火／辣／的／艺／术／之／都

地理位置－欧洲

度假名片－神圣家族大教堂、弗拉明戈舞、米拉之家、哥伦布广场、古埃尔宫

达利、毕加索、米罗、高迪……这是一连串属于艺术领域杰出人物的名字。他们流派不同，风格各异，但都有一个共通之处，那就是生活于巴塞罗那。对于喜欢艺术和追求完美生活的人来说，巴塞罗那是个不容错过的地方。

而对巴塞罗那影响最大的还是建筑师高迪。高迪是土生土长的巴塞罗那人，他一生都未曾离开过自己的故乡。作为世界著名的建筑设计师，他的作品只有在巴塞罗那才能看到。而巴塞罗那也回报了高迪极高的荣誉——它被称为“高迪的巴塞罗那”。

在欧洲的城市中随处可见罗马式、哥特式和巴洛克式等各种风格的教堂。各个大教堂虽然同样的神圣高贵，但难免有千篇一律的观感。而当你厌倦了雷同的设计的时候，不妨来巴塞罗那看一看。

西班牙广场。它与和平门广场、加泰罗尼亚广场为巴塞罗那最著名的三大广场。

站在巴塞罗那的任何一个地方，高高地抬起头，就能看到裹着脚手架的神圣家族大教堂。那是不一样的尖顶，不一样的雕塑，不一样的教堂。高迪试图用石头表现一个成长的过程，就像植物从泥土中拱出幼芽，然后一点点成长。他总是待在施工现场，一边建造着，一边自我欣赏着、完善着。从1914年起，高迪就住在这座建筑的地下室里，陷入在“诞生一件作品的体验中”，直到1926年车祸身亡。于是，世界上最著名的未完成建筑诞生了。完美主义者高迪为他的同行们留下了一件没有完成却又十分完美的作品。天才是无法模仿的，于是作为高迪的遗作，巴塞罗那神圣家族大教堂永远留着脚手架。这是一个城市向大师的致敬，也是一个城市浪漫到极致的表现。

走在巴塞罗那的街道上，对于行人来说绝对是种享受。巴塞罗那的道路，中间最宽的部分竟然是人行道，两旁较窄的小街才是车行道。这是一个把大路让给行人的城市，步行者被当成城市中最重要的人物。作为游客来到

一场出色的弗拉明戈舞就像一部跌宕起伏的小说，充满强烈的戏剧性和色彩对比。图为几个即将表演弗拉明戈舞的西班牙少女。

位于西乌达德拉公园的小凯旋门，它建于1888年，当时巴塞罗那举办了世博会。（左上图）

这是高迪设计的米拉之家，它波浪形的外观看起来非常别致，与周围的建筑产生了强烈的反差。1984年它被列入世界遗产名录。（左下图）

巴塞罗那古埃尔宫，它同样出自高迪之手，并于1984年被列入世界遗产名录。（右图）

这里，感觉更是无比愉悦。住下来，随处闲逛，无论走到哪里，都会感受到一种慢悠悠的闲情逸致。来自地中海的海风吹送着凉意，没有匆匆赶路的人，每一个人都是慢条斯理，连汽车也是缓缓的。大家仿佛约好了来到这个喧嚣中带着优雅的城市，就是来度假的。

巴塞罗那最著名的街道当属兰布拉大街，因为在这条街上，你可以欣赏到西班牙的国粹——弗拉明戈舞。“弗拉明戈”不仅是歌、舞和音乐的三合一艺术，同时也代表着一种慷慨、狂热、豪放和不受拘束的生活方式。

西班牙有很多吉卜赛人，他们至今仍然过着浪迹天涯的生活，但他们总爱说：“弗拉明戈就在我们的血液里！”的确，在我们这些异族人眼里，弗拉明戈就是吉卜赛，就是卡门，就是那些来自遥远异乡、美丽而桀骜不驯的灵魂。

在那么多的舞蹈种类中，弗拉明戈舞中的女子是最富诱惑力的。她出场时往往只有一个人，耸肩抬头，眼神落寞。即使在

位于和平门广场的哥伦布雕像，这是巴塞罗那最著名的雕塑。哥伦布在离地面50米高的地方指着大海，气宇非凡。

大多数双人舞中，她和男主角也是忽远忽近，若即若离。当孤独的女人舞起来的时候，表情依然是冷漠甚至是痛苦的，而肢体动作却充满了热情，手中的响板追随着她的舞步铿锵点点，似乎是在代她述说沧桑的内心往事，这难道不是一幅最性感的画面？

要看一场正宗的弗拉明戈舞就要来巴塞罗那，就要来兰布拉大街。品味着西班牙红酒，看着那红色的舞裙摆动翻滚，实在是一种顶级的享受。

神圣家族大教堂的镂空的尖顶是巴塞罗那天空中最美的点缀。

坦桑尼亚 Tanzania

赤 / 道 / 上 / 不 / 融 / 的 / 积 / 雪

地理位置－非洲

度假名片－“非洲屋脊”、东非大裂谷、野生动物

60多年前，海明威用一部《乞力马扎罗山上的雪》让世人知道了非洲，记住了他对乞力马扎罗山那满怀激情的赞叹——广袤无垠，嵯峨雄伟，在阳光下闪着白光，白得令人难以置信。

坦桑尼亚由东非大陆部分的坦噶尼喀和海上的桑吉巴尔两个部分组成。这里是古人类的发源地之一，早在300万年前，其境内就有原始人类繁衍、生息。现代的坦桑尼亚则以独特的自然景观闻名于世，有非洲“旅游王国”之誉。

坦桑尼亚东部海面上的桑吉巴尔岛被誉为“世界上最香的岛屿”。岛上丁桂飘香，椰林遍布。绿松石色的印度洋环绕着桑吉巴尔岛美丽的白色珊瑚海岸，像一颗璀璨的宝石般镶嵌在印度洋宁静的海面上。

恩戈罗恩戈罗火山口位于坦桑尼亚中北部的东非大裂谷内，是一个死火山口，海拔2 400米，直径约18千米，深610米，犹如一个大盆。每年12月到翌年四五月份雨季过后，火山口内的草地一片翠绿，夹杂着粉红、黄色、蓝色和白色的花朵。火山口边缘使内外隔绝，但火山口内的动物却无须为生存而向外发展。火山口内约有3万只动物，其中包括狮子、大象、河马、猴子等50多种哺乳动物，还有200多种鸟类，堪称整个东非野生动物世界的缩影。

在坦桑尼亚，同为观赏动物的景区，不同的地方却有不同的特色：恩戈罗恩戈罗火山口内经常可以看到稀有的黑犀牛，鲁阿哈野生动物园的河流里游弋着许多鳄鱼，马尼亚拉湖国家公园是观赏鸟类的最佳选择，面积达4.5万平方千米的塞鲁斯野生动物园则

坦桑尼亚的村庄多位于农田和牧场间，造型别致的白色圆柱形屋墙和圆锥形屋顶是其主要特色。

是看大象的理想之地。如果想看壮观的动物大迁徙，就要在七八月份去塞伦盖蒂野生动物园，那里是非洲唯一仍有众多陆地动物栖息迁移的地区。

当然，最令旅游者心动的还是乞力马扎罗山。被称作“非洲屋脊”的乞力马扎罗山不仅是非洲最高山，同时还是世界上最大的火山之一。山的顶部终年积雪，形成了“赤道雪峰”奇观。乞力马扎罗山由沙拉、马文齐、基博三座活火山喷发后连成一体而形成。其中基博峰海拔 5 895 米，是非洲的最高峰。从山下的草原上远远望去，乞力马扎罗山是一座孤单耸立在赤道上的高山，它在辽阔的东非大草原上拔地而起，高耸入云，气势磅礴。

作为最易于登顶的世界高峰之一，几乎任何来到乞力马扎罗山的游客都可以在当地向导和挑夫的帮助下，花上五到六天的时间征服这座非洲最高峰。在非洲当地的斯瓦希里语中，乞力马扎罗山是“闪闪发光的山”的意思。当你站在乞力马扎罗山终年积雪的主峰基博峰上，感受着头顶赤道线上强烈的阳光照射，脚下白皑皑的雪冠光华四射，寒风怒号中赤道积雪的奇异景色时，让人忍不住回想起海明威的不朽杰作。那广袤无垠、嵯峨雄伟的乞力马扎罗山，在阳光下闪着白光，白得令人难以置信，就如同上帝将他的天堂在那一瞬间打开了大门一般，让人产生一种发自内心的敬仰。

桑吉巴尔岛被誉为“世界上最香的岛屿”，是否名副其实，得自己去看看。

恩戈罗恩戈罗火山口内的雄性黑颊织布鸟正在金合欢树上编织鸟巢吸引异性。

南非 South Africa

狂／野／的／彩／虹／国／度

地理位置－非洲

度假名片－开普敦、比勒陀利亚、约翰内斯堡、太阳城

赤热焦灼的大地、湛蓝无尘的天空、斑斓多姿的野生动物、各种肤色的人群，这就是被称作“彩虹国度”的南非。

古老的历史让南非有着狂野的非洲血脉，现代化的社会在原始的非洲大陆最南端生根发芽。在南非能感受到柔媚、野性，还有生生不息的力量，就好像一支囊括万种风情的万花筒，在世人面前展示着绚烂多姿的风采。

南非的全称是南非共和国。它地处非洲大陆最南端，大西洋与印度洋的交汇处，天涯海角的好望角吸引着无数游人。无须去冰天雪地的南极，在这里就可以见到憨

比勒陀利亚联合大厦是南非政府及总统府所在地，前面陈放着南非联邦第一任首相路易·博塔的雕像。

态可掬的企鹅在海边漫步。好望角所在的开普敦是南非三个首都之一，位于宏伟的桌山脚下，这里曾经是欧洲人最早在南非登陆的地点，被称作“南非诸城之母”。在开普敦有很多殖民时代的古老建筑，爱德华与维多利亚时期的建筑环绕着桌山而建，天空中大团的白云遮掩着桌山——这个巨大的山顶就如同被上帝用刀削去了上面的尖顶一般，变得如桌面般平坦。从桌山可以俯瞰开普敦，被深蓝色的海洋半环绕着，宁静而美丽，还可望见远处好望角外两大洋交汇的美景，此时你仿如置身仙境。

约翰内斯堡有世界最大的黄金加工厂，因此享有“黄金之城”的美誉。

海滨宾馆就建在海边的沙滩上，是海滩上最引人注目的一道风景线。

比勒陀利亚是南非的行政首都，开普敦是立法首都，而约翰内斯堡则是全南非最大的城市与经济中心。在约翰内斯堡可以看到世界大都市的影子，高楼大厦林立、娱乐场所光影缤纷、行人快步疾走，那份喧哗与熙攘全然与欧美大城市无异，让人被这里的现代与繁华迷醉。

在约翰内斯堡西北方大约

太阳城就是娱乐、美食、赌博、舒适、浪漫加上惊奇的同义字，尤其是城内的失落城，它有一处令人屏息的人造森林，还有动感十足的人工海浪游泳池，城内的皇宫饭店以金碧辉煌和尊贵舒适等特色名列世界十大饭店之列。

180 千米处，隐藏着一个神秘、令人充满幻想的世外桃源——太阳城。就像它的名字一样，太阳城充满了似火的激情。这里并非传统意义上的城市，而是一座 24 小时开放的大型主题娱乐场。打开地图，这个热情似火的地名就微缩到了一点，一个倒置的三角形尖角、一个闪烁着金黄色太阳光芒和迷幻色彩的名字——太阳城。

南非的土著居民祖鲁人。

在太阳城内充满各种让人流连忘返的高级娱乐场所，苍翠的热带雨林风光与金碧辉煌的人工布景相得益彰，营造出如梦似幻的幻想国度。在太阳城里有五彩缤纷的博彩场所，有气派的高尔夫

球场，有优雅的骑马场，更有创意独特的人造海滩浴场，惟妙惟肖的人造地震桥和碧波荡漾的人工湖，只要人们所能想到的高端娱乐项目，在这里全都可以找到。

同样完全由人工设计建造的沙漠城市拉斯维加斯是世界知名的赌城，那里带给人们的是一种纸醉金迷的奢靡，而太阳城则竭力向游人展示一种心灵最深处天堂的形象。在这里，仿佛整个世界就在自己身边，每一寸土地和建筑都是充满华彩的梦幻世界，让每一个身处其中的人都忘记生活原来应该是什么样子的，只一味地享受眼前的恢弘和气派，享受这非同寻常的梦幻天堂。

南非拥有世界著名的豪华列车“非洲之傲”，在这座流动的五星级饭店中可以尽情享受奢华的大餐与豪华的套房，手中拿着香槟，耳边伴着优雅的琴声，车窗外是南非梦幻迷人的景色，各种野生动物不时在车窗外显现。这样奢华的旅程除了尽情去享受外，又能要求些什么呢？

在南非，五彩缤纷的文化就好像这片古老的大陆一般悠远宽广，古老的非洲历史让它有着狂野的血脉，而高度现代化的程度也令人惊叹不已。从原始部落歌舞到欧陆风格的小镇，从古老的黄金城到现代化的大都会，这里应有尽有，绚丽多姿。南非就像一个万花筒，囊括了西方社会与非洲大陆的万种风情，就像那句广告词所说——“旅游南非等于周游世界”。

画外传音——南非概况

南非矿产资源丰富，是世界五大矿产国之一。黄金、铂族金属、锰、钒、铬、钛和铝硅酸盐的储量均居世界第一位，锆居世界第二位，氟石、磷酸盐居世界第三位，锑、铀居世界第四位，煤、钻石、铅居世界第五位。南非是世界上最大的黄金生产国和出口国，黄金出口额占全部对外出口额的1/3，因此又被誉为“黄金之国”。所以，南非是非洲少有的富国，不过贫富差距太大，2/3的国民收入集中在占总人口20%的富人手中。另外，南非还产生过6名诺贝尔奖得主，这让中国人汗颜。

Extensive Reading
延·伸·阅·读

津巴布韦 Zimbabwe

壮／美／的／极／致

地理位置－非洲

度假名片－维多利亚瀑布、万盖国家公园、大卫城遗址

每个国家的名字背后都有一个故事，而津巴布韦的名字则来源于一处中世纪的宏伟遗迹——大津巴布韦。

津巴布韦是非洲东南部的内陆国家，位于卡拉哈里沙漠和非洲台地边缘。在19世纪末期沦为英国殖民地时，这里曾被称为“南罗得西亚”，1980年4月独立后，才定国名为津巴布韦共和国。

“津巴布韦”在班图语中意为“石头城”，境内已发现200多处“石头城”遗址，其中以“大津巴布韦遗址”最为著名。遗址由大围场、“卫城”和中间谷地组成。“卫城”是指早期建在山顶、有些类似堡垒的建筑。大围场呈椭圆形，围墙分内外两层，中间建有椭圆形的实心石塔。许多考古学家和寻宝人都试图探寻过石塔的入口及其用途，却始终不得要领，使这座石塔成为整个建筑中最令人费解的秘密。大围场和“卫城”之间是一大片开阔的谷地，有古代建筑的梯田、水渠和水井等遗址。整个建筑全部用花岗岩石板以精巧的技术砌成，砌墙时除了使用混有石子的黏土泥外，未使用灰泥，是撒哈拉以南非洲规模最大、工艺水平最高、保存最完整的石头城建筑，堪称世界奇观。

万盖国家公园位于津巴布韦的西北部，占地1.4万平方千米，自然景色秀丽，野生动物众多，是品味非洲风情的绝佳去处。

这座石头城的高贵与优雅不但体现着非洲人对美

蜚声世界的大卫城遗址是津巴布韦人永远的骄傲。

的极致追求，同时也将墙外的混沌世界用一道宏伟的石墙分割开。在这里，曾经存在着一个与古希腊、古罗马相比也毫不逊色的伟大文明。事实上，大津巴布韦就是因为它太过宏伟，以致早期英国的殖民者甚至认为如此出色的建筑不可能出自非洲人之手。他们猜测大津巴布韦的建造者可能是阿拉伯半岛的腓尼基人，乃至遥远的亚洲人或北欧人，却从没有想过它就出自于这片神秘大陆上最早的原住民之手。

离开宏伟壮丽的大津巴布韦遗址，来到野生动物的天堂万盖野生动物保护区，你可以住在树顶小屋、大帐篷内或者是配备着狩猎平台的狩猎旅馆。一边欣赏着各种动物聚集在水源处饮水，一边端起手中的咖啡杯，喝一杯弥漫着浓郁香气的咖啡，这样的生活只有在非洲才能享受得到。

如果说大津巴布韦是一种人工修饰出的奇迹，那么维多利亚瀑布体现的则是大自然的鬼斧神工。

没有人来到津巴布韦旅游而不去参观维多利亚瀑布的，在瀑布周边逐渐形成了各种高级疗养院与观光区。但不论怎样变化，它的河流、瀑布、溪谷这些原有的自然风光，却与一个多世纪前的欧洲探险者发现它时一样，丝毫没有变化。在河边悠闲休息的河马、河底翻滚的鳄鱼，旧时岸边的种种自然环境一直延续到现在，静静地向游人诉说着这片大陆神秘而古老的过去。

维多利亚瀑布位于赞比亚和津巴布韦接壤的地方，宽度超过2 000米，水雾形成的彩虹远隔20千米以外就能看到，是世界上最壮观的瀑布之一，1989年被列入世界遗产名录。

Mauritius ...

毛里求斯

上帝按照它造出了伊甸园

19世纪，美国小说家马克·吐温乘船周游世界时曾经用这样的语言描述过一个印度洋小岛："天哪！也许上帝先创造了这座小岛，然后又按它创造了天堂的伊甸园。"这座小岛就是毛里求斯。

地理位置-非洲

度假名片-亚马孙河巨莲、捕猎马林鱼、阳光和海滩

这个遥远而陌生，以美丽的热带风情闻名的小岛能和伊甸园联系到一起，足见毛里求斯的魅力。

毛里求斯位于印度洋西南部，紧邻马达加斯加，主要由毛里求斯主岛、罗德里格斯岛、阿加荣加群岛及卡加多斯群岛组成。岛的四周布满了珊瑚礁，海中有无数色彩艳丽的珊瑚鱼及其他海洋生物，是一个迷人的潜水天堂。

毛里求斯的建筑风格复杂多变，既有现代化的玻璃墙大厦，亦有伊斯兰风格的古堡，

甚至还能看到古典的欧式建筑。各种文化风格的建筑交相辉映，漫步其中，恍惚间有一种时空变幻的错觉。街道两旁整齐的椰树及棕榈树衬着五颜六色的杜鹃花，处处显露出一种浓郁的热带风情。市区的街道路标、招牌以及街名普遍采用法文书写，而且这里大部分居民日常对话也是用近似法文的克里奥尔语交谈，令人仿佛置身于一个风情万种的法国小镇。

木瓜是毛里求斯出产的主要热带水果之一。（左图）

庞普勒穆斯岛上的植物园是毛里求斯最古老的植物园，建于1769年，生长着许多珍贵的热带植物，其中最有特色的就是一池古睡莲。莲叶碧如翡翠，大如磨盘，是园内最美的一道风景。（右图）

毛里求斯岛原本是由火山喷发形成的，现在岛上还有一座死火山。火山口的湖泊直径近 200 米，湖水四周长满了各种奇异的植物。湛蓝的天空中飘着大朵白云，远处的海水因为水下有的地方是沙子、有的地方是珊瑚、有的地方是礁石而呈现出多种不同的颜色。白色沙滩上一排排草顶凉棚是毛里求斯的特色，凉棚前洁白的躺椅上躺着度假休闲的游客。

岛南部有世界著名的深水钓鱼区，在这里甚至可以尝试钓起 1 000 多磅的马林鱼，而旁边的高尔夫球场是全毛里求斯景色最迷人的地方。在人间的伊甸园挥杆击球，一定别有一番滋味。

“七色泥”是世界上唯一同时拥有 7 种不同颜色泥土的地区。据说这里可找到 7 种以上颜色的泥土，用玻璃试管装满各种不同颜色的泥土，不失为一种独特的旅行纪念。此外，位于北面的植物园已有超过百年的历史，园中的亚马孙河巨莲是世界上最大的浮莲，展开后直径可达两米，上面甚至可以坐一个人而不沉，令人大开眼界之余不忘感慨造物主的神奇力量。

鹿岛是镶嵌在毛里求斯东端海岸的一个小岛，这里拥有毛里求斯最美的海滩，不到此一游将终生遗憾。之所以叫鹿岛据说是因为以前这里常有鹿群出没，不过现在已经很难见到鹿群踪影了。岛上阳光明媚，是水上运动休闲的天堂。当你在毛里求斯湛蓝的天空下尽情享受一个星期的阳光与海滩后，也一定会认同马克 ·吐温关于“上帝按照毛里求斯建造了伊甸园”的说法。

沙与天的交界处绵延着一望无际的金色海岸，耀眼闪光的钻石点缀着金黄色的沙漠，这里是摄影师眼中的天堂，这里是魅力之国纳米比亚，一个世界富豪的度假天堂。

纳米比亚 *Namibia*

在／撒／旦／的／阳／光／下

地理位置－非洲

度假名片－死亡湖盆、海滨沙漠

象征着生命力的金色阳光洒满脚下同样颜色的大地，身边不时可以看到大象与犀牛的庞大身影，远处隐隐传来狮子的低声咆哮。这并非肯尼亚一望无垠的大草原，而是世界上最古老的沙漠——纳米比亚沙漠。沙漠中绵延起伏、一望无垠的沙丘最高可以达到300米，如同一座小山般矗立在这片金色的世界中。

纳米比亚沙漠会因日照时间的不同而不断变幻自身的颜色，时而是一片动人心魄的红色沙海，时而是一片耀眼生光的金色世界，在空中搭乘小飞机观赏景色绝美的纳米比亚沙漠更是独一无二的体验之旅。原来，撒旦也有妩媚的时刻。

沙漠中有一个著名的死亡湖盆，是众多电影、广告取景的地方。一棵棵枯树残枝孤独地在这里屹立了千百年，具有一种独特的苍凉与壮美。

距纳米比亚首都温得和克30千米处，是一个生活着各种野生动物的大农场。在这里你可以穿上迷彩服，坐进敞篷吉普车，紧紧握着望远镜观察野生动物的身影。在草原中穿梭，沿途各种动物不时出现在你的周围。在专业向导的带领下，游客们也可以体验在非洲草原狩猎、追踪猎物的刺激快感。捕获的猎物会被以传统方式烹饪烧烤或制成标本运送回家。在自家的厅堂摆放一个栩栩如生的大型猎物标本，对任何游客来说都是一种新鲜的体验。

在农场里，每天下午还可以参观喂狮子的过程，近距离欣赏万兽之王的风采令人无比兴奋。当夕阳西下，彩霞漫天的时候，河道里的犀牛在饮水，长颈鹿在太阳最后的光晕中缓步走来，一望无际的非洲大陆在你的眼前用独有的方式展现着她的宁静与神秘。

除了沙漠与野生动物，纳米比亚的海滨沙漠或许是世界上独一无二的奇观，一半是海滨，一半是沙漠。驾驶着巨大的四轮摩托，在马达轰鸣声中穿越起伏的沙丘，观赏气势恢弘的大漠日落和波涛汹涌的大西洋，那种绝地自然之美带来的震撼与刺激的感觉让人恍惚间犹如身在天堂。

欧陆风韵浓厚的首都温得和克城内，基督教堂的尖顶圆拱和日耳曼风格的城堡下是现代化的商店街。两旁的橱窗内摆放着各种吸引游人目光的商品，各种不同的餐馆、咖啡厅、酒吧点缀其间，庭院别墅错落有致，金发碧眼的游人熙熙攘攘，令人产生身处欧洲城镇的错觉。

在纳米比亚，一切意想不到的奇景正等待你去发现，如同这里盛产的钻石一样，在纳米比亚这个美丽国度发生的一切都会让每一位到访的游客终生难忘。

非洲是长颈鹿的故乡。在温得和克附近的草原上，几乎到处可以看见这些高大而温顺的动物。

卡萨布兰卡 Casablanca

任 / 时 / 光 / 流 / 逝

地理位置—非洲

度假名片—白房子、哈桑二世清真寺

辽阔蔚蓝的大海上，一座白色的城市渐渐在远方的非洲大陆显现出来……电影《卡萨布兰卡》中，伊尔莎走到山姆面前，彼此打着招呼，感慨着往事如烟，倾听着那首熟悉的《时光流逝》："叹息一瞬间，甜吻驻心田。任时光流逝，真情永不变。"

提到北非，卡萨布兰卡算是一个家喻户晓的名字。以这里为背景拍摄的经典影片《卡萨布兰卡》使这个摩洛哥城市一举闻名天下。城市中心的联合国广场、穆罕默德五世广场、胜利广场附近是宽阔的林荫道，如同巴黎一般辐射式扩散的街道显露出恢弘的气势。"卡萨布兰卡"是西班牙语，当年西班牙人经过大海的长途颠簸初次来到这里时，情不自禁地欢呼："卡萨布兰卡！卡萨布兰卡！"(西班牙语"白色的房子")。由于"卡萨布兰卡"的名头实在响亮，知道城市原名"达尔贝达"的人反倒越来越少。

既然名为"白房子"，卡萨布兰卡自然随处可见白色的建筑物。铸铁的阳台上带有艺术的装饰纹，温柔敦厚的圆弧状线条、雪白的高墙大院映衬着棕榈树的枝叶，显示出一种旧殖民地特有的闲情逸致。

市中心的联合国广场北面被称为"麦地那"的城中城却是另一番天地：窄街小巷狭窄密集，宛如进入了一座迷宫。集市上人声鼎沸，热闹非凡，戴着面纱的柏柏尔女人和穿传统长袍的男子行走其间。这里是卡萨布兰卡的阿拉伯旧城区，是另一个迥然不同的卡萨布兰卡。但那密密麻麻的砖房，同样是一色耀眼的白。这里的白同外面黑白电影版的旧殖民地风格不同，让人有一种仿佛错念了

精美别致的酒具，色彩缤纷的玻璃杯以及托盘里散发着淡淡清香的花瓣……即使是一个小的细节，你也能感受到卡萨布兰卡的浪漫。

卡萨布兰卡市内的哈桑二世清真寺于1993年建成，主体工程建筑面积2万平方米，可同时容纳10万人做祈祷。因有1/3面积建于海上，清真寺的25扇自动门全部由钛合金铸成，可抗海水腐蚀。同时，它的屋顶可启闭，寺内大理石地面常年供暖，堪称世界上现代化程度最高的清真寺。

虽然卡萨布兰卡在非洲，但我们仍然能看到这种欧式浪漫的建筑。

芝麻开门的咒语后置身于《天方夜谭》中阿里巴巴与四十大盗之间的感觉。

从麦地那走出的一瞬，蓝的天空，白的房子，红的地毯，黄褐的土墙，男男女女身上五颜六色的衣袍——回复了它们本身耀眼的色泽。此时的卡萨布兰卡重新回复到某种更为凝重的、几乎是黑白电影般的情绪，就像那部令人难忘的《卡萨布兰卡》——带着某种困惑，某种渴望，以及某种难以名状的感慨。

在有“北非巴黎”之称的卡萨布兰卡，除了可以喝到地道的法国式奶咖啡外，还可以尝到摩洛哥人喜爱的薄荷茶，它口感爽朗带着些许的刺激，使人联想到北非的阳光、沙漠、绿洲和高大的棕榈树。这两种饮料虽然味道迥异，但恰好体现出了卡萨布兰卡的双重性格：咖啡蕴涵了旧日法国殖民者的欧陆情调，而薄荷茶则是地地道道的北非传统风情的代表。

在街边的老咖啡馆内，闲坐在窗前，耳边响起电影中杜利·威尔逊演唱的《时光流逝》。在缭绕的烟雾和琴音里仿佛能够瞥见英格丽·褒曼饰演的伊尔莎款款走来，向弹琴的黑人乐师山姆颔首招呼，恳求山姆继续弹唱那首他们过去熟悉的《时光流逝》。

在这个美丽的地中海入口，直布罗陀后面隐藏着白色的房子。就着五六十年前的怀旧音乐，闲坐窗前看着窗外卡萨布兰卡的车水马龙如电影画面般流转不息，任杯中的牛奶沫和薄荷叶聚散沉潜……《时光流逝》的曲调重新勾起了美好的时光回忆。白色的卡萨布兰卡仍旧映着里克和伊尔莎的面庞，所有的恩怨随风消逝，相爱才是永远不变的主题。

墨西哥城 Mexico City

众/神/之/都

地理位置－美洲

度假名片－特奥蒂瓦坎古城、壁画、狂欢节

迭戈·里维拉是墨西哥最著名的画家，他将立体主义、原始风格和前哥伦比亚雕塑风格融为一体，创作出了大量具有浓厚墨西哥人文特色和社会风情的壁画。

传说在11世纪初，有一支印第安人得到神谕，让他们向南迁徙，“直到看见一只雄鹰嘴里叼着一条蛇，并停落在一棵巨大的仙人掌上的地方，就是你们的定居地”。他们历尽艰辛终于看到这神奇的景象并定居在那里，而一座崭新的城市就这样开始生根发芽……

最初这里名叫铁诺支蒂特兰城，1521年西班牙人入侵后，城市遭到严重破坏。西班牙殖民者在废墟上修建了许多欧洲式的宫殿、教堂和修道院等建筑，并将这座城市取名为墨西哥城。1821年墨西哥独立后，这座城市又成为新国家的首都。

墨西哥城享有“壁画之都”的美誉，集中了全国80%以上的壁画。这里的壁画分布广、面积大、题材广泛，富有浓郁的民族特色。许多建筑物的墙壁上都绘制着反映古代印第安人生活和墨西哥历史进程的壁画。联邦自治大学主楼四壁光彩夺目的壁画便是闻名于世的代表作。

各种文化交织的墨西哥城用它辽阔的胸襟包容着一切，古代原住民的阿兹特克文明、西班牙征服者带来的欧洲文化以及现

载歌载舞的墨西哥印第安人。

墨西哥大教堂是墨西哥城内的著名建筑，大教堂的建筑风格以巴洛克式为主，由黑色玄武岩砌成，外观古典而雄伟。

代化的墨西哥文明共同交织融汇在这座神奇的城市中。古老的阿兹特克金字塔大祭坛遗址、16世纪西班牙殖民者修建的教堂和20世纪50年代建造的现代化墨西哥外交部大厦共同构成了市内的三大文化广场。静静伫立在城市的高处，既能眺望阿兹特克金字塔那巍峨壮观的身影，又仿佛听到了西班牙征服者的枪声与战马的嘶鸣，直到目光触及外交大厦那巨大的玻璃墙和东、南两侧高大的现代化大厦，心头的联翩浮想才戛然而止。

在墨西哥城东北，波波卡特佩尔火山和伊斯塔西瓦特火山之间，有一座印第安文明的重要遗址——特奥蒂瓦坎古城。在古印第安语中，特奥蒂瓦坎意为神之地，在古城内有一条纵贯南北的大道，称为死亡大道。当年来到这里的阿兹特克人看到这里颓败凄凉，全城竟空无一人，便认为这条大道两旁的建筑都是众神的坟墓，因而将这条宽阔的大道取名为“死亡大道”。

死亡大道的尽头耸立着高大雄伟的太阳金字塔，当年的阿兹特克人在这里狂热地用活人鲜血和生命祭祀他们的太阳神，向神夸耀着自己民族的繁盛与富强。也许被称为金字塔的建筑都会拥有几分神秘色彩，埃及的金字塔如此，特奥蒂瓦坎的太阳金字塔也是如此。正方形的塔基四角各代表一点，正中的第五点代表生命的中心，人类的要害。每年的春分与秋分两天，金字塔西南侧

的最下一层就会出现一道笔直的阴影。阴影逐渐扩散，从完全的阴暗到阳光普照一共需要 66.6 秒，这是一个在西方社会被当做魔鬼象征的数字。

不论多么气势磅礴、雄伟壮观，在数百年时光流逝与自然侵袭下，当年布局严谨、规模巨大的神庙和古建筑群已然荒败，古代人们用来向神祷告的庙台也已经变成了一片废墟，留下的只是空旷寂寞的古城遗址，依旧在茂密的树丛中追忆逝去的一切。

亡灵节期间墨西哥人戴上死人面具狂欢，与其说是怀念死者，不如说是对死亡的嘲笑。

墨西哥人热衷于各式各样的“Fiesta”（类似英文的 Party），据说每星期五和星期六的晚上是墨西哥人法定举行 Fiesta 的日子。在这两天晚上，大部分墨西哥人都会抛开一切，成为 Fiesta 的一分子。而每年 11 月 2 号是墨西哥人纪念死者的传统节日“亡灵节”。这一天全国都会放假，人们纷纷走上街头举办盛大的 Fiesta 来庆祝节日的到来。亡灵节虽然与中国的清明节一样，是为纪念死去的人们，但亡灵节更像是西方圣诞节一般的狂欢庆祝，少了一分哀思，多了一分热闹，正如墨西哥一位著名的诗人所说：“不要为死去的人那样悲伤地哭泣，因为这并不意味着你会得到永恒。”毕竟人总有一死，所以不必为死亡感到太伤心。而墨西哥城也正像这句话说的那样，整座城市每时每刻都沉浸在欢乐之中。

加勒比海上的古巴首都哈瓦那具备了一切可以成就快乐的条件，海水、沙滩、雪茄、朗姆酒和充满激情的夜晚……这一切都让哈瓦那散发着无穷的诱惑。

哈瓦那 *Havana*

快 / 乐 / 无 / 处 / 不 / 在

地理位置－美洲

度假名片－嘉年集会、雪茄

古巴人对“哈瓦那”的解释是Mulata（黑白混血的女人）、Ron（朗姆酒）、Fiesta（聚会）、Salsa（古巴舞蹈）以及最主要的Alegria（欢乐）。虽然这并非词典上“哈瓦那”一词的规范解释，但却要鲜活形象得多。

一代文豪海明威曾经在哈瓦那生活了22年，他称赞哈瓦那的美丽仅次于威尼斯和巴黎，是世界上最美的城市之一。清晨，在哈瓦那的渔港科希玛，出海归来的渔夫们聚集在码头上，把自己捕获的大鱼高高悬挂，彼此炫耀着，阳光下是他们沾着鱼鳞的笑脸。海明威在哈瓦那居住的时候经常和渔民一起出海钓鱼，而他最喜欢光顾的餐厅叫做Laterraza，在这里海明威结识了老圣地亚哥的原型卡洛斯，写下了《老人与海》这部不朽名著。现在Laterraza餐厅内还悬挂着这对老朋友的照片，如果运气好的话还可以在这里遇到当年为海明威开船的老渔夫，听他讲讲那个海明威老爹的故事。

在遥远的大航海时代，哈瓦那一直是西班牙探索新世界的重要跳板，四五百年的时间里各式建筑在哈瓦那自由生长、相互侵占直到自然颓败，层层叠叠地集中在十几平方千米的老城区内。老城内有各式各样的博物馆可以满足游人的猎奇心理，例如“对敌斗争博物馆”内详细介绍美帝国主义尝试杀死卡斯特罗的各种手段。当年的西班牙总督府如今也成了博物馆，工作人员在收取贿赂后可以让人去摸一摸当年西班牙总督用过的马桶，一阵惊天动地的水声，水直接从二楼冲到一楼。老城区内很多房子几乎同样古老，玻璃窗也是同样的哈瓦那蓝。在餐馆露天的座位上吃着几乎每家店都同样味道的饭菜，望着街上走过的衣着开放暴露的姑娘，也许这就是哈瓦那街头文化的一个侧面。

海滩附近宫殿般豪华的国家饭店见证了旧政府时期哈瓦那纸醉金迷的奢靡生活，当时的国家饭店曾经是整个加勒比地区最繁华的酒店。1930年酒店开业时，无数美国的百万富翁和古巴政要们纷纷光顾，社会名流也在这里下榻。那时候美国还是《美国

军事总督府是殖民主义时期的建筑，也是珍贵的历史文物。

嘉年集会上人们载歌载舞，尽情狂欢。

莫罗城堡上的累累弹痕是哈瓦那历史上屡遭欧洲列强洗劫的历史见证。

往事》里描述的时代，在政府的禁酒令下，连续几年，全美年度黑帮大会都在哈瓦那召开。今天当人们走进国家饭店的花园，仍然能够感受到当年哈瓦那作为一个国际娱乐中心时该饭店繁华的情景。

夜晚的哈瓦那明显加快了节奏，对哈瓦那人来说，夜晚就是一个混合着黑白混血的女人与Ron，欢快地跳着Salsa，充满Alegria的Fiesta。在著名的哈瓦那俱乐部可以一边听着现场演奏，一边尝试用朗姆酒调配超过100种的鸡尾酒，舞池中的人们伴随着音乐节奏随意扭动着身体。每个古巴人都是天生的舞者，在夜晚的哈瓦那，随时随地都可以见到舞动的身影，听到忽远忽近、快慢不一的舞曲。

哈瓦那，具备了一切可以让人快乐的条件，碧绿的海水、细软的白色沙滩、雪茄、朗姆酒，以及充满混血激情的夜晚。饱经风雨的哈瓦那散发着一种狂欢过后的忧伤和些许怀旧的氛围。这是属于哈瓦那独有的味道，就像巧克力包裹着一颗略苦的杏仁，甜中带苦，余味中满是清香。

里约热内卢 Rio de Janeiro

热 / 情 / 似 / 火 / 的 / 桑 / 巴 / 节 / 奏

地理位置－美洲

度假名片－足球、狂欢、日光浴

里约热内卢被称为“狂欢节之城”，这里的狂欢节每年吸引着来自世界各地的观光者。

里约热内卢是巴西的第二大城市，坐落在美丽的瓜纳巴拉海湾内侧，拥有耶稣山、面包山、尼特罗伊大桥、马拉卡纳体育场等著名景点。里约热内卢的海滩更是举世闻名，数目和延伸长度都是世界之最，全市共有海滩 72 个，其中最有名的是科巴卡巴纳海滩和依巴内玛海滩。

热带气候下的里约热内卢一年到头都充满着似火的激情。弗拉门戈、博塔福戈以及瓦斯科·达迦玛……这片热情的土地从来都不缺冠军球队，大牌球星更是数不胜数，有“独狼”之称的足坛巨星罗马里奥就是地道的里约热内卢人。

可容纳 20 万人的马拉卡纳体育场是足球王国巴西的图腾。世界上很少有体育场能同时成为真正的历史纪念碑和运动竞技

“桑巴、足球、狂欢节”，如果有一个城市能够将这三个激动人心的元素融合在一起，这一定就是里约热内卢。如果你问一个里约热内卢人最喜欢三者中的哪一个，不论男女都会很兴奋地回答你：“INTEIRO！”（全部）

场，然而马拉卡纳体育场做到了。这座为1950年世界杯兴建的体育场本名“马利欧飞柳新闻记者足球场”，是为了纪念这位当时最有名的体育新闻专栏作家而取。体育场内有一间名人堂，以表彰和纪念在这座世界最大球场上表现出色的球星，其中有济科、加林查，当然也少不了罗马里奥。体育场内还保存着巴西队取得的五届世界杯冠军奖牌。在这里，你可以感受到巴西足球的灵魂。

马拉卡纳作为巴西足球王国的图腾驰名世界，而科尔瓦杜山顶上的基督雕像则是巴西人宗教信仰的圣殿。耶稣山上耸立的这尊30米高的石制基督雕像是1921年庆祝巴西独立100周年时建造的。救世主站在山顶，伸开他宽大的双臂来拥抱着这座城市，深情地俯瞰着山下美丽的里约热内卢市全景，昭示着上帝博爱的精神和对巴西人民独立的赞许。

伫立于山巅的耶稣像身前与两侧为悬崖绝壁，可居高俯视里约热内卢的每一个角落。巨大的耶稣伸展双臂，似乎要包容人间的一切哀喜悲欢。

世界各地信奉基督教的国家都会举办各具特色的狂欢节，其中以巴西的狂欢节规模最大、参与者最多。而论起内容之丰富、气氛之热烈则又数里约热内卢为最。

每年2月中下旬，里约热内卢的大街小巷都会张灯结彩，彩旗飞扬，人们换上节日的盛装，潮水般涌上街头。男女老少个个浓妆艳抹，尽情地扭动腰肢，挥动双臂，跳起欢快、热烈的桑巴舞。音乐、舞蹈、戏剧演出是狂欢节永恒不变的主题。最后盛大的化装游行会将节日欢庆活动推向高潮，大型彩车簇拥着经选举产生的“国王”与“王后”领先开路，浩浩荡荡的队伍中可以看到魔鬼、天使、美女、武士甚至黑奴等各种奇形怪状的打扮，令人眼花缭乱。狂欢节的观众为自己喜爱的人物喝彩叫好，投去鲜花和彩带。一年一度的狂欢节到来时，世界各地的游客都会蜂拥而至，本地的人们也会放假欢度这一年一度的盛会，它淋漓尽致地表现出巴西人热情奔放的民族性格，难怪里约热内卢也被誉为“世界狂欢节之都”。

清澈的海水，洁净的沙滩，人们争相享受阳光和海风。

里约热内卢拥有一片世界知名的美丽海滩，城市的居住区和美丽的海滩紧密连接在一起，花岗岩环绕着通往海湾的大门。在海滩边上不仅有常见的餐厅和酒吧，还可见到购物中心与电影院等各种休闲购物的场所。里约热内卢美丽的沙滩上可以见到来自世界各地度假休闲的人们。冲浪与沙滩排球的爱好者们在这里尽情享受着南半球激情似火的阳光和海浪。

当你在马拉卡纳欣赏过一场高水平的足球比赛，在耶稣山上享受过耶稣基督对世人的温暖怀抱，在海滩边感受过南半球热情似火的阳光和激情澎湃的海浪，亲自参加一场里约热内卢的狂欢节，在桑巴的节奏中尽情地感受过这座城市独特的魅力后，你才会明白，桑巴、足球与狂欢节，三者合在一起恰恰是这座城市热情似火的独特节奏。

面包山位于瓜纳巴拉湾入口处，是里约热内卢的象征之一。与之相邻的两座略低的山峰叫狗面包山和乌尔卡山。

Yearning for Modern Cities

Chapter.04 踏歌弄影上云霄

——寻梦现代都市

London ...

伦敦

泰晤士河畔的雾都

秀丽的泰晤士河绵延300多千米，伦敦便横跨在这条不列颠的生命线上。因为雾之朦胧，反衬出这座千年古城延续至今的一份神秘和悠远，于是“雾都”之名不胫而走，渐渐成为它为世人熟知的一个侧影。

地理位置–欧洲

度假名片–泰晤士河、白金汉宫、伦敦塔、格林威治半岛、大英博物馆

海德公园占地160万平方米，是伦敦最知名的公园。前面的雕像为维多利亚女王。

伦敦城的历史，大抵可追溯到公元50年左右。当时强盛的罗马帝国入侵不列颠，沿泰晤士河筑起一座兵站港口，这是她作为城市最早的雏形。公元7世纪时，伦敦曾一度因为罗马帝国的覆灭而惨遭遗弃。后历经岁月千百年的沧桑磨砺，到了17世纪，伦敦已经发展成为英国乃至全欧洲最为繁盛的大都市。这里有着太多与帝国往昔的光荣紧密相连的细节，丝丝点点，无时无刻不在显露着有异于欧洲大陆的别样风情。

伦敦的行政区划分为伦敦城和32个市区，伦敦城外的12个市区称为内伦敦，其他20个市区称为外伦敦。伦敦城、内伦敦、外伦敦构成大伦敦市。大伦敦市又可分为伦敦城、西伦敦、东伦敦、南区和港口。伦敦城是金融和贸易中心，西伦敦是英国王宫、首相官邸、议会和政府各部所在地，东伦敦是工业区和工人住宅区，南区是工商业和住宅混合区，港口指伦敦塔桥至泰晤士河河口之间的地区。整个大伦敦面积1 580平方千米。

圣保罗大教堂位于泰晤士河北岸，以其壮观的圆形屋顶而闻名，是世界第二大圆顶教堂，属巴洛克风格。1981年黛安娜与查尔斯的婚礼大典就在这里举行。

伦敦是优雅、庄重而又略显呆板的。这不仅仅体现在绅士和淑女们终其一生雷打不动的“下午茶”时间上，更体现在那些遍布大街小巷、动辄便已超过百年历史的老店里。不论外部世界如何变迁，它们都仿佛浑然不觉，永远在固执地重复着祖辈们已经重复过太多次的动作和节奏——吃的也好，穿的也好，同样的口感，同样的质地和做工，恍然间，不禁会让人有种重回维多利亚女王执政时代的错觉。也许，所谓的贵族气息，便正是因为这样的重复，才终得以流传至今吧！

也正因其历史悠远，今天的伦敦才拥有无数令游客心驰神往的名胜古迹。

位于伦敦圣詹姆士公园西端的白金汉宫始建于1705年，这座华美的建筑先后被充作纪念堂、美术陈列馆、办公厅和藏金库，1802年改为王宫建筑，至1837年维多利亚女王继位而正式成为王室官邸。白金汉宫素以典雅、神秘而著称于世，生活在其间的王室成员的日常行止也一直都是本国百姓乃至全世界所关注的焦点。现在，这座雄浑壮观的建筑已经向游客开放，只是规定在夏季，游人才可以进入它的西翼稍作游览。

著名的伦敦塔从1078年建成至今，已经伴随着这座古城度过了太多令人难以忘怀的岁月。在它的圆顶地下室里，收藏有历代英国国王的皇冠和珠宝。其中，“帝国皇冠”上有3 000颗熠熠生辉的宝石，“皇杖”中央的“非洲之星”宝石重达530克拉，更有被称为“黑王子”的红宝石，都是举世闻名的稀世珍宝。看着这些光彩依然的珠宝，不禁令人再度回忆起那个帝国曾经的显赫与傲慢。只是现在，这些象征昔日辉煌的故物，却只能静静地存放于伦敦塔中，一如门前那些依然身着古代军服的管理人员，保有的是一份传统，却早已经失去了百年前飞扬跋扈的神气和骄狂。历史车轮之无情且不可抗拒，由此可见一斑。

在伦敦著名的古城堡伦敦塔上，至今还能看到身穿传统的都铎王朝制服、头戴黑色熊皮帽的卫兵英姿飒爽的身影。

当然，也许此时，你的心情也因为略显忧愁的伦敦塔而越发凝重起来。那么，离开古堡，去逛逛伦敦著名的波多贝罗、格林威治和康登市集吧！这是伦敦存在于现实中的一面。流连于繁华喧嚣的街头，经常可以看到一些身穿黑色长袍的少年巫师，这是哈利·波特的书迷们正在赶往小说中的重要场景——国王十字车站聚会。《哈利·波特》如今已成为伦敦的名片，每天都有来自世界各地的哈迷们不远万里来到这个车站朝圣，在那里留下自己踏足魔法世界的纪念。

而泰晤士河畔的伦敦仿佛永远都是古老的。那些人们熟悉的建筑和行走其间的人群都在散发着一种浓浓的“古朴味道”。你不妨去街边的书店、咖啡馆坐一坐，领略一下伦敦古朴陈旧的味道。因为只有这些不起眼的小地方，才是最能演绎出纯正不列颠风情的所在。

千年穹顶位于伦敦东部泰晤士河畔的格林威治半岛上，是英国政府为迎接21世纪而兴建的标志性建筑。它于1999年12月31日正式开放，在20世纪的最后这个夜晚，成千上万的人拥向这里观看美丽的焰火，分享世纪之交的喜悦。当然它最让人称道的是它的独特结构。

巴黎 Paris

一/席/浮/动/的/盛/宴

地理位置－欧洲

度假名片－卢浮宫、凡尔赛宫、埃菲尔铁塔、凯旋门、香榭丽舍、塞纳河、巴黎圣母院

浪漫，也许是用来形容巴黎的最频繁的词汇。巴黎总是那么浪漫多情，总能让人感受到她那积淀了几百年的文化艺术风采。随便走进街头一间小饰品店，就有上百年的历史，巴黎的现代繁华背后映衬的是传承历史的古韵和幽情。

法国首都巴黎是世界十大名城之一，也是世界上最繁华的都市之一。

印象中的巴黎是高耸的埃菲尔铁塔，是宽阔笔直的香榭丽舍大道，是美轮美奂的枫丹白露，是辉煌壮丽的凡尔赛宫，是恬静从容流淌的塞纳河，是巴黎商场里令人眼花缭乱贵得令人咋舌的奢侈商品，是寻常巷陌里的充满人情世故的咖啡馆和酒吧，是街头出双入对的你哝我哝的浪漫情侣，是这一切一切的完美结合。

在巴黎，从阅尽人间春色的香榭丽舍大道上的时装到世界博物馆传奇卢浮宫的艺术珍品，从历史悠久的巴黎圣母院到颇具现代气质的蓬皮杜文化艺术中心，从云集八方应时蔬菜、水果、花卉、奶制品的

兰吉斯中央菜市场到散发着浓浓香味的小小咖啡馆，气象万千的巴黎令人难忘。

美丽的塞纳河是巴黎的摇篮和发源地。蜿蜒辗转、生生不息的塞纳河像一支饱蘸浓墨的毛笔，时而灵动，时而厚重，穿越巴黎而过，带给这个城市淡然、飘逸的灵魂。千百年来，她就这样静静地流淌着，默默地关注着世事的变迁，承载着古老文化的命脉。塞纳河如一条玉带，串联起巴黎一个个迷人的奇迹。两岸的华美建筑流光溢彩，霓虹闪烁，令人目不暇接。巴黎圣母院、卢浮宫、埃菲尔铁塔都守护在她的身旁，象征巴黎，象征法国，也象征着欧洲浪漫的骑士精神。

河岸的人文气质更令人向往，那是一种抛弃了过去宫廷的浮华，开始讲究思想，发自于内的清新气质。从 19 世纪开始，蜿蜒穿过巴黎市中心的塞纳河的河北被称为右岸，带上了新兴近代商业的繁华气质；以南则称左岸，充斥着艺术丰沛的人文思潮。“左岸”内化为一种深沉自内心的人文气质。在左岸的咖啡馆里，

卢浮宫前的金字塔形玻璃入口是华人建筑大师贝聿铭的作品，浪漫的法国人在这里享受温情一刻。

协和广场上的方尖碑和路易十五雕像。

享受孤独的清晨，享受昏昏的午后，享受懵懂的黄昏，更是在享受艺术般的生活。这里的咖啡，不仅仅是一杯杯黑色液体，更是一份流传了数百年的人文关怀，每一杯咖啡都隐藏着一份浓烈的艺术气质。

巴黎，是艺术之都，拥有大量的剧场、电影院和音乐厅。巴黎歌剧院是世界上面积最大的歌剧院，占地11万平方米。在民间，“街头艺术”也十分活跃，城市西北部的泰尔特尔艺术广场是世界闻名的露天画廊，每天都有不少画家在这里即席作画出售。在市中心的沙特莱广场和圣·日耳曼德伯广场等地，青年学生和市民经常自带乐器举行音乐会。

巴黎圣母院，这个巴黎人心目中“最年长的女士”，永远宠辱不惊，恬静地守候着窗前的寂寞，感受着无数信徒和游客们虔诚的目光，感受着世界文学大师笔下的种种神秘。巴黎圣母院始

建于 1163 年，历时 182 年，到 1345 年才全部建成。巴黎圣母院的建造全部采用石材，在世界建筑史上被誉为“一篇由巨大的石头组成的交响乐”。粗犷的巨石切面使圣母院更加高耸挺拔、辉煌壮丽，笼罩着一层庄严和谐的气氛。巴黎圣母院是哥特式教堂的典型代表，风格独特，雄伟庄严，气势恢弘。正门三个大拱门上的浮雕，精雕细刻，繁复而精美。教堂内部极为朴素，几乎没有什么装饰，仅有的装饰就是彩色玻璃窗的设计。每一个来到这里的人，都在大作家雨果的引领下，体会着不朽的传奇。人们总是在这里搜寻着雨果笔下的那个痛苦的灵魂，在这里倾听卡西莫多敲响的惊醒巴黎的百年钟声……

如果说巴黎圣母院是古老巴黎的象征，那么，毫无疑问，埃菲尔铁塔就是现代巴黎的标志。埃菲尔铁塔始建于 1887 年，距今已有 100 多年的历史了。

夜幕中的塞纳河犹如月宫。

新桥，塞纳河上年代最久且最为有名的桥梁，长232米、宽22米，1607年建成，是巴黎建桥史上第一座桥上没有建房的石桥。法国耗资最大的电影《新桥恋人》的故事就发生在这里。

埃菲尔铁塔高320.7米，占地1.6万平方米，塔身为钢架镂空结构，共用了1.8万多个部件、250万颗铆钉。塔分三层，第一层高57米，第二层高115米，第三层高274米。塔上设有多台望远镜，每逢晴空万里，可以看到远达70千米之内的景色。它的建造无论用材和造型都是时代的创新，引领了建筑史上新的美学时代。埃菲尔铁塔矗立100多年来，历经风雨而坚固如初，成为一朵盛开绽放的“蓝天百合花”。

《达·芬奇密码》中那个神秘莫测、诡谲多变、暗潮涌动的卢浮宫博物馆，是现代法国国家博物馆和艺术展览中心，也是法国历史上最悠久的王宫，更是世界文人雅士心目中的文化圣地。卢浮宫整体建筑呈“U”形，占地面积为24万平方米，建筑物占地面积为4.8万平方米，全长680米，是一座真正的迷宫。20世纪80年代至90年代间，法国人对卢浮宫博物馆进行了修复，兴建了由美籍华人建筑大师贝聿铭设计的钢架玻璃金字塔，通透的玻璃结构，使得当阳光照射入内之时，熠熠生辉，散发出耀眼夺目的光芒。卢浮宫是世界上最著名、最宏大的艺术宝库之一，是举世瞩目的艺术殿堂和万宝之宫。目前卢浮宫共收藏有40多万件来自世界各国的艺术珍品，分列在东方艺术馆、古希腊及古罗马艺术馆、古埃及艺术馆、珍宝馆、绘画馆及雕塑馆六大展馆中展出。

巴黎圣母院前的情侣。

凯旋门是拿破仑为了显示他辉煌功勋而建造的，是现存世界上最大的圆拱门，也是世界上最早建设的凯旋门式建筑物。它始建于1806年，耗时三十载建成。凯旋门只有一个拱洞，高50米，

夜幕中的埃菲尔铁塔每逢整点时灯光闪烁，美不胜收。

凡尔赛宫位于巴黎西南郊凡尔赛镇，这是人类历史上的建筑杰作。它的唯一缺点是宫中没有一处厕所或盥洗设备。这是位于凡尔赛宫正面入口的大理石庭院。

宽 45 米。门墙上的石雕描绘的是拿破仑在 1792 年到 1815 年间的战争历史。其中最著名的，也是最精美的一幅就是拱门右边的石雕，出自古典雕刻家卢德之手，描绘了 1792 年义勇军出征的情景，也就是著名的《马赛进行曲》——法国国歌的主题。每年法国国庆日，人们都会在凯旋门举行盛大的国庆献礼，吸引成千上万的游客蜂拥到此观赏。

游巴黎，不一定要在白天，凯旋门在夜幕的衬托下，更显肃穆，墙上的浮雕，铭刻着拿破仑的光辉战史。华灯初上时分，泛舟塞纳河上，环绕着明亮灯彩的气势恢弘的埃菲尔铁塔，在暮霭初降的蓝天背景映衬下，显得格外巍峨壮观。漫步在青砖铺成的百年小街，四周安详宁静，临街老屋的窗透过纱帘映射出的柔柔灯光，会让你感受到生活中的巴黎温馨而平实……天幕低垂之际，巴黎的风景正好，落日余晖映晚霞，与天边淡淡的星辰交替，在这个城市的任何一个角落，体味沉静之美与动感之美的交替融合，确实别有一番滋味。

在欣赏风景与艺术的盛宴之后，不要忘了巴黎也是个著名的购物天堂。每天都有大批的游客拥入巴黎的大街小巷，享受购物的乐趣。几个世纪前，法国已经开始传播华丽的风俗，直到今天，巴黎还在向全世界宣告应该穿什么，怎么穿。法国拥有世界上最多的顶级名牌，法国的时装、香水、饰品、化妆品是许多人梦寐以求的奢侈品。人们相信，在这里购物就是在世界时尚的最前沿购物。

在宜静宜动的巴黎，无论是漫步于老城色彩斑斓的窄巷，还是游历于各色各样的博物馆之间；无论是静静地聆听一场音乐会，欣赏一场芭蕾舞或舞台剧，还是融入狂欢的盛大浪潮，都是一种放纵心灵的享受。

巴黎究竟是什么，谁也无法定义，喜欢文学的，会寻找莫里哀、莫泊桑、雨果的足迹；喜欢绘画、雕塑、建筑艺术的，会说这里是艺术的殿堂；而喜欢Shopping的人们则说这里无疑是购物的天堂；率真的、寻觅爱情的性情中人，认为巴黎是浪漫之都。仁者见仁、智者见智，似乎任何人都能在此找到实现梦想的舞台。

海明威说："巴黎是一席浮动的盛宴。"这场盛宴似乎永远没有散席的那一天，它已流动了几百年，并将继续从容优雅地流动下去。

画外传音——左岸

塞纳河左岸是巴黎的文化区，巴黎大学、法兰西学院都坐落在这里，与右岸的王宫府邸、商业大街组成的权力和经济中心形成鲜明对照。这里书店、出版社、小剧场、美术馆、博物馆众多，围绕着这种文化和社交氛围的咖啡馆、啤酒馆也鳞次栉比。由于过去几百年间学院的师生必须学会拉丁语，并用拉丁文写作、交谈，所以这一区域也称拉丁区。

随便走进一家咖啡馆，也许一不留神就会坐在海明威坐过的椅子上、萨特写作过的灯下、毕加索发过呆的窗口。在最古老的圣·日耳曼教堂周围，有最早的花神咖啡馆，这家咖啡馆和边上的德玛格餐厅是萨特和他的情人波伏娃几乎天天消磨时光的地方。现在咖啡馆的菜单上还印着萨特的语录："自由之神经由花神之路……"而附近的里普啤酒馆则是安德烈·纪德及其《法兰西杂志》撰稿作家们定期见面探讨写作心得的地方，也是时尚大师圣罗兰经常涉足的地方。如果说右岸凝聚着奢华宏大的文化象征，那么左岸则有着卓尔不群的精神指向。无怪乎人们诙谐地称"右岸用钱，左岸用脑"。去巴黎而不去左岸的咖啡馆将是人生的一大遗憾。现今"左岸"甚至成了坚持精神生活高于其他生活方式的团体的代名词。

Extensive Reading
延·伸·阅·读

莫斯科 Moscow

森 / 林 / 中 / 的 / 首 / 都

地理位置－欧洲

度假名片－红场、克里姆林宫、圣瓦西里大教堂

莫斯科是个独具一格的城市，它代表了与纽约和巴黎所不同的气质。在这里，你可以寻访安娜·卡列尼娜的生命轨迹，也可以见证20世纪世界的风云变幻；俄罗斯的千年文明，都在这里得到集中展现。它给你的可能不是热情，而是凝重。

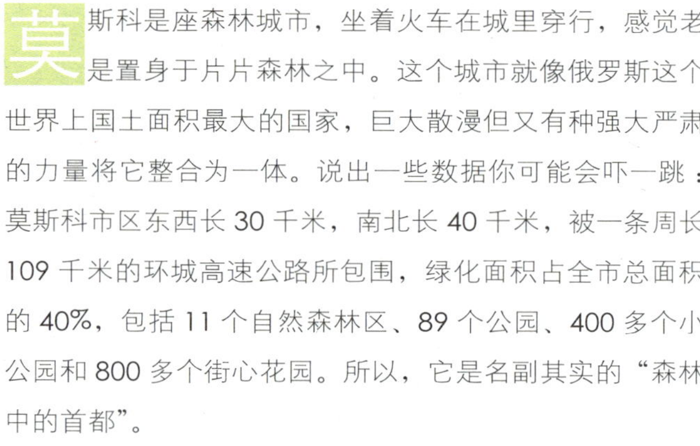

莫斯科是座森林城市，坐着火车在城里穿行，感觉老是置身于片片森林之中。这个城市就像俄罗斯这个世界上国土面积最大的国家，巨大散漫但又有种强大严肃的力量将它整合为一体。说出一些数据你可能会吓一跳：莫斯科市区东西长 30 千米，南北长 40 千米，被一条周长 109 千米的环城高速公路所包围，绿化面积占全市总面积的 40%，包括 11 个自然森林区、89 个公园、400 多个小公园和 800 多个街心花园。所以，它是名副其实的“森林中的首都”。

莫斯科绝对不是寻找浪漫和激情的地方，与这座城市联系在一起的是革命、战争，是一种严肃，它是彻底男性化的城市，虽然难以让人感受到柔美，但它却充满崇高和肃穆——它的美是一种壮美。

提起莫斯科，我们首先会想到红场和克里姆林宫，的确，这是莫斯科的代名词。红场在俄语里意为“美丽的广场”，它是莫斯科历史的见证，也是莫斯科人的骄傲。莫斯科的美都集中在这里，克里姆林宫、国立历史博物馆、古姆商场、伊凡大帝钟楼、圣瓦西里大教堂、列宁墓、无名烈士墓就分布在它的周围。

克里姆林宫享有“世界第八大奇景”的美誉，是旅游者必到之处。它不仅是莫斯科的标志，也是俄

圣瓦西里大教堂是俄罗斯的建筑精华，它为人们提供了对东正教的最标准想象。

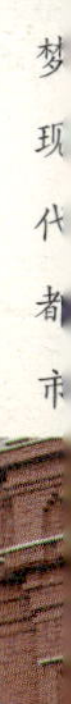

莫斯科地铁是名副其实的“地下艺术殿堂”。

罗斯的标志。这座具有900年历史的建筑群记载着莫斯科的历史，俄罗斯历史上的重大变故在这里都能找到踪迹，它见证了俄罗斯从一个莫斯科大公国发展至今日横跨欧亚大陆的强大国家的全部历史。一句俄罗斯谚语这样形容雄伟庄严的克里姆林宫：“莫斯科大地上，唯见克里姆林宫高耸；克里姆林宫上，唯见遥遥苍穹。”这里的每一座建筑都蕴涵着俄罗斯人民无与伦比的智慧，是世界建筑史上不可多得的杰作。克里姆林宫面积27.5万平方米，四周由宫墙围护，宫墙全长2 235米，设有4座城门和19个尖耸的塔楼。宫墙内，林木葱郁，花草繁茂，教堂耸峙，殿宇轩昂，政府大厦拔地而起，各种博物馆穿插其间。

位于红场上的圣瓦西里大教堂大概算得上是全俄罗斯最美的教堂，它被称为“用石头描绘的童话”，是俄罗斯历史上第一个沙皇伊凡四世所建，由9座参差不齐的高塔组成，中间最高的方形塔高达17米。虽然这9座塔彼此的式样色彩均不相同，但却十分和谐。更难得的是，它与克里姆林宫的大小宫殿、教堂搭

从近处观看克里姆林宫，会发现它极其精致，并非我们想象中的粗犷。雕像为朱可夫元帅。

配出一种特别的情调，为整个克里姆林宫增色不少。据说此教堂落成时，全世界都景仰它的美丽壮观，伊凡四世在惊叹之余，为防止设计者设计出更好、更完美的建筑，竟下令挖掉他的眼睛。如今，圣瓦西里大教堂是莫斯科的象征，甚至有人说莫斯科就是圣瓦西里大教堂，圣瓦西里大教堂就是莫斯科。

从远处遥望克里姆林宫，不难发现有一座建筑高高地矗立在建筑群体中，有鹤立鸡群之感。这个高大建筑就是教堂广场上的伊凡大帝钟楼。它高 81 米，是古时的信号台和观望台，也是克里姆林宫中的最高建筑物。若沿钟楼内部的台阶而上，登入塔楼之顶，莫斯科全景可一览无余。

莫斯科大剧院位于莫斯科市中心的剧院广场，是俄罗斯历史最悠久的剧院。虽然外观无甚特别之处，但它却是世界上最好的剧院之一。

去莫斯科，还有必要去坐坐莫斯科的地铁。莫斯科地铁举世闻名，到过的人无不赞叹。地铁是莫斯科的交通动脉，是世界上规模最大的地铁之一，也是莫斯科最主要的交通工具，在莫斯科坐地铁永远不会迷路。它雄伟绚丽，富丽堂皇，好像一座永远看不完的大型艺术馆，又如一张巨大的蛛网，把城市的各个角落连接在一起。自 1935 年开通第一条地铁线路以来，从未停止过修建，即使第二次世界大战时期也是如此。到目前为止，莫斯科共有 11 条通向不同方向的线路，其间共设 130 个车站，每个车站的形式、布局和风格都不尽相同，几乎每一个车站都是一个集建筑、雕刻、装饰、灯光、艺术

夏日的克里姆林宫在莫斯科河的映照下显露出些微的南国情调。

与科学于一体的艺术宫殿，这为它赢得了“地下艺术殿堂”的美称。

此外，坐落于麻雀山的莫斯科大学也是游客必去之处。这所大学不仅以它雄厚的科研和教学实力著称于世，也因它规模宏大的主楼而成为众多世界一流大学中的“异类”。主楼高240米，共33层，有3万多间房间，有人计算，如果一个人一天住一间，一辈子也住不完。这大概也是全球大学中最大的建筑。莫斯科大学校长曾对美国研究人员把该校排在全球十几位极为不满，认为莫斯科大学应该是前十位的大学。确实，在很多人心目中，莫斯科大学都是世界十大名校之一，近现代对俄罗斯产生重大影响的科学和文化巨人大多出自此校。漫步学术圣地，感受大师云集之地，风云际会，将是另一番灵魂的净化之旅。

这就是传说中的莫斯科主楼，它被用于学生宿舍。虽然外观很雄伟，但内部已经很陈旧，容易引起火灾。

拉斯维加斯 *Las Vegas*

黄 / 金 / 堆 / 砌 / 的 / 沙 / 漠 / 之 / 都

地理位置－美洲

度假名片－纽约城、酒店、赌场

如果你喜欢赌博，你会喜欢拉斯维加斯；如果你不喜欢赌博，你还是会喜欢拉斯维加斯。这片曾经的不毛之地如今已经发展成集旅游、休闲、购物、表演、展览于一体的世界级娱乐城。

在一片荒漠中穿行良久，在夜色渐浓的时候，眼前的荒漠山谷正中突然出现一座巨大的宝石般的城市，五颜六色的各种霓虹灯明灭闪烁，如同童话故事中的梦幻王国，又好像沙漠中诱惑旅人的海市蜃楼。在这座梦幻城市中有夜夜狂欢的超级巨星秀场表演、令人肾上腺素激增的拳王冠军争霸赛、纸醉金迷的赌场……这就是拉斯维加斯，它的存在与魅力已远远超出人们的想象。

拉斯维加斯的豪华赌场让人蠢蠢欲动；充满创意的广告与五光十色的霓虹灯交织成奇幻的世界，则使人浮想联翩。

拉斯维加斯市区呈长条形，中心是一条长达 8 000 米纵贯南北的拉斯维加斯大道。城南是机场，北面是老城区。老城区中有一个耗资 6 000 万美元建成的“灯光秀”场，整片街区被成千上万盏灯组成的穹顶覆盖，通过镭射技术，随着音乐变化出各种图案和文字。而拉斯维加斯最重要的地标式建筑——几十座豪华大酒店和大型赌场则像宫殿般布满大道两侧。世界排名前 10 位的豪华大酒店有九 9 家在拉斯维加斯，这里的建筑物简直可以用“梦幻”两个字来形容。

这里的酒店几乎都是巨无霸般的超大型酒店。拥有 2 500 多间客房的金字塔大酒店以天蓝色的金字塔形作为建筑主题，同时按比例建造了一座狮身人面像。酒店内的布置与装修风格也是完全的古埃及风情，连穿梭其间的酒店员工也是一身古埃及装束，令人仿佛回到了遥远的古埃及法老时代。而拥有 4 000 间客房的亚瑟王之剑酒店则是一座童话故事中的古城堡。城堡大门的吊桥上有传送带，两旁是步行道。城堡的大厅是典型欧洲中世纪风格的装饰，骑马仗剑的骑士与豪华的马车旁堆满了沉重的兵器。白色的城墙与吊桥之间是一座座金黄、墨绿和宝蓝等各种颜色的尖顶，在灯光的辉映下闪闪烁烁，给人一种神奇的梦幻感觉。

霓虹灯下“热情”的牛仔女郎正在诱惑赌徒们一掷千金。

拉斯维加斯大道北侧的纽约客则是另一种现实风格的梦幻，帝国大厦、海关大楼、自由女神、布鲁克林大桥……12 座纽约城的标志性建筑物被建筑师巧妙地糅合浓

ALADDIN

缩在一起。清晨日出时分，金色的阳光洒在纽约客的城市建筑上，让人仿佛横跨纽约，置身在东河上仰望曼哈顿摩天大楼的清晨日出。

威尼斯酒店挑高的穹顶借助灯光技术，让人感觉上面真正“飘动”着朵朵白云，整个室内宽敞得如同真实的户外。两边是装饰精美的商店，中间有一条人工运河，船工穿着清一色的意大利民族服装，高唱着咏叹调。有兴致的游客只需花上一点钱，便可享受这颇具异域情调的水上服务。运河尽头是酒店餐厅，在那里，人们一边享受美食、阳光、蓝天，一边欣赏乐队演奏的高雅音乐与伴唱。

拥有 5 000 余间高级客房的米高梅酒店被翠绿色的祖母绿玻璃笼罩，宛如富丽堂皇的宫殿，号称世界上最贵的酒店。酒店大门口蹲着一只巨大的金黄色狮子，是米高梅公司影业雄狮的老招牌。饭店主楼是一座十字架形的玻璃建筑，一进入大门，就能看到采自意大利的大理石衬托着各种光怪陆离的装饰，耀眼夺目、极尽奢华。29 个客服中心随时为客人提供服务。在这里，最小的套房面积为 260 平方米，最大的面积超过 800 平方米，5 000 美元一晚的房价仅仅是这里的起价，而最豪华的房间每晚光房费就高达 1.5 万美元。在米高梅酒店内汇集着全球著名的影视明星，经常有音乐歌舞和戏剧表演，酒店的娱乐场里还有壮观的音乐剧和一流的纽约 Disco，让所有的客人都载歌载舞、醉生梦死直到天亮。

拉斯维加斯最负盛名的是它的赌场，纸醉金迷的环境中将运气倾注在方寸之间的赌桌上，体会心脏猛烈跳动的快感。在这里，人们追求的是一种疯狂似的享乐，而遍布全

拉斯维加斯的夜色，迷离而又充满诱惑。

城大大小小的赌场正是将这种疯狂与奢靡体现出来的工具。自从 1930 年内华达州宣布赌博合法化以来，70 余年的时间使拉斯维加斯从偏僻荒芜的沙漠变成了一座金钱堆砌的城市，大小赌场鳞次栉比。同那些豪华的大酒店一样，这里的赌场也是各具特色，宛如一座座主题公园。当然，那些巨无霸似的大酒店本身就是身兼酒店与赌场双重身份。

曼德勒湾赌场的建筑装饰是原汁原味的东南亚风格，各种菩萨雕像遍布其中，让人仿佛置身缅甸的丛林中。赌场取名曼德勒湾是因为当年英国人在那里淘金探险，从侧面显示出这家赌场的英国背景。曼德勒湾赌场位置比较偏僻，却拥有拉斯维加斯唯一的人造海滩，吸引了无数从赌场出来的游客在这里休闲放松。

巴黎赌场的大门是形象逼真、高大雄伟的凯旋门，进门是宽大的大厅，偌大的天花板像是张开的湛蓝天幕，飘着朵朵白云。赌场中有一条条仿照巴黎修建的街道，服务员身穿古法式服装巡游，营造法国情调，连清洁工也是法式打扮，两旁的店铺自然全都是法国名店。穿过赌场有一座仿真的埃菲尔铁塔，高度为原塔的 1/2，大约有 50 层楼高。

金银岛赌场更像一座海盗主题游乐场。

在铁塔顶上极目远望，整个拉斯维加斯城尽收眼底。

巴黎赌场对面的恺撒宫赌场则完全是古罗马建筑风格。赌场大门前是恺撒骑马石雕，恺撒雄姿英发，威风凛凛。两边是造型优美的古希腊罗马神像，里面有宫殿、斗兽场等，随处都可看到宛如艺术品的雕塑。

海市蜃楼赌场的正面布置得像一个仙人岛，流泉飞瀑，怪石嵯峨，有许多高大的棕榈、铁树等南方植物，甚至还有一处迷你动物园，里面有白狮等珍稀动物。临街处巨大的水池中堆砌着一座20米高的假山，流水从山顶平台上倾泻而下，在灯光的照耀下形成一条美丽无比的瀑布。最妙的是，每隔15分钟瀑布上方的山顶平台都会有"火山"喷发，岩浆直冲夜空，然后如落英缤纷，顺瀑布而下，使整个水面都燃烧起来。

金银岛赌场按照著名小说家史蒂文森的小说《金银岛》中的场景布置。赌场大门前有一处人造大海，游客需要踩着横在水上的登船踏板进入赌场。一边是古代的三桅海盗船，另一边则是不列颠皇家海军的军舰，而远处的小岛则是著名的金银岛，岛上的海滩上散落着海盗抢劫来的财宝。在这里，海盗船和军舰还会表演一场"真正"的海战，耳边隆隆的炮声，眼前火光冲天、硝烟弥漫，海盗们纷纷从桅杆折断的船上跳水逃生……

拉斯维加斯的美难以言说，这里似乎是24小时、通宵达旦狂欢的地方。不论多晚的深夜，都会有"红着双眼"的出租车从身旁呼啸而过。拉斯维加斯有永远不眠不休的酒店灯光，其富丽豪华，不身临其境实在无法想象。

旧金山 San Francisco

戴/朵/花，把/心/留/下

地理位置－美洲

度假名片－金门大桥、渔人码头、恶魔岛

提起金门大桥、同性恋、缆车、飞车追逐、嬉皮士、恶魔岛、渔人码头、硅谷、诺布山……就会让人联想起多姿多彩的国际城市旧金山。

有人说："旧金山是美国最前卫、开放、自由、无拘无束的城市。"这里不仅拥有姿态万千的风貌、赏心悦目的文史景观、令人惊喜的餐馆佳肴，更走在瞬息变化的

美术宫湖水湛蓝湛蓝的，经常有可爱的天鹅游来游去。

流光溢彩的旧金山夜景。右边最高的发光建筑即泛美金字塔。

时代尖端，引领现代社会的新潮流，成为无数人心中向往的度假天堂。

同夏威夷的州府火奴鲁鲁一样，San Francisco 在华人中拥有旧金山与三藩市两个译名，而美国人则称其为圣弗朗西斯科。旧金山这个名字起源于 19 世纪，这里曾是美国淘金热的中心，早期的华人劳工将这里称为“金山”，而后澳大利亚的墨尔本又发现了金矿，为了和墨尔本的“金山”相区别，San Francisco 就被称为“旧金山”，一直沿用到今天。不过对于 San Francisco 的中文译名究竟该叫三藩市还是旧金山，却因为没有明确的官方规定而出现两种叫法混杂使用的情况，甚至就连市政府也在自己的官方网站上分别使用“旧金山”与“三藩市”两种译名。不过也正是这种随性与兼容并蓄的城市精神，大多数当地居民都对自己居住在旧金山感到非常满意。

想象中的硅谷是一栋栋豪华的高科技大厦不规则地分布在这一区域，但实际上硅谷也有充满生活气息和度假情调的一面。紫丁香与纯白的躺椅再加和煦的阳光，如置身田园。

金门大桥是世界上最壮观的大桥，也被视为旧金山的象征。在淘金热的时候，这座大桥如同通往金矿的大门。六条车道的金门大

桥平均每天有超过 10 万辆车的客流量，自 1937 年建成通车后，屹立在海上已有 70 年的时间，其间甚至经历了里氏 8 级地震而没受到影响。如今人们为了纪念小个子的日耳曼工程师施特劳斯设计建造了这座用粗钢索相连的单孔吊桥，在桥畔为他竖立了一尊铜像，让他能够长久陪伴着自己倾注心血设计的这座朴素无华而又雄伟壮观的大桥。

采用悬浮式建桥方案的旧金山金门大桥，是旧金山的标志性建筑，也是世界桥梁建筑史上一座声名显赫的里程碑。

渔人码头过去曾是意大利渔夫停泊船只的码头，如今则成了旧金山最热门的去处。杰斐逊街和泰勒街交会处的巨蟹标记是

渔人码头的标志，来自世界各地的游客来到旧金山后都要特意到这里享受一顿新鲜美味的海鲜大餐。吃完海鲜，逛逛集中在码头附近的购物中心和品牌店，几乎成为每一个游客的固定路线。

渔人码头是旧金山欢乐气息最浓厚的地方。妙不可言的海鲜大餐、惊悚搞怪的蜡像馆、色彩斑斓的海底世界和精彩的街头艺人表演……都令游人们流连忘返，乐不思蜀。

著名的恶魔岛在渔人码头北方，这里曾是军事重地，随后被改造成监狱。“你有资格得到食品、衣物、住处和医疗，但除此之外，你所获得的任何东西都是一种特殊待遇。”挂在墙上的联邦监狱章程向每一位来到这里的游客展示着高墙内生活的真实写照。这里关押过美国历史上最凶恶的罪犯——芝加哥黑手党教父阿尔·卡彭。如今的恶魔岛成了野生动物的庇护所，吸引着鹈鹕、夜苍鹭、西部海鸥等众多鸟类前来栖息。

旧金山南部从帕洛阿尔托到圣何塞之间的硅谷在 100 多年前还只是一片片果园和葡萄园，自从 IBM 和苹果电脑等高科技公司在这里落户之后，硅谷逐渐成为一座繁华的市镇。在短短的十几年内，硅谷造就出无数个科技富翁，一个个典型的美国梦的故事从这个电子与计算机业的王国诞生。

旧金山的宽宏大度是一种浑然天成的气质，是在饮食、建筑、音乐等所有层面上不经意的自然流露。除了美味新鲜、富于创意的加州菜之外，你也可以吃到全美最棒的法国大餐、意大利菜、日本料理和中国美食。遍布全市的维多利亚式建筑固然赏心悦目，希腊罗马式的美术宫、雕龙镂凤的唐人街城门、东洋风格的日本城天守阁和漆着意大利彩画的餐馆一样让人目不暇接。世界级的芭蕾舞、高雅的古典音乐、百老汇的音乐剧、缠绵悱恻的爵士乐等各种艺术表演共同融入旧金山的城市节拍之中。这一切都如同威廉·萨洛扬所说的，“如果你还活着，旧金山不会使你厌倦；如果你已经死了，旧金山会让你起死回生”。

纽约 New York

最 / 繁 / 华 / 的 / 都 / 市

地理位置－美洲

度假名片－自由女神像、帝国大厦

“如果你爱一个人，就送他去纽约，因为那里是天堂；如果你恨一个人，就送他去纽约，因为那里是地狱。”在十几年前热播的电视剧《北京人在纽约》中，纽约是天堂和地狱的交会点；是时髦和肮脏的舞台；是激动和危险的地铁站；也是美国梦的起点与终点……

现在世界上最热门的是什么？在纽约你全都可以找到答案！商业、金融、时尚、音乐、文化……无论从哪个角度来看，纽约都堪称最具世界领导性的大都市。

纽约市位于哈得孙河注入大西洋的河口处，由曼哈顿、里士满等5个区组成。其中曼哈顿区面积最小，却居于最重要的位置。

在纽约，尤其是曼哈顿，摩天大楼鳞次栉比，但最著名的还是帝国大

中央公园坐落在曼哈顿正中，集草地、湖水、森林、庭院、运动场、露天剧场、动物园、美术馆等于一体，号称纽约的“后花园”。

厦和“9·11”以前的世贸中心。帝国大厦建成于1931年，高102层，是一个和浪漫有关的地方。著名的《西雅图不眠夜》以及电影里讲述的一部老电影的爱情故事都和那里有关。电影告诉世人所谓爱情，也许本来就是疯狂的。而说到疯狂的电影，还有一部世人皆知的名作和帝国大厦的尖塔有关，那就是攀爬在帝国大厦尖顶上的金刚。

纽约常被人们称为世界上最繁华的都市，而时代广场则是纽约最繁华的地方。

如果说帝国大厦代表着浪漫而又危险的爱情，那同在曼哈顿街区的世贸中心遗址就是一出悲剧。人们永远无法忘记“9·11”这个日子，废墟上那个黑黝黝的十字架令观者触目惊心，时刻提醒着人们不要遗忘那个瞬间。透过废墟边上的铁丝网，看着那个深陷的大坑，才发觉，原来人类在恐怖性的灾难面前是那么的无助……

曼哈顿岛是当年英国人用一把猎枪从印第安人手中换来的。据说后来印第安人每次隔着哈得孙河遥望该岛，都会发出“曼哈顿，曼哈顿”的感叹，曼哈顿在印第安语中是“上当了”的意思。这已经是发生在200多年前的老故事了。

曼哈顿南方的自由岛上矗立着象征自由、民主的自由女神像。就像巴黎的埃菲尔铁塔一般，来纽约的游客是无论如何也不能错过自由女神像的。硕大无朋的女神像重229吨，高46米，仅一个食指就有2.4米长。女神脚下堆着被打碎的脚镣，象征被推翻的暴政；头冠上的七道光芒象征自由将惠及世界的每个角落；左手握着象征《美国独立宣言》的书板，而右手高举着

自由女神右手高擎着的熊熊燃烧的火炬，是永驻世界人民心头的温暖。

的熊熊燃烧的火炬，则是永驻世界人民心头的温暖。游客可以沿着女神像体内的螺旋形阶梯一直爬到女神像的头部。

时代广场位于曼哈顿的中心地带，1904年因《纽约时报》迁到这附近而得名。如今报社早已经迁到附近的43街，时代广场的名字却留了下来。广场周围五光十色、绚丽夺目的夜景吸引着无数游客。时代广场是附近几条街的交会处，NASDAQ的巨大圆柱广告牌就在一旁闪烁着。华尔街的证券交易所则是引领世界金融走向的中心殿堂，在这里呈现出的是一种寸秒寸金的生活节奏。据说在这里甚至有年轻人为了保证日常锻炼，在午休的20分钟内换上跑鞋和运动装在周围纷乱的人群中慢跑。

无论现代的纽约拥有多么快的生活节奏，在繁忙的市区内还是有一处光彩夺目的繁华之地吸引着怀旧的人们。在曼哈顿的夜晚，那条著名的大白道上，耀眼的灯光显示出大型字母组成的街名——百老汇。在这里，笼罩着一层浓重的怀旧情绪，昔日的回声依然在百老汇上空荡漾，那几家从电视时代之前一直保存到现在的剧院，豪华的包厢、管弦乐演奏场、后台的化妆间……一切都如同昨日一般保留着令人兴奋的回忆。

纽约，不仅仅是一个拥有帝国大厦、时代广场、中央公园和自由女神像的城市，更是一个永远多元而且充满惊喜的地方。为什么这样一座城市竟能聚焦全世界的目光？因为纽约让每一个到这里的人对现代都市拥有了一个全新的认识。

华尔街全长不过1/3英里，但却拥有“美国的金融中心”的称号，摩根、洛克菲勒、杜邦、纽约证券交易所都坐落于此，这里到处弥漫着金钱的气息。

虽然帝国大厦早已失去全球最高大楼的美誉，但在很多人心目中，它的崇高地位是无可取代的，因为这座充满传奇的建筑物见证了美国的兴衰。

香港，一个充满时尚魔力的都市，世界级的建筑、快节奏的生活、自然风光和商业文明的交相辉映，处处凸现出这座城市的惊艳魅力。

香港 Hong Kong

动 / 感 / 之 / 都

地理位置－亚洲

度假名片－购物天堂、时尚

提到香港，除了回归祖国的自豪外，更多的人会自然地联想到四个字——购物天堂。香港整座城市仿佛是一个超大型的商场，置身其中，处处都是特别设计、别处无法复制的商品。在这个潮流之都，处处都能感受到强烈的商业文化，既是时尚的，也是经典的，既是尖端的，也是传统的，能给你带来包罗万象的购物体验。

香港的繁华在中环体现得最为淋漓尽致。中环不仅是香港的商业和经济中心，还有风姿绰约、气质华贵的名牌精品店和大型百货公司。许多国际大牌明星和时尚界的头号人物都酷爱来中环置地广场及其附近的商业大厦购物、流连。这里可以说是世界时尚的风向标，不但云集了250多个世界顶级名牌的专卖店，还有临近的国际金融中心商场。

而尖沙咀则是九龙地区最主要的购物区，其中最著名的商场，就是位于广东道的海港城。这里拥有超大型的购物休闲中心，共计超过700家店铺，集购物、娱乐和休闲于一体。逛街累了，随时可以坐下来享受各式美食，是一站式购物的理想选择。

对于想体验“平民香港”的人来说，旺角是最适合不过的地方了。如果说中环是世界时尚的风向标，旺角就是香港本地的潮流之地。想要了解当季的流行元素，只要看看这里的橱窗就知道了。旺角有自己独特的“MK文化”。MK是旺角的英文MongKok的缩写，常在这里盘桓的青年就自称“MK人”。全香港的时髦青少年都愿意跑到旺角逛街，这里有他们喜欢的漫画、二手CD、卡通模型、街头时装，渐渐地便成了可以和日本原宿媲美的青年流行文化聚集地。人们以前都说铜锣湾、尖沙咀、中环时髦，其实那是时尚界的“大人”们钟爱的地方。而旺角却是青少年的天堂，这里才能真正玩出香港的街头时尚。据说许多文化圈的知名人士也爱往旺角跑。

到了晚上，不甘寂寞的人们不会轻易入睡，香港的夜生活更是精彩。除了久享大名的兰桂坊酒吧街，还可以去海边，欣赏一下已经被收入吉尼斯世界纪录的“幻彩咏香江”大型表演。耀目璀璨的灯光加上节奏强劲的音乐，人们穿梭于维多利亚港两岸的建筑物中，仿佛置身于迷离的童话世界。

香港海洋公园分山上与山下两部分，山上有海洋馆、海洋剧场、海涛馆和机动游戏，山下则是水上乐园、花园剧场、金鱼馆及仿中国宫廷建筑所建的集古村。

"非常新加坡，三天玩不够！"这是新加坡著名歌手阿杜为新加坡旅游代言的广告词。只有真正踏上这片土地，去细细品味这个热带阳光下的花园城市，你才会发现她独特的魅力。

新加坡 Singapore

热／带／阳／光／下／的／花／园／城／市

地理位置－亚洲

度假名片－美食天堂、鱼尾狮、圣淘沙、裕廊飞禽公园

新加坡有着如“美食天堂”、“全球顶尖商业都市”之一、“文化大熔炉”、“五光十色之都”等众多美誉。这里既有动感十足的大都会体验，也有极度放松的休闲生活；既可以感受到热带雨林的气息和阳光沙滩，还能享受各色美食和购物之乐。新加坡这个小小城邦所具有的魅力远远超过文字所能形容的一切！

来到新加坡，就一定要去圣淘沙。“圣淘沙”在马来西亚语中是“和平安宁”的意思。因为这个小岛曾经是英军的军事基地，可能新加坡政府在收回它之后便给予它一个这么美丽的名字。

圣淘沙距离新加坡本岛南部仅500米，由一座堤道跨海大桥与本岛连接起来。这个长4.2千米、宽1千米的小岛上的每一寸土地都带着休闲的味道。在这里，你可以在沙滩上赤足漫步，沐浴海风；可以在37米高的鱼尾狮塔上远眺碧波蓝天，百舸争流；也可以到高尔夫乐园里尽情挥杆，享受生活。无论是白天还是黑夜，圣淘沙都会把自己所有的美丽传递出来，让每个来到这里的人无一例外地沉迷在醉人的时光里。

圣淘沙岛上有一座铭刻着新加坡历史沧桑的蜡像历史博物馆。沿着小道穿过一条“长街”，就可以一览新加坡的人文历史和风土人情。这里所有的陈列物都由石蜡制成，精准真实的布置，让人感觉仿佛乘坐了时空穿梭机，漫游于新加坡的历史长河之中。

圣淘沙另一个吸引人的地方是位于百富酒店内的水疗按摩花园，它同时也是全亚洲最大的水疗中心。水疗按摩花园构思独特，目的是用水疗体验来贴近大自然，以吸收植物和水的能量，营造纯天然的治疗环境。这里的招牌疗法是皇帝浴，客人躺在一个独立的巨型铜制浴缸里，里边放入香草或是玫瑰花瓣，浴缸内有三个特制的旋涡式喷嘴，会让人身心都有十分放松的感觉。

在圣淘沙的每个角落，无论是在沙滩、草坪还是在椰林间休憩，总会被她

夜色中的新加坡市，显现出一派繁华的景象。

爱琴桥俗称大马路桥，它是横跨新加坡河的第一座桥。

的自然美所牵动。圣淘沙的美，在于自然的流露，而这种兼容了艺术与文化的展示，蕴涵了新加坡人更为深层的智慧。

游过了圣淘沙，可以去裕廊飞禽公园看一看。公园坐落在裕廊山上，是世界上少数规模庞大的禽鸟公园之一，被誉为东南亚最壮观的“鸟类天堂”。公园内建有95个鸟舍、10个活动场所和6个池塘，一共有350多种飞鸟，约8 500只。这里有来自西班牙的红鹤、来自巴西的三趾鸵鸟、来自北京的知更鸟、来自几内亚的食火鸡，还有羽毛绚丽的热带鸟和来自冰天雪地的南极企鹅等珍稀动物，真可谓是“花木四时茂，人来鸟不惊”的“鸟类王国”。

众所周知，新加坡是美食天堂。由于新加坡是一个多种族的国家，这里有华人、马来人、印度人以及西欧人等，因此在新加坡，你随处都可以品尝到中国菜、马来菜、印度菜、西餐，还有融合了各国烹调特色的美味食品。可以毫不夸张地说，美食已经成了新加坡的另一形象代言。

“来新加坡，你带什么回家？”这是新加坡旅游局的另一句广告词。的确，新加坡可以称得上是购物天堂，各种商品应有尽有。最著名的购物商圈是乌节路，在这里你可以挑选本地以及世界著名设计师的最新作品，还可以到各个民俗文化保留区，如小印度、牛车水、亚拉街等地方淘一些具有民族特色的传统服饰和手工艺品。带一份独特的纪念品回家，留一份温馨的记忆给岁月……

莱佛士旅店是新加坡最古老的建筑物之一，也是世界上最伟大的19世纪旅店之一，其内部陈设典雅、温馨。（左图）

狮头鱼身的鱼尾狮雕像是新加坡的象征。它全身洁白、双眼含笑、毛发丰美、鳞片鲜活，矗立在蓝色水波上。这尊雕像最初雄踞于新加坡河口，2002年9月迁到了与浮尔顿一号隔邻的填海地。（右图）

迪拜 Dubai

富／可／敌／国／的／奢／华

地理位置－亚洲

度假名片－七星级酒店

提起迪拜，无论是去过还是没去过的人，都会用一个词来形容它，那就是“奢华”。如果不是花草下面还有沙子，你绝对不会相信，这是一座建造在沙漠之中的奇迹之城。

阿拉伯联合酋长国位于阿拉伯半岛东部的波斯湾南岸，由7个酋长国组成。迪拜是7个酋长国之一，也是阿拉伯国家中最自由的贸易城市。迪拜同世界上其他城市相比具有两个独特之处：一是这里的景色具有明显的差异性，一半是海水一半是沙漠；另一个独特之处当然就是富有，用“富可敌国”来形容都显得苍白无力。

迪拜从一个昔日的小渔村、一个打捞珍珠的小码头，发展成为今天世界上发展最快的城市。有人说它是一个用金钱堆砌出来的城市，鳞次栉比的摩天大楼、奢华的七星级酒店，让人不禁产生身在纽约的错觉。同时，传统和现代在这里交相辉映，令人叹为观止的“阿拉伯硅谷”背后，是一个个头戴面纱的女人，是一条条年代久远的购物街和古老的清真寺。

来到迪拜，首先要去看看这里的标志——阿拉伯塔，即帆船酒店，这是世界上唯一的七星级酒店。它远离迪拜城中其他争奇斗艳的建筑群，孤傲地矗立在距杰米拉海滩300米的人工岛上。阿拉伯塔最初的创意是迪拜王储阿勒马克图姆提出的，他梦想给迪拜一个类似悉尼歌剧院、埃菲尔铁塔式的地标。融合全世界上百名设计师的精彩创意，历经5年的时间，终于在迪拜缔造出一个梦幻般的建筑——阿拉伯塔。它将浓烈的伊斯兰风格、极尽奢华的装饰与高科技建筑手段完美地结合到了一起。

阿联酋人喜欢鹰，他们的国徽就是以鹰为标志的。

帆船酒店是阿拉伯人奢侈的象征，全部 202 间套房中最低的房价也要每晚 900 美元，25 层的皇家套房则需要 1.8 万美元一晚。来到这里，才知道什么是真正的金碧辉煌。走进酒店，就像走进了阿拉丁的洞穴，只能用“满目皆金”来形容，因为在这里，连门把手、厕所的水管，甚至是一张便条都“贴”满黄金。

七星级酒店内部装潢和陈设极度豪华，游客甚至可以在海底的餐厅里隔着玻璃与鲨鱼共进晚餐，令人瞠目结舌。

在沙漠里，水就象征着财富。阿拉伯塔就在炎热的沙漠中缔造了水的奇观。在这里，搭乘电梯就可以欣赏到高达十几米的水族箱，还可以坐着潜水艇观赏鲜艳夺目的热带鱼。逛累了就坐在舒适的餐厅里，环顾四周由珊瑚、海鱼构成的流动风景，吃一顿惬意的晚餐。坐在阿拉伯海湾上空 200 米的酒店餐厅里，环视天空与海湾，可以尽情品味地中海般的享乐极限。

来到迪拜，沙漠也是不可错过的风景。骑上骆驼举目远眺，红彤彤的夕阳遥挂天际，余晖挥洒在无垠的沙漠上，满眼娴静柔和的光芒。远处连绵起伏的沙丘，无止无境。这情形，让人不禁吟诵“大漠孤烟直，长河落日圆”的优美诗句。

当夜幕拉开的时候，阿拉伯的狂欢夜开始了：随着骤然响起的阿拉伯音乐，欣赏披着黑色轻纱的妖娆舞娘曼妙的舞姿，让舞池之外的你也耐不住寂寞，和着音乐跳起舞来，完全沉醉在这迷人的夜色之中。

在迪拜，还有一个绝佳的去处，那就是一座黄沙堆砌的古堡。古堡蜿蜒曲折的长廊，地上花纹斑斓的突尼斯地毯，厚重古朴的木门，门旁半遮半掩的艳丽绒门帘，都透着一股古老而华贵的气息。当钥匙打开门的瞬间，我们似乎穿越了历史，俨然变成童话中古城堡的主人。

在夜色中推开窗，一轮凄美的弯月遥挂苍穹。映着酒店的灯光，远处是茫茫夜色和黄色沙漠，近处则是可口的美食、醇香的红酒、柔和的音乐，还有阵阵爽朗的笑声。你还可以跳入海中尽情享受，沙漠绿洲中的这一片天蓝，显得如此别致。

作为阿拉伯国家，迪拜融合了东西方不同的文化，也兼容并蓄了各种生活方式。经常会看见这样的场景，在现代化的办公大楼里，身着阿拉伯服装的当地人和西装革履的外国人和谐相处，显示了迪拜作为国际化都市的无穷魅力。

如果世界上有个地方值得一去，那一定就是迪拜；如果世界上有个地方可以让你充分享受沙漠的气息，那一定是在迪拜；如果世界上有个地方能够闻到诱人的海浪的味道，那一定还是在迪拜。在迪拜传统的集市中，买一盏银制的阿拉丁神灯或者骆驼风铃，让自己回到神话之中，抒写一段奇异之旅的迷人乐章吧。

帆船酒店宛如一艘巨大而精美绝伦的帆船，倒映在蔚蓝的海水中。需要注意的是，那片海是人工海。

马尼拉 Manila

亚 / 洲 / 的 / 纽 / 约

地理位置－亚洲

度假名片－百胜滩、椰子宫、日落大道、马拉坎南宫

在400多年前，西班牙殖民者登陆美丽的马尼拉湾，他们发现这里的海滨长满了像绒毯一样松软的细叶短草，便随口称为“马尼拉”，意思是“长满尼拉草的地方”。时间流转几百年，昔日荒无人烟的小岛已成为亚洲最欧化的城市，享有“亚洲的纽约”之美名。

在这里，如果想欣赏自然美景，可以去马尼拉湾看独具风韵的落日；如果想感受历史的沧桑与积淀，可以去看富丽堂皇的古城堡；如果想体验浓郁的热带风情，那么百胜滩则是最好的选择。东方有明珠，绝世而独立，这座既传统又现代、既繁华又没落、既勤劳又慵懒的城市，充满矛盾，也正因这些矛盾而魅力四射。

马尼拉地处亚洲却十分欧化。在马尼拉湾岸边，有一片宏伟的建筑群，包括国际贸易展览中心、国际会议中心、文化中心、民间艺术剧院等大型建筑物。这些建筑大多是19世纪70年代末到80年代初兴建的，设计新颖别致，建筑风格融合了欧洲和东南亚的建筑特点。在各建筑物之间，宽阔的道路两旁有热带林木和草坪，花木掩映，终年苍翠。

到马尼拉，一定要参观这里的古老宫殿。站在因托拉姆洛斯的小巷口，会产生一种时光交错的感觉。当初殖民者的奢华生活，被完整地封存在古堡中。打蜡后幽幽发光的木地板，用地毯精心地铺盖起来，屋顶则是成排的繁复精致的宫廷吊灯，当年的奢靡一览无余。透过大厅的窗户，蔚蓝的天空镶嵌在窗棂里，成为一幅极美的风景画。而窗外，艳阳照耀之下的满墙黄花，一时让人忘记了今昔是何年、此时身何处。

要想体验马尼拉浓郁的热带风情，一定要去百胜滩。从马尼拉到百胜滩约有107千米的路程，这里山挟水转，水贯山行，给人“水绕层峦合，川回碧玉流”之感。乘独木舟漫流而行，只见两岸风光秀美异常，时而怪石嶙峋，高耸云端；时而丹崖壁立，松竹环翠；时而峭壁直立，峰顶奇锐。沿岸群峰倒映水中，宛如一幅绝美的山水画。如果是顺流而下，舟随水势而行，穿梭于乱石戟立的溪涧，别有一番刺激。正可谓“凌波轻舟觞飞羽，万壑千岩锁翠烟”。

大马尼拉是菲律宾的交通枢纽，以此为中心的交通网络向全国各地辐射开去。

在马尼拉湾南岸的新区，还有一座用椰子树建造的现代宏大建筑——椰子宫。椰子宫有两层楼那么高，六角形的屋顶正是典型的菲律宾式建筑。褐色的屋顶是由椰木板建成的，立柱用的是椰树干，而砌墙的砖则是用椰果壳的纤维混合高强度水泥制造而成的。大厅的巨型吊灯更是奇特，由100多片精心雕刻的椰壳制成，大门上镶嵌着由4 000块椰壳片组成的几何图案。在大厅以外的厅室中，桌上陈放着由椰壳雕成的各式各样的台灯，就连烟灰缸也是用椰壳雕成的。在椰子宫的餐厅里，有一张长约11米的大餐桌，上面镶嵌着47 000块不同形状的椰壳片。宫殿里摆满了用椰树各个部分制成的家具和工艺品，琳琅满目，美不胜收。据说，建造这座椰子宫共使用了2 000棵树龄在70年以

圣·奥古斯丁教堂内景，该教堂建于1599年，是菲律宾最古老的西班牙式天主教堂，也是菲律宾境内最古老的石造建筑之一。（右页图）

上的椰子树。在椰子宫的周围，还种植了150棵椰子树。林间花木扶疏，绿草如茵，别具情致。

菲律宾椰子的品种和产量均占世界的1/3，为世界首位，其单位面积产量也居世界之首，因此菲律宾有“椰子国”之称。

不去日落大道，就等于没有来过马尼拉。早晨的日落大道很迷人，阳光穿过路边高大的椰子树，金色的光芒倾泻在马尼拉湾碧如翡翠的海面上。海湾岸畔，鳞次栉比的高层建筑掩映在排排棕榈和椰树中间。海滨一片青翠，花木辉映之处，是人们休息、娱乐的好地方。每到黄昏时分，沿岸的建筑、树丛以及海面上的货轮被淡红色的晚霞浸润着，此时漫步其间，迎着柔和的海风，看着太阳慢慢地坠入深黑色的大海，诗情画意般的景象让人流连忘返。

过往再美的记忆，不过只是一场隔世的梦。再完美，最终也只是化为梦的碎片。唯有那些曾经路过的风景，依然真实地在记忆中翻腾沉浮，闪闪发亮，陪伴你，走过生命中那些最好的时光。那么，就在现在，收拾行囊，从容上路。从今后，在你隔世的梦里，永远有马尼拉那一片圣地，在你的梦里春暖花开。

*100*多年前的大洋洲是英国的殖民地。美国作家马克·吐温在游历澳洲时写道：“悉尼像一个穿着美国服装的英国姑娘。”

悉尼 Sydney

南／半／球／的／英／美／风／情

地理位置-大洋洲

度假名片-袋鼠、悉尼歌剧院

在悉尼繁华的乔治大街或伊丽莎白大街上，高楼林立，商场连绵，一派现代化大都市的味道。但这里繁华而不喧嚣，懂得生活的悉尼人十分注重保护自己生存的环境和空间，整个城市绿树成荫，空气清新，绝不会让人感觉拥挤和压抑。

悉尼的标志性建筑很多，诸如悉尼海港大桥、达令港、悉尼塔等等，但若只选择一处游览的话，相信大多数人都会选择悉尼歌剧院。歌剧院坐落在环形码头前方，三面濒临碧

提醒司机注意考拉和袋鼠安全的警示牌。

蓝色的大海。这座举世闻名的歌剧院曾于 1955 年在全世界公开征集设计方案，最终来自丹麦的建筑师约农的设计方案被选中。可惜约农参加竞赛的方案过于简略，在实际施工过程中遇到了一系列复杂的技术问题，需要反复调整，因此总计建筑时间长达 14 年。工程预算更是由最初的 700 万美元，一路飙升到实际的 1.2 亿美元。悉尼歌剧院兴建过程中的风风雨雨实在太富戏剧性了，有克服不了的技术难关，有拂袖而去的建筑师，还有差点让政府破产的超高工程费以及一只在首演彩排时跑来插花的临时演员——负子鼠，后来有人将这些写成了一出歌剧，名字就叫“世界第八奇景”。当然最终歌剧院建成后还是以它洁白美丽的造型赢得了世人的喜爱，就连伊丽莎白女王甚至都亲自来到悉尼为它揭幕。

号称世界第一单孔拱桥的悉尼海港大桥像一道横贯海湾的长虹，巍峨俊秀，气势磅礴，与悉尼歌剧院隔海相望。

从远处望去，造型独特的悉尼歌剧院宛如一片片光滑洁白的大贝壳插在沙滩上，又好像一只秀丽的天鹅飞向天际，伸出的洁白双翅正掠过海湾；也有人说她像一个穿着婚纱的新娘席地而坐，洁白的裙裾正随着海风舞动。如果只准用一个字来形容的话，那恐怕只能用“美”来形容它了。

婀娜多姿、轻盈皎洁的悉尼歌剧院像只天鹅在娴静地游弋。

可爱憨厚的澳大利亚考拉，它们只吃桉树叶。（左上图）

最受当地人和游客们欢迎的邦迪海滩，蔚蓝的大海与洁白的浪花交相辉映，美丽绝伦。

悉尼繁华而不喧嚣，街道干净整洁，空气清新，路上的行人也多是气定神闲的。（左下图）

整个歌剧院一共包含 5 个表演厅，可以举行包括舞蹈、歌剧、戏剧、交响乐表演等各种活动。而这里最吸引人的，还是它晶莹剔透的外墙。100 多万片洁白的瑞典陶瓦镶贴在圆拱形的外墙上，在阳光和碧波的辉映下，闪耀着圣洁而炫目的光芒。悉尼歌剧院不仅是悉尼艺术文化的殿堂，更是悉尼的灵魂。来自世界各地的观光客每天络绎不绝前往参观拍照，清晨、黄昏或夜晚，不论徒步缓行或出海遨游，悉尼歌剧院随时都变幻着迷人的风采。

攀爬悉尼海港大桥是悉尼最受欢迎的旅游项目之一。澳大利亚人天性爱玩，所以才会想出了要攀爬这个绰号为“大衣架”的世界最大拱桥，悉尼海港大桥同时也是世界上唯一允许游客爬到拱桥顶端的大桥。最让人难忘的是在距离水面 147 米的高处遥望环形码头前方的悉尼歌剧院，而这个观赏角度也绝对是独一无二的。作为连接港口南北两岸的重要通道，悉尼海港大桥同时也是摄影师眼中悉尼歌剧院的完美背景。全长 502.9 米的悉尼海港大桥有八条车道、两条铁轨、一条自行车道和一条人行道，游

客可以选择搭乘巴士或坐火车跨越大桥，但漫步通过大桥时的感觉却是最好的。在大桥东南方的塔楼稍作停留，欣赏远方的美景，抬起头还可看到那些不分白天黑夜攀爬在大桥弧形拱顶上的“运动员”们。千万不要以为他们是在拿自己生命开玩笑，事实上每一个攀爬者都要穿上太空服似的连衣裤，还有活动钢链将他们牢牢圈定在桥索上，话机、耳机全副武装，事先还有专业人士陪同进行模拟演练，甚至周到地提供一方手绢，以备攀爬的人们在桥顶害怕得大哭时使用。

环形码头左侧的岩石区是悉尼最早的海港码头区，18 世纪时英国的军队就在这里登陆，因此岩石区也可算是整个澳大利亚现代文明的发源地。作为悉尼最古老的城区，岩石区至今仍然保留着 19 世纪的风貌。在乔治大街最北的一面布满了各式各样的古老建筑物，旧教堂依旧在那里每日敲响钟声，老邮局也依旧在为市民服务着，当年的水手旅馆如今成了悉尼旅客中心，木偶小

桉树是澳大利亚的国树，在森林、草原、荒漠等各种植被群落中均有分布，它也是澳大利亚植被种类有别于其他大陆的主要特征。

屋成了玩具博物馆，一个大仓库也成了豪华餐厅。然而它们的外貌都保持着古朴的旧容颜。这里还有不少酒吧、小膳食旅馆和庭院咖啡厅等，依然一派古香古色，令人感慨万千，浮想联翩……

悉尼港是世界知名的深水港湾，但海湾却十分曲折隐蔽。港口隐藏在一堵几千米长、墙壁似的高岩后面，只有一个缺口可以进入港口，缺口附近另有一处以假乱真的假缺口迷惑着夜航的船只。100多年前，有一艘“邓肯·邓巴”号在夜晚航行时误把假缺口当成真缺口，对准岩壁驶去，结果帆船被撞得粉碎，200多位乘客全部遇难，成为澳大利亚历史上最惨烈的一次海难。马克·吐温也在《赤道环游记》中记下了这出惨剧，即使已经过去了100多年，惨剧仍在人们口中流传不绝。

现在海港码头已经搬迁了。西边原来伸出海面的一条条泊位早已改建成餐厅和旅馆，成为新兴的观光景点。和悉尼歌剧院隔海相望的东岸沿海滨一带建满星级宾馆、豪华饭

店和高级餐厅，岩石区广场上经常有爵士乐队欢快地演奏，吸引着众多游人驻足围观。但不论怎样变迁，古朴的码头老街和海港的陈年旧事仍旧回荡在悉尼港尘封的记忆中，挥之不去。

月亮公园是悉尼一个历史悠久的休闲场所，其巨大的笑脸招牌从远处就可看到。

达令港，又称情人港，是悉尼这个海港城市最有代表性的地方之一。而达令港也早已不是一个单纯的港口，而是个开阔的海港公园，一个集购物、休闲、表演、餐饮、观光为一体的主要旅游点。两条大道旁遍布着银光闪烁的现代化建筑，悉尼演艺中心、悉尼展览馆、海滨大楼、动力博物馆等大厦林立，无数的餐厅、酒吧、庭院咖啡座散落其间。从一派怀旧氛围的岩石区出来，达令港充满动感的节奏一定会让你心跳加快，感受到悉尼快节奏的多元化生活。

阳光、自由、欢乐及色彩是悉尼给人最深刻的印象，而雄伟壮观的蓝山，满溢葡萄酒香的猎人谷，海豚赖着不走的史蒂芬港，以及憨态可掬的考拉、袋鼠……游玩乐趣数不胜数。毫无疑问这是一个充满活力的城市，它的魅力闪闪发光，令人很容易地就了解、喜欢、甚至爱上它。这里或许不是地球上最适合人们居住的地方，但它安全、干净、没有污染，这个社会完全融合了所有种族及国籍的人们。在悉尼到处可见亚洲面孔，而你也很可能不经意地就听到人们用希腊语、日语或匈牙利语来交谈。

如果有时间，可以在早晨起来时坐在悉尼人常去的露天咖啡馆，吃一份丰盛的早餐，然后去海边晒晒太阳，看着小鸟在身边漫步。南太平洋温暖的阳光照耀在澳大利亚的海面上，让你感觉这里是美国西海岸，所以美国人固执地认为澳大利亚是世界上最像他们的国家，比他们曾经共同的宗主国英国还要显得亲切许多。难怪马克·吐温要写下自己对悉尼的感想——穿着美国服装的英国姑娘。

悉尼的荷巴特游艇赛是世界上最伟大的游艇赛之一，于每年12月26日举行，每年这个时候海湾中千帆齐扬，蔚为壮观。

墨尔本 Melbourne

粉／红／天／空／下／的／鸟／语／花／香

地理位置－大洋洲

度假名片－花园之城

墨尔本是奔放热烈的，城市里五光十色的美景显露出它摩登少女般的气质。阳光灿烂的笑容，悠闲小资的情调，感觉不到却令人无法忘怀的空气中弥漫着它的香气。

墨尔本的绿色，特别的葱郁。也许人们都无从记得，这里在160年前还是一片原始森林，由于世界各地的人前来淘金，在此居住的人逐渐增多，于是成就了今天美丽的世界公园。

墨尔本最多的就是花园，好像人们的生活和工作就在花园里，简直就是人间天堂。市区的皇家植物园不但是漂亮的公园，更是充满活力与生机的自然博物馆，园中有国立植物标本馆和中草药园等园区。信步走在由无数碎石铺就的小路上，自由穿行于黑天鹅或野鸭中间，在那几分钟的光景里，你会发现人与自然已经是好朋友。

具有英国乡间小市民情调的菲兹洛伊花园更是迷人

悉尼有一个月亮公园，墨尔本也有个月亮公园，不过前者是张笑脸，后者却是张吓人的脸。

联邦广场是座超现实主义的建筑，也是整个墨尔本城新鲜活力的展示中心，体现了这座城市的自信、包容和国际化水准。

墨尔本是个包容的城市，各种风格的建筑在这里都能各得其所，丽奥图大厦是这座城市的最高楼，而它之前却矗立着一座19世纪的大教堂。

多姿，还记得库克船长的故事吗？眼前这个可爱的小屋，不就是当年船长的小屋吗？于是脚步在这里停滞，记忆中的1770年，库克船长登上澳洲大陆并宣布它为英国的领土。离开小屋，很容易便能看见圣柏尼大教堂在云彩中矗立，尖顶部分让人想起遥远的神话，宛然一部浪漫的幻想小说。

不论走到哪里，都能看到花园，花园之外的建筑各具特色。整个城市古旧而时尚，从一端穿过另一端便能亲切地感受到怀旧的气氛。道路两旁的建筑有欧洲味的哥特式和维多利亚式，也有中国味的园林式，混合在一起好似一场激情四射的交响乐。

墨尔本的历史并不悠久，人们却能在它身上发现深厚的历史积淀。保存完好的老式建筑中间有汽车穿行，画面瞬间变成经典的黑白色无声电影。小巷里蔓延着轰隆的电车声响，渐渐远去。而那古老的电车齿轮发出的声音也变得稀落，似乎是下班了。一个人走在阴沉的小路上，偶然在路边的车窗里瞥见自

弗林德斯街站是墨尔本当地火车线路的总站，它不只是墨尔本高效的市郊铁路网的枢纽，还是地标和集会场所。

人们都说墨尔本是澳大利亚的伦敦，看到这个维多利亚女王时代风格的钟楼，你是否还以为看到了伦敦的大本钟？

己的影像，那种落寞的感觉使人顿觉寒寂。

沿着陡峭的海边公路走，一路上可欣赏到令人目不暇接的风光。海水中形状奇特的十二使徒岩，场面壮阔而宏伟；悬崖峭壁仿佛盘古开天辟地时用巨斧所劈，不禁让人惊叹自然的神奇。如果走到菲利普岛已临近夜色笼罩，那是再幸福不过的事了，这时候可以看见一群企鹅缓缓地散步，这些小天使见人一点也不害怕，胆子大一点的还会走过来向你要吃的。

墨尔本是个温馨的城市，处处洋溢着和善而亲切的微笑。执勤的老人拿着标有“STOP”字样的牌子在路边一站，所有车辆都会停下。人们在这里过着惬意的生活，城市里充满了欢快的气氛。这里虽然没有大都市的喧闹，也没有小村落的清静，但墨尔本具有浓厚的人情味，被人们称为“世界上最适合人类居住的城市”。

经常旅行的人都说“墨尔本是澳洲的伦敦”。墨尔本虽然没有伦敦的博大，但莫奈笔下的日出，墨尔本却是有的。墨尔本有着迷人多姿的公园，但人们更向往天然的游乐场：夏天去海边冲浪，冬天去山上滑雪。这些，在墨尔本都可以得到满足。

墨尔本也是女孩子们的天堂，从澳洲的护肤品到薰衣草农庄尼兰德，农场上的紫色云朵温柔地遮住整个山坡，凡是听说过薰衣草爱情故事的人，见到此情此景都会心动。而农场上的孩子们在草地上奔跑或者撒娇，仿佛童话中的天使，又仿佛眼前的一切都只是幻觉。

热闹的维多利亚女王市场也成为人们生活中的一部分，这里有1 000多个日用品的摊位，热闹的景象使人看了蠢蠢欲动。墨尔本的夜

虽然繁华的商业城市都是千篇一律的，但墨尔本的商业中心别有一番风味，让你想起纽约曼哈顿商业中心。

生活同样令人难忘，精彩的芭蕾舞表演和百老汇演出，观众的掌声如潮水般一浪高过一浪。墨尔本的皇冠赌场是南半球最大的赌场，在富饶的亚拉河南岸，闪烁着耀眼的光芒。

墨尔本具有英国的怀旧风格，不管是它的古典建筑，还是人们的朴素衣着，都给人们留下了深刻的印象。在最热闹繁华的街区，用不了走多远，就可到达郊区的河畔。惬意地欣赏小船在潺潺的水上漂荡，躺在河边的草地上晒太阳，似乎和身边的现代城市毫无瓜葛。

对于过惯了节奏紧张的都市生活的人来说，墨尔本是惬意平静的；对于生活在与世无争的郊区里的人来说，墨尔本却显得奔放又热烈。墨尔本就像一个动感十足的音符，即使天空是阴霾的，大街小巷也充满情调；走在雨中，温暖和凉爽夹在一起，总是舒适的，愉快的。

A Travel to Romantic Places

Chapter.05

执子之手 与子偕老

——共赴浪漫之旅

塞舌尔群岛 Seychelles

最／后／的／伊／甸／园

地理位置－非洲

度假名片－最纯净的海水、海椰子、珊瑚

“要多纯净有多纯净！”——这是塞舌尔的旅游广告词。许多广告词都有虚假的成分，但这句没有。同样是蓝天白云、碧海椰风，在塞舌尔，一切都发挥到了极致，令人从心理到生理都会赞同这句广告词。

散落于西印度洋之上的115个岛屿，在阳光下如珍珠般璀璨。塞舌尔离最近的大陆也有1 600千米远，从中国到塞舌尔，至少需要经历10多个小时的旅程。偏僻的地理位置加上这样的长距离跋涉，本身就会给人一种被文明放逐的感觉。远离由文字和喧嚣构成的现代文明，来到最原始、

塞舌尔绮丽的热带海岛风光和多种多样独特、珍奇的动植物资源吸引了无数游客的脚步。在塞舌尔，旅游业是第一产业。

最古老，同时最能打动人心的地方——有“最后的伊甸园”之称的塞舌尔，身心都会回归到童年，不是蹒跚学步，而是夏日温暖午后的小憩。

塞舌尔载歌载舞的人们。

塞舌尔群岛在赤道向南5度的地方，第一大岛是马埃岛。马埃岛的东北角是塞舌尔的首都维多利亚，也是塞舌尔唯一可以称为城市的地方。即使经过数百年前的殖民时代的洗礼，殖民者们能够在这里留下的印记仍然很少。100多座岛屿中的绝大多数只存在于人们的视野之中，并无人踏足。

没有高楼大厦，没有霓虹射线，塞舌尔所拥有的，只是海中100多种珊瑚和900多种鱼类，只是岛上大大小小70多个海滩，只是从侏罗纪开始留存的奇异丰富的动植物王国……

塞舌尔备受欧美游客的青睐，每年有10万游客造访这些美丽的岛屿。但人们漫步其中，却没有一般旅游胜地的喧哗与吵闹。游客们散布在不同的小岛上，面对的不是其他游客和无休止的商贩叫卖声，而是偶尔掠过天空的海鸥，就连海浪拍打沙滩的声音都是轻柔的。

笛沃什岛在马埃岛西南230千米的地方。人们来到岛上，除了钓鱼、潜水、看太阳在海面上升起下沉，或者在岛上唯一的一条小路上骑自行车闲逛外，根本没有什么其他的活动。不过，你还需要什么其他的活动吗？在岛上，找个阴凉的地方躺上一整天，运气好的话还可以和路过身边的象龟交流一下养生心得。毕竟这个岛最初的居民并非人类，而是这些从恐龙时代存活下来的古老生物。

海椰子是塞舌尔独有的一种椰子树。它的果实比普通的椰果大得多，每个都有十几千克重。海椰子分雌雄两种，果实是墨绿色，挂在树上，远远望去，无论是形状还是大小都容易使人联想到人类的身体，雄椰子树的果实呈长棒形，而雌椰子树的果实呈骨盆形。

塞舌尔是另一个世界，是由我们梦想中最为纯净的天空和海滩组成的另一个世界。在夕阳的映衬下，和象龟一起，漫步在海椰子树下，这是每个人心中的梦想，不是吗？

夏威夷 *Hawaii*

美／丽／和／浪／漫／的／代／名／词

地理位置－大洋洲（属美国）

度假名片－阳光、大海、鲜花

夏威夷海滩几乎是"美丽"和"浪漫"的代名词。这里的恋人比世界上任何地方的都要多。阳光、大海、鲜花，是夏威夷永恒的主题；美丽、浪漫、神奇、奢华，是夏威夷永恒的基调。

夏威夷是位于太平洋中心地带的一组群岛，州府名为火奴鲁鲁，但中国人更喜欢称它为檀香山。这里不光是夏威夷群岛中最大的城市与美军的重要基地，也是孙中山先生最初成立兴中会的所在地。直至今天，孙中山的铜像还伫立在檀香山的街头。

因第二次世界大战时被日军偷袭而闻名的珍珠港位于檀香山西面 10 千米处，如今已经成了纪念馆。沉在水中的“亚利桑那”号上建起的纪念堂中回荡着哀伤的悼念曲，只有直径 5 米的烟囱还露在海面上，静静向人们诉说着半个多世纪前的故事与战争的残酷。当年战火冲天的珍珠港，如今却宁静万分。港湾中停泊的“密苏里”号战舰见证了日本签署投降书的历史瞬间，如今退役后也停泊在这里，一同悼念着海底的亡魂。

夏威夷海滩以其独特的热带风情，吸引着全世界各种肤色的游人。也许你一回头就会看到某位好莱坞大牌明星，而与你擦身而过的那位老者没准就是一位政要或富豪。怀基基是夏威夷海滩的代名词，长长的海岸上铺满了白色的细沙，阳光透过厚厚的云层洒落到海面上。从高处俯瞰，蓝中带绿的海面透明得能够看清海底的礁石，远处的海水蓝中带黑，深不可测，再远处不时有白色的豪华巨轮缓缓驶

蓝花楹是一种美丽的观赏树木，它的叶形似蕨类，十分美观，初一看还以为是紫藤。夏威夷就盛产这种美丽而有情致的树。

夏威夷特殊的热带海滨气候造就了无数珍稀物种，这里是花的海洋，是否知道它们的名字并不重要，关键在于它们给我们带来的享受。（左上图）

幸福的夏威夷女孩，她们戴着各色花环，穿着草裙，尽情地游乐。生活在这里怎么会有忧愁呢？（左下图）

新鲜的木瓜是来到夏威夷的游人最钟爱的美食之一。（右图）

过。沙滩边高大的棕榈树下，精致的小道边，修剪整齐的草坪上，散落着一个个散发着浓郁香气的烧烤台。傍晚时分，缕缕炊烟从林间升起，暖暖的清风夹着烤鱼虾的香味，带有强烈节奏感的音乐顺着海风传到沙滩上，向远处的人们传递着温馨的气息。

充满热带风情的夏威夷群岛，原为波利尼西亚人的栖居地，1959 年才正式成为美国的第 50 个州。瓦胡岛北部的波利尼西亚文化中心为游客再现了波利尼西亚人的日常生活。园内分为 7 个村庄，分别代表夏威夷、萨摩亚、马克萨斯、汤加、新西兰、塔西提与斐济。各村都有特色鲜明的代表性建筑，村民穿着传统服饰向游客问候后献上手中的花环。这里最热闹的时候是每晚由 150 个演员参与的名为“地平线”的晚会，被称为夏威夷最辉煌的表演。韵律十足的音乐声中，飘曳的草裙舞配合着音乐的旋律，展现着优美的舞姿。如诗的气氛、如画的情调令人陶醉其中，流连忘返。

提到夏威夷，除了这里的草裙舞外，就会想到鲜花编织成的花环。夏威夷的花更是世界之最。大概是由于地处热带的原因，

这是夏威夷的皇家凤凰木，它“叶如飞凰之羽，花若丹凤之冠”；两只白燕鸥栖息其间，恩爱无比，真可谓“相伴依依到白头”。

生长在夏威夷的花朵色彩绚丽，形状婀娜，美得让人炫目。有一种花名叫“天堂鸟”，花朵特别大，四个花瓣和花蕊恰似一只准备展翅的飞鸟。更绝妙的是，它的花朵被一个深绿色的花茎托住，上面还有深紫色与红色的线条，茎的顶部呈斜坡状，仿佛是天堂鸟飞向空中的跳板或起跑线。这样绚丽的花朵据说是夏威夷所独有的，而当地人坚信这样美丽的花只能生长在天堂，而夏威夷就是这样一处人间的天堂。

灿烂的阳光、清新的海风、洁净的大自然，晚宴上充满韵律节奏的音乐、烛光与美酒交织在一起，在习习海风中，人们穿着热带风情的花衬衫，头戴花环，展露笑颜。高大的椰子树在夜空中变成黑色的剪影，空气里弥漫着食物的香气与快乐的气氛。倚着栏杆，偎着爱人，看夜空烟火璀璨，听着迷人的歌谣，尘世中的一切烦恼都变得特别遥远了。

夏威夷的乡间公路两边种植着美丽的花木，像是公园。

伯利兹 Belize

潜/进/加/勒/比/海/的/蓝/色/天/堂

地理位置—美洲

度假名片—玛雅古迹、阳光、沙滩、海底世界

伊甸园应该是什么样子？这个答案不必去向上帝求证，只要去伯利兹就可以得到一个完美的答案。在纯净无污染的大海冲刷下，俯拾皆是上帝留下的美丽印迹。曾经的玛雅文明，也选择了伯利兹这个伊甸园般美丽的地方作为帝国的中心，留给世人600多座雄伟壮丽的历史遗迹。

伯利兹距离美国只有不到两小时的飞行时间，加上这里美丽的自然风光，一直被人们称作美国的后花园。森林和大海就是这个国家全部的依托，“山中有树，海里有鱼”这句传遍欧洲的古老谚语，从16世纪初西班牙探险家发现玛雅山脉的那一刻起，就成为加勒比海岸这片古老土地的代名词。

在伯利兹，1/3的国土被划分成保护区，在这里有整个西半球最大的珊瑚海礁和茂密的热带雨林，对于喜欢亲近大自然的人来说，伯利兹毫无疑问就是真正的天堂。在加勒比海耀眼的阳光下，摇曳不停的棕榈树影倚在洁净美丽的沙滩上，穿过碧蓝的海水，或者直接潜入水中，和海底数百种鱼类共同享受色彩缤纷的珊瑚与美丽的蓝色大海，无疑是快速体验这个国家魅力的最佳选择。

伯利兹有西半球最大的珊瑚海礁，海洋资源丰富。

伯利兹最著名的旅游点就是蓝洞。在冰河时期，伯利兹海底形成了许多巨大的空洞。随着时间的推移，洞顶坍塌，就形成了深达百余米的“蓝洞”。这个世界上最奇特的潜水区早已成为潜水爱好者的天堂。在这个由环状珊瑚礁围绕形成的深蓝色海域中，拥有数不清的海生植物与各种鱼类。蓝洞独特的地质条件使每一个潜水者在欣赏过海底绚丽多彩的景色之余还可饱览这里独特的海底钟乳石奇观。

伯利兹另一处著名的潜水胜地就是圣佩德罗海域。这里的海底随处可见五彩缤纷、造型各异的珊瑚和缓缓流动的海藻。除此之外，最惊险刺激的就是在这里还可以见到珊瑚礁鲨鱼。其实珊瑚礁鲨鱼是非常友好的，它总是微张着嘴巴，仿佛在向它身边的潜水者们微笑致意。这些可爱的珊瑚礁鲨鱼已经成为这片海域的特色招牌，吸引着无数潜水爱好者来一探究竟。

在伯利兹，不只海底的景色令人赏心悦目，喜好垂钓的游客也可以在这里大大小小的浅滩与海礁之间享受一竿在手、乐趣无穷的休闲垂钓感觉。

在伯利兹美丽的海边，啤酒屋、餐馆与纪念品店林立，沙滩上热情洋溢的拉丁舞曲随着海风飘向周围的人群，传递着欢乐的气息。在这个加勒比海边的国家，神秘的玛雅文化与西方文明交织融汇在一起，让每一个人都充分享受轻松愉悦的欢乐时光。

伯利兹城位于加勒比海岸，伯利兹河的入海口，是一座风景宜人的海滨城市。

巴哈马群岛 Bahamas

梦 / 幻 / 天 / 堂

地理位置－美洲

度假名片－潜水、冲浪

6月，可以去巴哈马群岛赶海。18世纪60年代，当乔治·华盛顿踏上这片距离美国佛罗里达州仅80千米的群岛时，被深深地迷住了。他希望能永远流连于此，并将它称作“6月永驻岛”。在这里，蓝天、白云、沙滩、碧海编绘出美丽的热带风情，荡涤了所有的凡尘俗念，只为静静地享受世外桃源的片刻安宁。

巴哈马群岛是西印度群岛的3个群岛之一，由700多个海岛和2 400多个岛礁组成，都是由珊瑚礁形成的平坦小岛，总面积13 939平方千米，但适合人类居住的仅有30个。

在这片蓝色的天堂里，最惬意的事就是什么都不做，什么都不想，懒洋洋地躺在沙滩上，静静地沐浴灿烂的阳光。时而啜上一口味道独特的巴哈马鸡尾酒，时而微微起身眺望清澈、纯净的海水，这份逍遥悠闲之情不言而喻。

巴哈马群岛是加勒比海附近闻名于世的潜水胜地。这里的潜水分为蓝洞潜、礁石群潜、观鲨鱼潜、观沉船潜等。其中观看鲨鱼是最受欢迎的一个潜水项目。

逃离城市的喧嚣，只有婆娑的棕榈树和温柔的海浪陪伴着你，让你沉入甜蜜的梦乡，这难道不是我们一心寻找的梦中天堂吗？

巴哈马有许多殖民地风格的建筑物和具有历史价值的遗迹。图为位于巴拿马首都拿骚的回廊遗址。（上左图）

巴哈马的木雕和草编工艺闻名遐迩。（上右图）

巴哈马群岛拥有号称世界上最清澈的海域。人们可以在小岛的浅滩上涉水而行，欣赏如梦似幻的海底世界，看海参、海马和各种鱼类畅游其中；也可以乘平底玻璃船到深水区去观鱼探海。巴哈马拥有世界上最大的平底玻璃船，还有专门供观鱼用的游览潜艇。而在夜色下，借着月光观海更有一种神秘莫测的美感。

面对碧蓝的海水，探险者很难抑制住潜水的冲动。巴哈马美丽的海底世界不愧是全球最适合潜水的水域。潜水者可以在绚烂的珊瑚、斑驳的沉船和色彩斑斓的热带鱼组成的舞台上翩翩起舞，自由遨游。

在这个度假天堂里，除了潜水，还可以参加许多冒险活动。租一条小帆船在这片美丽的水域乘风破浪，也是不错的选择。巴哈马群岛蔚蓝的天空也为初级飞行员提供了一个磨砺飞行技巧、探幽览胜的机会。得天独厚的地理位置和气候条件还使巴哈马群岛成为世界一流的高尔夫运动胜地，高尔夫球爱好者可以在此一显身手。

住在海滩上的简易营地中，你可以在享受美丽海景的同时亲身体验鲁滨逊的荒岛生活。有的小岛上搭着一座座茅草小凉棚，供应巴哈马人喜欢的辣椒拌鲜海螺，并以吹海螺号为进餐的信号，供人们尽情地怀古寻幽，别有一番风情。

现在，越来越多的各国游客在这里享受生活，巴哈马群岛成为体验奢华旅行的度假天堂。无论是在享誉世界的度假村中徜徉流连，还是在加勒比海最大的赌场一掷千金；无论是在晶莹剔透的大海中潜水，还是驾驶私人游艇尽情遨游，从陆地到海洋，每位渴望尽情领略巴哈马热带风情的人士，都能在巴哈马找到无尽的乐趣。

在辽阔的北大西洋，有一片清澈湛蓝的美丽海域——加勒比海。在很多人的印象中，这个名字代表着冒险、神秘和浪漫，然而又不仅如此……

加勒比海 Caribbean Sea

充／满／冒／险／和／神／秘／色／彩／的／乐／园

地理位置－美洲

度假名片－海盗的传说、热带海洋风光

广义的加勒比海地区指从古巴岛西端的圣安东尼奥角到委内瑞拉以北海面上的阿鲁巴岛，呈长弧状延伸将近5 000千米的广大海域，自南向北分为小安的列斯、大安的列斯和巴哈马三大组群岛。1492年，哥伦布在巴哈马群岛登陆。此后直到16世纪的100年间，加勒比海成为海盗的天堂，许多海盗甚至是由他们本国国王授权的官方海盗。加勒比海上众多的小岛为这些海盗提供了良好的躲藏之地，而西班牙满载金银财宝的舰队则是这些海盗眼中的肥肉。

英属维京群岛没有惊涛骇浪，却自成波澜；风不会声嘶力竭，却持久醇厚，如一位温和的贵妇，彬彬有礼、不卑不亢。图为托特拉岛的海湾。

作为世界上临海国家最多的海域，加勒比海域一共有20个临海国家。其中委内瑞拉以盛产美女而出名，受世界选美大赛的影响，委内瑞拉国内到处可以看到模特学校。在这里，集团化的选美培训已经成为一种行业。他们对那些想参加选美的女孩进行各种专业训练，甚至进行整容手术，以求塑造出一个完美无瑕的拉美美女。虽然如此，委内瑞拉却早已不是当年那个一次次摘取选美大赛桂冠的美女之国了。在委内瑞拉流传着一个有关选美大赛的幕后故事。据说，当初在选美大赛中拥有决定权的美国需要进口委内瑞拉的石油，于是选美大赛的桂冠一次次留在了这个南美洲的国家。现在的委内瑞拉政府与美国关系恶化，选美冠军自然不会再出自委内瑞拉。

位于牙买加首都金斯顿东北的蓝山山脉出产世界顶级的蓝山咖啡。当年英国士兵抵达牙买加后，冲着这座因为加勒比蔚蓝大海折射而笼罩在一片淡蓝氛围的山峰惊呼蓝色的山脉。从此这座山就被命名为蓝山，而闻名遐迩的蓝山咖啡也就此得名。

牙买加人的口头禅是Boonoonoonoos（太棒了）和Irie（真爽）。在牙买加可以品尝到美味的龙虾、当地独有的阿基果煮鳕鱼、原始风味浓厚的炭烤肉和辣味汤、椰汁煮鲭鱼以及各种甜美可口的热带水

格林纳达位于加勒比海上的格林纳达岛和格林纳丁斯群岛南部，境内多溪流、火山湖和矿泉。图为格林纳达的土著人在传统节日上的精心打扮。

果，让你在大饱口福之余不忘和当地人一样连声高喊 Boonoonoonoos 和 Irie。在牙买加西部著名的度假胜地尼瑞尔，住在当地风情浓郁的椰子叶屋顶海边旅馆内，听着 Go to Negril 这首脍炙人口的牙买加名曲，观赏着远处壮观的加勒比落日，喝上一杯香醇浓郁的蓝山咖啡，品味其中独特的酸、苦、甘、醇等各种味道完美融合后的诱人气息，宛如置身天堂与梦境之中。

墨西哥尤卡坦半岛中端的黄金海岸拥有著名的渔村卡门，附近就是著名的图卢姆玛雅考古区，昔日只有一个摆渡码头的地方，如今已经成了人头攒动的旅游胜地。这里的“第五大道”是海滩归来喝上一杯的最好地方，愉悦的夜生活通宵达旦，不逊于纽约。而冒险港一听就是个让人血脉贲张的地方，一艘艘反射着阳光的美丽游艇静静泊在港中，等

待主人扬帆出海。即便不出海，带着墨镜沿着栈桥漫步，去博物馆里观瞻一下从沉船里捞上来的宝物，或是光顾菲力佩·卡利尤港，采集神秘玛雅的第一手材料，都是一件乐事。玛雅族在此千百年来保留着玛雅人的光荣传统，历史和传奇是这里的名片。

不论身处加勒比海的哪个角落，在这里度假都一定要尝试一下加勒比海域独特的冒险之旅。乘坐白色的豪华游轮追寻传说中加勒比海盗的航海路线，寻找“黑珍珠”号巨大的骷髅船帆。那惊险、刺激的经历绝对令你终生难忘。在加勒比海上，不仅有惊险的航行目的地，还有不少海上休闲活动，如浮潜、游泳，或者只是沉醉在白色沙滩上，沐浴在耀眼的阳光下，都是一种绝佳的享受。

凡是美丽的地方大都很遥远，历尽旅途的辛劳，才能到达心中的香格里拉。那种“到达”的感觉非常美妙，加勒比海就是这样一个地方，绝对值得长途跋涉。当你真正来到这里，那温暖的阳光，柔软的白沙，蓝得让人想融化其中的加勒比海海水，几乎让人感到虚幻得不真实起来。

加勒比海上的玛格丽塔岛是委内瑞拉最大的岛屿，是闻名世界的“高尔夫纵欲天堂”。（上左图）

维京群岛中的圣托马斯岛是加勒比海中的著名岛屿，春夏期间这里漫山遍野的凤凰木红得比杜鹃还刺眼。（上右图）

大安的列斯群岛位于加勒比海北部，是西印度群岛中的主要岛群。（左页图）

Barbados Island ...
巴巴多斯岛
长 胡 子 的 小 岛

地理位置-美洲

度假名片-沙滩酒店、海底公园

因为巴巴多岛上遍布野生的无花果树，它们垂下的缕缕褐色细丝好像长长的胡子，当初来到岛上的西班牙人因此形象地把这里称为“巴巴多岛”。第二次世界大战结束后，巴巴多岛归入英联邦，国名就叫做巴巴多斯（长胡子的国家）。

巴巴多岛位于东加勒比海小安的列斯群岛最东端，海岸线总长 101 千米，属热带雨林气候。岛上风景秀丽，加勒比海特有的灿烂阳光、湛蓝海水、洁白沙滩、油绿色的树木和五彩缤纷的鲜花从每一个角度装点着这个小巧而美丽的岛屿。海滩边上美丽的旅店小楼旁摇曳着棕榈树的身影，吹过身边的海风带来加勒比海清新的空气，简直就如一幅迷人的海景画，令每一个来到巴巴多斯的人流连忘返。

巴巴多斯有丰富多彩的海上运动，除了一些常见项目外，还有潜水艇可以潜入水中，一览海底世界的神秘魅力，带给你一次奇妙的体验之旅。

但巴巴多斯最吸引人的还是这里的海滩，罕见的粉红色细沙滩与洁白如玉的白色沙滩一片连着一片，占全国 40% 的面积。在巴巴多斯首都布里奇敦美丽迷人的海滩上长满了高大的棕榈树，海滨建有海底公园，游人无须潜入水中就可以欣赏到海底世界的美妙景色。城郊还有一座大型的热带植物园，向游人们展示着热带植物奇妙的一面。

在首都布里奇敦的海滩上可以看到世界各地来这里度假欣赏加

加勒比海上有一个美丽的小岛，那里绿树成荫，洁白的沙滩外是湛蓝的大海。但这样一处人间仙境般的小岛却有一个奇怪的名字——巴巴多（西班牙语，意为“长胡子”）岛。

巴巴多斯岛上的沙漠玫瑰（又名天宝花、小夹竹桃），在晴空下显得分外妖娆。

勒比海景的游人，海边遍布五星级的豪华酒店与餐馆，使每一个来到巴巴多斯的游客方便地享受到原汁原味的海鲜大餐。作为巴巴多斯唯一一个深水港湾，在布里奇敦的码头上经常可以看到从欧洲或北美驶来的豪华客轮白色的身影点缀在蓝天碧海与洁白细腻的沙滩之间。港口的警员们穿着18世纪末纳尔逊时代的制服执勤，配合着港口附近洁白的帆船，一瞬间仿佛穿越时间与空间的阻隔，让人感受到当年日不落帝国全盛时的景象。

巴巴多斯议会大楼位于首都布里奇敦市中心的英雄广场上，是两座用珊瑚石建成的新哥特式建筑。

傍晚时分的巴巴多斯海风徐徐，在落日的余晖中，海滩附近的酒店是最热情洋溢的地方，高大繁茂的热带植物与舞池中不停交错闪烁的灯光一起镶嵌在地板上。远处夜色笼罩下的大海与静寂的沙滩，夜幕中如同剪影般的棕榈树影共同构成了一幅天然绝美的画面。

巴巴多斯终年在清晨五点迎接初生的朝阳，当清晨的太阳从东方的海平面上缓缓升起时，巴巴多斯全岛的轮廓也逐渐从夜色中清晰起来。阳光仿佛一只闪亮的巨手拂过沉静的大海，在海面上留下点点光影。环岛的浅海区域也在阳光的照耀下逐渐变成半透明的湛蓝色，呈现在人们面前的是一种梦幻般的色彩。如珍珠一般洁白细腻的沙滩被阵阵海浪拍打，卷起的浪花反射着七彩的阳光，在每一天的清晨给每一位初到巴巴多斯的游客留下一个梦幻般的印象。

巴厘岛 Bali Island

南 / 海 / 乐 / 园

地理位置－亚洲

度假名片－海滨与田园

印度尼西亚素有“千岛之国”之称，而巴厘岛，正是这个岛国中一个世外桃源般的乐园、世界级的度假天堂。巴厘岛就像一个魅力非凡的女人，外表可谓天生丽质，骨子里又兼具温柔与热情，美得令人无法抗拒，只能毫无保留地爱上它。

巴厘岛的很多酒店都有私家海滩。傍晚时分，坐在私家海滩上吹吹海风，看看落日，或是静静地想想心事，都是一件十分惬意的事。

巴厘岛位于东爪哇岛以东，面积只有 5 620 平方千米。和所有热带地区的小岛一样，巴厘岛最令人迷恋的就是热带雨林的暖风和碧蓝清澈的海水。逃离喧嚣的都市，裸露在阳光下、沙滩上，让你充分享受从容、舒展而漫无目的的休闲时光。数不清的海景风情以及色彩丰富的美食、木雕、蜡染、油画、纺织，还有独具地方特色的舞蹈和音乐，这一切都会让你沉醉其中而乐不思蜀。

也许是因为上天的恩赐，在巴厘岛生存并不是一件特别艰难的事，所以，这里的人们都有一种悠闲和知足常乐的气质，到处都洋溢着轻快欢乐的气氛。

巴厘岛有很多迷人的海滩，放眼望去，到处都是蓝天、白云、白沙、碧水，还有数不清的亮丽多姿的船帆……黄昏时分，端

巴厘岛的少女穿着传统服装跳着凯克火舞。

坐在海边更可以享受美丽绝伦的落日：在名列世界十佳日落景观的金巴兰海滩，耀眼的强光渐渐淡没，夕阳的余晖把整个天边都染得炫目金黄。突然，落日不见了，只剩下绚烂的彤云。然后，彤云也渐渐淡去，只剩下海天连成一片灰蓝。看着这般美景，相信谁也无法不陶醉其中。

看海是喜欢巴厘岛的主要理由。漂亮的海滨风光在这里随处可见。你可以投身于温暖的海洋怀抱，随海浪肆意浮沉；也可以把自己埋在沙里，沐浴在阳光下，看海滩上绚丽缤纷的泳装。这样的日子，每天都是节日；这样的地方，就是天堂。

乌布被称为文化艺术村，是巴厘岛最负盛名的旅游景点。狭窄的街道微微起伏，温暖潮湿的空气中浸润着浓浓的艺术气息。这里遍布各种画廊和艺术品小店，也聚集了众多来自欧洲的艺术家。在乌布，人是生活在艺术里的，艺术也充斥着乌布的每一个角落。从15世纪开始，西方艺术家就发现了乌布惊人的艺术魅力，纷纷来这里寻找灵感。他们为乌布的艺术注入了浪漫的西方元素，同时也将乌布之美传到西方，使乌布魅力倍增。

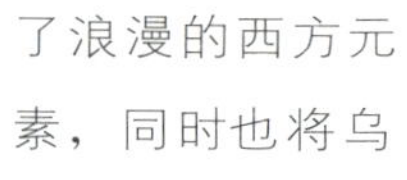

圣泉寺是巴厘岛上著名的庙宇。据说这里的圣泉具有独特的疗效，因此吸引着来自各地的善男信女前来顶礼膜拜、沐浴。

到了乌布，一定要去感受这里神秘厚重的东方宗教气息。古老的宗教竟然可以用这样现代的风格来表现，而且又是如此恰到好处、水乳交融。去乌布，可以当做一次寻找之旅，寻找可能会永久消失的一切，也许是一幅画，也许是一个梦，也许只是一种心情。

在巴厘岛的另一享受就是充分地感受酒店的奢华，这里的酒店几乎都

有自己的私家海滩。你可以尽情地躺卧在沙滩上，仰望蓝天上悠游的白云，映照着清澈如镜的海水，静静地看书；也可以什么都不想，只是享受日光浴。园林、花香、细沙、碧水……让你无论是在白天还是夜晚，都能迷醉在这里。

海神塔倒映水中，农人泛舟湖上，一派水乡的诗情画意。

对来到巴厘岛的人来说，看见美，无论是何种形式的美，都是"洗刷眼睛"，将凡世的尘埃和沙石、瑕疵和失落清洁干净。为了寻找那消逝已久的美妙幻景，为了寻找在梦中已经失落的天堂，那不如现在就出发，因为，你要寻找的一切美丽，都在巴厘岛。

冲绳岛 Okinawa Island

追／寻／长／寿／的／奥／秘

地理位置－亚洲

度假名片－冲绳料理、水族馆

冲绳岛素有“日本第一度假胜地”之美誉。舒适的热带海洋性气候，纯净碧透的海水，世界上最大的水族馆，独特的竹筒凉面和海蛇料理，以及举世闻名的“长寿岛”……想想就让人心动。

冲绳堪称日本的夏威夷，它位于日本最南端的琉球群岛，是日本列岛唯一一处四季都能沐浴灿烂阳光的旅游胜地。琉球群岛共由60多个岛屿组成，主岛就是冲绳岛，这里一年四季温暖如春，年平均气温是22.7℃，即使是北半球的冬天，这里也丝毫感觉不到寒冷。

来到冲绳，首先看到的就是大海——宝石般湛蓝的大海。冲绳的海水特别清，水下还生长着大量珊瑚礁。如果愿意的话，人们可以下水潜泳，从水下望去，可以看到海水呈现出深浅不一、但同样诱人的色彩。海面有时如翡翠一般碧绿，有时又如蓝天一样湛蓝，色彩变幻之间，如同水彩画一样，似天使洒下颜料，在天空与海面上渲染开来，美得离奇。

冲绳的水族馆，据说是目前世界上最大的海洋生物生态展览馆。怕水而又想欣赏海洋风光的人，来水族馆就行了。除了美丽的珊瑚礁，在这里还能看到鲸鲨、魔鬼鱼等多达260种各式色彩鲜艳的热带鱼类，还可以观赏到精彩的海豚表演。在这个水族馆里，最不能错过的就是号称世界第一的巨大水族箱，站在水族箱旁，可以观赏到鲸鲨等两万多条鱼在你眼前游动，海底的风光尽收眼底，化成心里的感叹留在记忆之中。

冲绳料理以精致、美味、讲究营养而著称。

在冲绳岛可以感受一下日本的茶道，点茶、煮茶、冲茶、献茶……在氤氲的茶香中，所有的烦躁和忧愁似乎都烟消云散了。

“吃”是来冲绳的另一个理由。冲绳是日本著名的长寿地区，相信跟当地人饮食习惯有关；岛上约有130万的人口，百岁以上的老人就有400人，被誉为“长寿岛”。冲绳料理亦标榜有养生的功效，其饮食文化非常独特，据说单是面条的吃法就不下10种。在无数种令人眼花缭乱的吃法中，最令人叫绝的是一种竹筒凉面。在日式庭院中，用洗净的竹筒做成水槽，煮熟的面条事先浸在一个冷水池中，随着竹筒中的流水滑到食客的面前，随时捞起随时吃。在湿热的季节里，如此吃一顿凉面，真是极品的享受了。而同时欣赏日式庭院中别致、清雅的竹筒引水，更是别有一番情趣。另外，苦瓜和岛豆腐是冲绳的特产，岛豆腐跟日本本部出产的木棉豆腐大大不同，比较硬，用来炒也不会容易碎烂，其蛋白质比一般豆腐高出一倍，有益健康。

海蛇料理则是冲绳的特产，是由体长1米左右、带有剧毒的海蛇做成的，具有极好的滋养作用，还有保肝脏和凉血的作用。也许是地处热带的关系，使健康养生成为冲绳饮食的宗旨，“黑糖”和“药草茶”就是符合这种宗旨的特产。黑糖是指冲绳盛产的甘蔗制品，具有补血的功能，这里到处都可以看到由黑糖制成的饼干、糖果。药草茶的种类更是繁多，而且功能齐全，不但有常见的减肥美容的“美美茶”以及治病的“糖解茶”、“高压茶”，

"魔鬼鱼"体形庞大，力大无比，它的"双翅"一拍就能折断人的骨头，置人于死地。有时候它恶作剧地把头鳍挂在小船的锚链上，拖着小船在海上跑来跑去，使渔民误以为是"魔鬼"在作怪，所以把它叫做"魔鬼鱼"。其实它是一种很温和的动物，仅以甲壳动物或成群的小鱼小虾为食。

还有奇特的"健鼻茶"。

冲绳岛旁的竹富岛，可称得上是净土中的净土。岛上有开放式的热带植物园，没有柏油路，小径只是打扫干净的沙石路，游客们来回走着也不会迷路，反正走不多远就是沙滩和蓝色的海水，大不了再走回来就是了。看着满目的热带植物，除了椰子，根本没几个叫得出名字的，就只有看着这些不畏炎热和台风暴雨的生命，在泥土里开花结果，年复一年。

浅浅的水湾，涨潮的时候，水只深及大腿，待到潮落时，甚至可以露出湿乎乎的烂泥巴地面。健硕的牛儿闷着头，踩着水，踏着泥泞的小道，赶车的都是些年事已高的老人，南国的骄阳在他们和它们的脸上都刻下深深的皱纹。人与牛和谐一处，晃悠晃悠地行走于天地之间。

即使是过客也可以体验这种天人合一的感觉。乘上牛车，赶车的老先生和牛儿低语，看车的老妈妈顺手弹起三弦，虽然是粗糙的手指和并不精致的乐器，但一顿一挫，不急不缓，在民谣中，牛儿和人儿仿佛也和着节奏放慢了脚步。抬头是碧蓝的天空，远眺是绿色的山上投下的白云的影子，远离尘世的喧嚣，剩下的只有无尽的自然。

建于14世纪末的首里城，它从1429年起就成为琉球王朝的政治、文化、外交、祭礼中心，在建筑构造和景观设计上吸收了当时中国的风格。1992年日本为纪念冲绳回归20周年，对首里城进行了复原，现为首里城公园，它于2000年12月成功登记为联合国世界文化遗产。

画外传音——冲绳岛与硫黄岛

冲绳群岛又称琉球，曾为中国的附属国，1879年被日本窃取，更名为冲绳县。冲绳岛是西太平洋海空交通要冲，战略地位十分重要。1945年春，冲绳岛战役就在这里打响。经过3个月激战，日军被歼灭，双方伤亡近30万人，其中岛上平民死亡超过10万。战后冲绳成了美军的军事基地，受到长期占领，直到1972年才回归日本。在冲绳岛战役之前美日双方还进行过硫黄岛战役，关于这次战役的情况，可以观看2006年日本拍摄的电影《硫黄岛家书》，这是一部唯美的战争片，连中国人看了都会感动。

Extensive Reading
延·伸·阅·读

西双版纳 Xishuangbanna

神/奇/的/动/植/物/王/国

地理位置－亚洲

度假名片－热带植物园、傣家风情

茂密的原始丛林中，野象悠然漫步，鸟儿在自由飞翔；幽静的田园上，槟榔树亭亭玉立，凤尾竹姿影婆娑；掩映其中的是傣家的竹楼、高耸的佛塔金顶；傣家妇女婀娜的身姿，沐浴在被夕阳余晖染透的澜沧江边。这就是彩云之南最美丽的地方——西双版纳。

西双版纳这块神奇而美丽的土地，日照充足、雨量丰沛，非常适合热带、亚热带动植物生长和繁殖，自然资源十分丰富。这里有 5 000 多种热带植物和数百种珍禽异兽，有“植物王国”和“动物王国”的美称。

葫芦岛上的热带植物园是西双版纳的名片。这里已经建成了热带果树资源园、棕榈植物园、水生植物园、药用植物园、龙脑香植物园等 13 个专题园，集中了各类热带植物 1 500 余种。植物园里的热带雨林景观令人流连忘返。顶天立地的“大板根”、凶残的“绞杀植物”、气势磅礴的“独木成林”、奇特的“老茎开花”、五彩缤纷的“空中花园”以及林间飞舞的巨藤奇观，都充满了

这片莲花让人想起印象派大师莫奈笔下的睡莲，色彩斑驳绚丽。

西双版纳热带植物园中的奇花异草令人目不暇接。

古老而神秘的气息，令人惊叹不已。

这里有着令人目不暇接的奇花异草。有飘香的九里香和怪味袭人的疣柄魔芋，有红、绿、黄三色的嘉兰，有苞片如花瓣的五叶金花，还有夜间才吐露芬芳的照夜白；有能闻歌起舞的跳舞草，一触即闭的含羞草，还有翩翩起舞的舞女草。这些五彩缤纷的植物使整个热带雨林极富生气，华丽异常。

如果运气好的话，还能摘到野荔枝、三杈果等可口的美味野果。有时还会幸运地观赏到正在海芋树上荡秋千的猴群、在林间漫步的野象和傲然开屏的孔雀。这些如诗如画的自然风光常常使人忘记了都市的喧闹，忘记了尘世的烦恼，全身心地融入神奇的大自然之中。

来到西双版纳，一定要看看这里的曼飞龙佛塔。塔建在景洪县大勐龙一个被称为曼飞龙寨子后面的山顶上，是西双版纳著名的佛塔群，有人称它为“笋塔”，形容群塔就像春笋一样拔地而起；还有人因其洁白的外表而称其为“白塔”。

从寨边跨过小河，便是200余级石阶，左边是苍莽的原始森林，右边是葱郁的橡胶树林，塔群就建在山顶上，共9座。塔基呈多瓣的梅花状，周长42.6米。其中主塔高16.29米，四周环抱着8个小塔，呈八角分布。每座小塔高9.1米，塔身为多层葫芦形，看起来很像是刚劲挺拔的竹笋，雄伟壮观。每座小塔的塔座里都有一个佛龛，佛龛里各有一个佛像和一尊佛雕，佛龛上有泥塑的凌空飞翔的凤凰，门口是两条泥塑的大龙。每座金色小塔的塔顶上都挂有一具铜佛标，主塔尖上还有铜质的“天笛”，每当山风吹来，便发出叮叮当当的悦耳响声。塔上各种各样的彩绘、雕塑更是精美绝伦。

西双版纳这块神奇的土地，不但以热带原始森林著称，还种植了很多摇曳生姿的秀竹。这里的每一座山、每一条河、每一个村寨都与秀竹相伴，生活在这里的人们都有种竹、赏竹、用竹的习惯。

一首旋律优美的《月光下的凤尾竹》，把很多人带入了那竹林掩映下的傣家竹楼，久久不能自拔。“有一个美丽的地方，傣族人民在这里生长。密密的寨子紧紧相连，弯弯的江水碧波荡漾。”这首优美动听的傣族歌曲，也是傣族村寨的真实写照。傣族

村寨本身就是一幅美妙绝伦的田园风情画，无须点缀，无须衬托。凡是到过傣乡的人们，大都会被傣乡那水墨画般的风景所陶醉。摇曳多姿的凤尾竹之所以享誉中外，更是离不开傣家竹楼的衬托。傣乡盛产竹子，竹子与傣家人更是有着说不尽的情义。

美丽的西双版纳，在原始丛林中，给予我们窒息的美丽，狂野又柔和。在充满神秘气息的热带雨林中充分享受大自然之美，领悟生活，感谢生活恩赐给我们这么一个人间天堂。

热带植物园中有很多品种属西双版纳所独有。

如果想一日游遍西双版纳，民俗村是个绝佳的选择。村中的傣寨实景展现出雨林、幽谷、清泉、竹海、蕉林等自然美景，使你仿佛身临其境。而傣家竹楼、佛塔、手执花伞的傣家少女以及丰富多彩的表演活动，更将西双版纳的人文景观和风俗民情展现得淋漓尽致。

三亚 Sanya

东 / 方 / 夏 / 威 / 夷

地理位置－亚洲

度假名片－天涯海角

碧波环抱、椰林掩映的三亚，处处呈现一派旖旎的热带海滨风光，置身其中，犹如身处人间仙境。

三亚地处海南岛的最南端，这里三冬不见霜雪，四季鲜花常开，可谓四季如春。这里集中了阳光、海水、沙滩、森林、温泉、岩洞、风情和田园等众多得天独厚的旅游资源，并形成了山、城、沙、海、港浑然天成的奇特景观。三亚是汉、黎、苗、回等20多个民族共同聚居的地方，各民族都用自己的勤劳和智慧创造了这里源远流长的文化艺术。

天之涯、海之角，千里迢迢路茫茫，让古代多少谪官泪洒天涯路，凄楚悲怆。而今日的三亚已非昨日的天涯，“万丈炎荒无觅处，花映天涯海角新”。如今的三亚，以其山海奇观、阳光沙滩、椰风海韵以及多姿多彩的民族风情吸引着无数中外游客。

说到三亚，就不得不说到充满浪漫气息的天涯海角。这里碧水蓝天成一色，烟波浩渺，帆影点点，椰林婆娑，奇石林立，刻有“天涯”、“海角”、“南天一柱”、“海判南天”等巨石的海滨，使整个景区如诗如画，美不胜收。游客至此，似乎到了天地之尽头。

三亚南湾猴岛的野生猴群。

关于“天涯”与“海角”这两块相对而望的巨石还流传着一段令人神往的爱情传说。传说有一对热恋的男女来自两个有世仇的家族，他们的爱情遭到了各自族人的反对，被逼在此双双投海，而后化为两块巨石，永世相守。后人为纪念他们的坚贞爱情，刻下“天涯”、“海角”的字样，后来人们常用“天涯海角永相随”来表达忠贞不渝的爱情。有情人携手天之涯、海之角，来到这里，将会更加珍惜彼此之间

有“天下第一湾”美誉的亚龙湾。

这上天赐予的情缘。也因为这样，天涯海角成了一个浪漫而充满神奇色彩的地方。在这里，人美，水美，景美，情更美。

来到三亚，就不得不提有着“天下第一湾”美称的亚龙湾。在亚龙湾，日间观云看潮、纵情碧波，夜里枕涛入眠、梦系蓬莱的大东海。鹿回头山顶公园上的巨型石雕，在默默地诉说着黎家猎手和鹿女的动人爱情。

夜登鹿回头，有恍入广寒宫之感。在山脚下，还可以看到色彩斑斓的鱼群、五光十色的海星、奇形怪状的寄居蟹等海洋生物，此外还有海铁树、海柳、珊瑚树、海葵等海底观赏物，绚丽多姿，令人神往。

那如虹的海湾、碧蓝的海水、洁白的沙滩、明媚的阳光、清新的空气，那碧波万顷的大海、变幻莫测的流云、千姿百态的奇石、色彩斑斓的海底世界、富有传奇色彩的民族风情，无不散发出动人心魄的魅力，触动着无数人的心扉。

Phuket Island ...

普吉岛

泰　南　珍　珠

安达曼海的温暖海水、美丽的海滩、姿态万千的小岛、神秘的钟乳石洞等自然景观围绕着一颗椭圆的珍珠，它就是泰国南部最小的府城，有着“泰南珍珠”美称的普吉岛。

地理位置－亚洲

度假名片－攀牙湾

普吉岛是泰国南部的世外桃源，拥有一切最浪漫的元素：湛蓝的海水、耀眼的阳光、洁白的海滩、美不胜收的海底世界、神秘的原始森林。风姿撩人、流光溢彩的泰南珍珠，正是你在梦里一直寻找的“热带天堂”。

普吉岛被称为“泰南珍珠”，这颗珍珠的光泽与早期的富裕，主要来自它那具有500年悠长历史的锡矿生产。泰国是世界第三大锡矿出口国，而锡矿的最大产地正是普吉岛。普吉市内，随处可见欧式风格的建筑，使这里充满了优雅的古典美。它的美，涵盖了如诗如画的海滩，造型奇特的石灰礁岩以及满眼翠绿的山丘。普吉岛的每片沙滩都具有独特的魅力，阳光普照之下，星罗棋布的海滩闪烁着安达曼海拍岸的浪花，这一切，正是你美梦中的海岛普吉，这个充满热带风情的天堂。

来到普吉岛，当然也不能错过攀牙湾。攀牙湾位于普吉岛东北75千米处，从渡口乘快艇半个小时即可到达。远远望去，茫茫大海中点缀着星罗棋布的小岛，就如同一个巨大的山水盆景。小岛都不大，但出水很高，近水处往往都是陡峭的山崖，怪石嶙峋，而山顶却长满了树木和野花。它们星星点点地散落在小岛上，就如同点缀在大海中的一粒粒绚烂的珍珠。这里的景色变幻万千，风光雄浑壮丽，堪称“世界奇观”，难怪被誉为泰国的“小桂林”。

来到普吉，欣赏过大自然的美丽风景，一定要去浪漫的蜜月岛一探究竟。光听岛的名字就已经令人浮想联翩了。在这里和鱼儿玩累了，可以躺在银色的沙滩上，仰望碧蓝的天，遥听海鸥的欢唱，享受海浪的轻抚，此刻，真希望安逸的时光就这样凝固在我们的心上。

在印度洋安达曼海的柔波里，普吉岛这颗珍珠璀璨夺目。阳光、沙滩、落日，到处洋溢着动感的热带风情，踏上这块令人向往的海岛，谁说世间美丽难寻？普吉，就是我们触手可及的热带天堂。

普吉岛的许多度假村都是临海而建，同时村内还有豪华的露天游泳池，游客在这里随时随地都能感受到似水柔情的浪漫。

塞浦路斯 Cyprus

爱／神／之／岛

地理位置－亚洲

度假名片－维纳斯的诞生、爱神浴池

在意大利画家波提切利的名画《维纳斯的诞生》中，身材颀长的维纳斯缓缓地从大海的泡沫中升起。而在古罗马神话中，爱与美的女神维纳斯的诞生圣地就是塞浦路斯——地中海上一个美丽的岛国。

塞浦路斯在地理位置上属于亚洲，但在文化、政治上又是欧洲的一部分。关于爱神维纳斯的美丽传说在这里已流传了3 000 多年，至今还脍炙人口，因此又有“爱神之岛”的美称。历史上亚述人、腓尼基人、波斯人、威尼斯人等曾先后来到这里，罗马、马其顿、拜占庭等帝国长期占领过这块土地。数千年来，塞浦路斯历经磨难，但也融汇了多种文化元素，留下了丰厚的历史文化遗产。希腊风格的神庙、罗马时代的遗迹，绘满辉煌壁画的

拜占庭教堂、十字军东征时留下的城堡……所有的这些，使塞浦路斯成为历史的博物馆和古迹的集藏地。

塞浦路斯国内森林茂密，灌木丛生，整个岛国郁郁葱葱。大多数城市都在沿海地区，但有一些市镇依山而建，与茂密的森林相呼应，透露出古色古香的韵味。

风光旖旎的塞浦路斯，奇观美景交相辉映。清澈湛蓝的海水环绕着整个海岛，金色的海滩为海岛镶嵌了一道金边。在长达半年的夏季里，这里就是游泳者与水上运动爱好者的天堂。他们沐浴在无尽的阳光下，尽情畅游在清凉的碧海中。

阿依纳帕金色的海滩、清澈的海水、美如梦境的夜晚和淳朴的人民共同构成了塞浦路斯的历史风情画卷。阿依纳帕在法马古斯特的南部，这里民风淳朴，当地人总是那么亲切、友好又充满热情。来到这里，就会给人一种归属感，一种回家的感觉。

帕福斯有许多名胜古迹，最著名的就是一座名叫酒神之家的罗马式别墅遗址。这座遗址在地下埋藏了长达16个世纪之久才被发现，别墅内陈列着许多反映罗马时期内容的镶嵌画，其中就有国宝《丽达和天鹅》镶嵌画。

走进塞浦路斯，就如同跨进了古希腊的美丽神话中。这里的海水淡淡的，格外温柔。到了这里，只觉得心都融化了，除了温柔地凝视着海面，再也没有任何杂念。喝一口芬芳之泉，与爱人留下三生的誓言，或者邂逅一场唯美的爱情，这是只有塞浦路斯才能拥有的浪漫。

马来西亚 Malaysia

热／带／旅／游／乐／园

地理位置－亚洲

度假名片－双子塔、绿中海、神山国家公园

美丽多姿的热带风光，千姿百态的山、河、岛、礁、滩，珍奇的动植物，遍布全国各地的名胜古迹，这一切都属于美丽的马来西亚，也使它享有“热带旅游乐园”的美称。

马来西亚除了迷人的自然风光，另一大特色就是充满了浓郁的异国情调。在这里，不同民族的文化习俗、各种风格的城乡建筑、充满传奇色彩的历史遗迹，交织成一幅色彩斑斓的人文风景画，使人心驰神往。

马来西亚全称马来亚联邦，位于东南亚的中心，是一个集半岛与岛屿特征的海洋国家，具有绵长的海岸线。这里有一望无垠的白色或金色沙滩、宁静蔚蓝的大海、独具魅力的珊瑚岛、各种各样的海洋生物。漫步在椰林海滩，沉浸在阳光、沙滩、绿野、碧海、蓝天的大自然美景之中，会令人生出一种超尘脱俗之感。

说到马来西亚的旅游景点，兰卡威绝对是一个不容错

吉隆坡国家独立广场，在流水潺潺的喷水池旁昂然屹立着一排柱廊，还有百日草和万寿菊组成的缤纷花海，美不胜收。

这马来西亚双子塔高451.9米，是马来西亚的地标。

过的地方。兰卡威位于马来西亚半岛的西北岸，其主岛素来被称为“兰卡威”。这是马来西亚最富有传奇色彩的浪漫岛屿。兰卡威岛上的居民大多都是马来人，他们居住在古老的高脚屋里，以渔业及种植橡胶为生。在这里，你可以看到一个天然质朴、不施粉黛的马来西亚。

在这个交织着浪漫、神秘与传奇神话的美丽岛屿，你可以在黄昏下看细软洁白的沙滩、婆娑的椰影、传统的高脚屋，听着那流传千古的传说……如果你正在寻找幽静，如果你正在寻找神话中的蔚蓝海岸，那么兰卡威，就是你要来的地方。

身着传统服装的马来西亚妇女。

兰卡威的海滩被马六甲海峡和安达曼海温暖的海水环抱着，如水晶般清澈透明的海水风情万种，平静的水域为本已美丽的海滩增添了无限魅力。从第一眼看到她，你便会被她的美丽和妩媚吸引。繁茂的木麻黄树在习习海风的吹拂下轻轻摇摆，就像海滩上的美丽花边。

在兰卡威，如果你什么都不想做，那就可以躺在无际无边的海滩上，尽情地沐浴阳光。如果你是一个喜欢探索大自然的人，那么热带雨林为你提供了深入了解野生动植物的绝佳机会。因为兰卡威就是一个热带植物的古老领地、动物的王国。热带植物主要是阔叶林。兰卡威仅树木就有将近两百种，更遍布了各种各样的野花。而岛上不期而遇的蝴蝶、候鸟等野生动物更为游客们带来了意外的惊喜。

来马来西亚旅游，人们很容易就会想起吉隆坡、马六甲、兰卡威这些地方，而沙巴这块美丽的土地尚未被更多的人所关注。其实，具有“风下之乡”美称的沙巴，拥有美不胜收的景致——绵长的海岸线、清澈的海水、绚丽的珊瑚、白细的沙滩比比皆是……

对崇敬大自然的人来说，沙巴就是马来西亚之旅中最令人心动的一站。如果你喜欢刺激的探险活动，可以进入原始森林跋涉，勘探岩洞、乘筏渡河，或者前往深海钓鱼，也可以潜水观赏五光十色的海洋生物。如果你想挑战一下自我，可以攀登东南亚的第一高峰。如果你偏爱这里的风土人情，可以游览部落长屋，体验地道的“斗磨”集市。如果你珍爱动植物，可以在世界最大的森林保护区里和婆罗洲森林人猿来一次零距离的亲密接触，还能欣赏到世界上最大的花卉——莱福士花（又称霸王花）。如果你热爱运动，那么这里也是最佳的选择，可以尽情于风帆、滑水、游艇或是打网球、高尔夫球……可以这么说，这里的每处风光，只要你亲自感受了，就会流连忘返。

神山国家公园是东南亚最高峰，不仅因为神山而著称，这里还以茂密的原始森林、珍贵的自然环境而闻名世界。可以毫不夸张地说，这里就是世界上最古老的植物园。其中有超过 1 200 种的野胡姬、40 多种橡木、漫山遍野的野杜鹃及野兰花，以及莱福士花和神奇的食肉植物“猪笼草”。

沙巴的沙庇岛是一处戏水天堂，风和日丽中，如果你生出些许困倦之意，可以去树荫下小憩，也可以下水浮泳，或者到礁石滩上去悠然地数礁石上的小石洞。岛上的原始森林里有各种野生动物，每天午后，总有野猴群和长达 1 米多的野蜥蜴跑下山来觅食。这些野蜥蜴慢吞吞地爬动，吐着将近尺长的鲜红细舌，样子

在绿草如茵的国家独立广场对面，有一座欧式钟楼古建筑，它融伊斯兰和东正教风格于一体，原是吉隆坡马来西亚国家高等法院的所在地，后来成了吉隆坡地方法院。它不仅是吉隆坡风景名胜的象征，还被视为吉隆坡乃至整个马来西亚的象征。

看起来有点恐怖，但它们都不会攻击人，只是构成了岛上景观的一部分。

阳光、海水、沙滩是人们夏日最好的享受，而沙巴的海滩全年365天都可以享受。四周海水清澈见底，海滩细沙连绵，珊瑚礁景色美丽动人，水中还可见形形色色的热带鱼。在海上驾驶快艇乘风破浪，畅游于碧海蓝波之上，或者潜入深水一探七彩缤纷的海底世界，玩累了再吃一顿生猛海鲜烧烤，真是妙不可言。

如果想远离都市的喧嚣，不妨去绿中海放松一下。那里没有任何污染，没有噪音，只有阳光与沙滩、宁静与浪漫。位于印度洋安达曼海域的绿中海，距离吉隆坡220千米，是马来西亚顶级的私人度假岛屿，也是全球排名第三的岛屿度假胜地。在岛屿的西北方，有世界十大著名沙滩之一的翡翠湾。一眼望去，湛蓝到没有一点杂质的海水，就如同一块通透无瑕的蓝宝石，映着洁白的海沙，艳丽得让人心醉。优雅、安静、尊贵的绿中海，从

沙巴海域的诗巴丹岛是潜水胜地，全球十大潜水岛之一，其蘑菇形石柱岛深入海底1 000米，露出地面的浅水处各式咸水鱼成群，不谙泳术只玩浮潜也够大开眼界。

海上平视过去，就像一只俯卧的大鳄鱼，头朝北，尾则深藏在海中。

选一个阳光明媚的清晨，就可以开始你的悠闲之行了。上午，在阳光的沐浴中穿梭于岛上的原始热带雨林间，还可以看看分布在山涧水湄的小木屋。这些木屋就建造在海上，真可谓头顶蓝天、四周环水、脚踏绿浪。这里还有独具特色的露天浴缸，在完全保护个人隐私的前提下，能让人充分享受天人合一的境界。

下午当然要把时光交给海滩。翡翠湾是不能错过的，这里可是亚洲目前保存最为完好的海湾。海线优美、水幽沙白，是爱好日光浴与浮潜者的天堂。也可以尝试骑上水上摩托车，感受一下它带来的刺激，或者去个幽静的水岸，悠然地钓鱼，充分享受这份闲情逸致。

全球著名男高音帕瓦罗蒂曾经两次在绿中海举办过演唱会。他因看到这里日出的美景而感动得落泪："当这上天赐予凡间的美丽天堂出现在我眼前，我的眼泪几乎夺眶而出。"面朝绿中海，以慵懒的姿态接近天堂。在这片远离喧嚣的净土里，就甘愿这么彻底地沦落。

在马来西亚，中国式的庙宇随处可见。

马尔代夫 Maldives

海／水／与／天／空／的／美／丽／童／话

地理位置－亚洲

度假名片－海水天堂

马尔代夫的旅馆充满了阳光，能体验一下这种茅屋式的别墅真是享受。

“在这个海水天堂里，只有你和你的爱人，还有马尔代夫……”这是马尔代夫曾经在国内发布的一则广告。在遥远的海与天的交界处，停泊着一艘有蓝色船舷的白色帆船。这美丽的画面加上极度浪漫的广告词，让我们真的会生出“这就是天堂”的感觉。

在马尔代夫，你的身心可以得到完全的自由。海水轻柔地抚摸着白色的沙滩和四周的小岛，海的清澈和岛的宁静营造了一个童话般的美丽世界。坐在码头边远望，分不清哪里是海水、哪里是蓝天，天和海就成了一条线。在这里，你可以把自己想象成一条在海里自在浮游的鱼，忘记远处还有一个热闹浮华的真实世界，就在这世外桃源里尽情享受吧。

这个迷你小国位于斯里兰卡以南650千米的海域里，从空中俯瞰，在这近10万平方千米的海面上，1 000多个岛屿形成了一条长长的礁岛群地带。这些如花环般的小岛中央是绿色，四周是白色，而近岛海水的颜色则是浅蓝、水蓝、深蓝逐次变化的。这时候的印度洋宛如一块蓝色的天鹅绒，而马尔代夫，就是上

马尔代夫之美，如梦似幻，难以言表。

帝抖落在这块天鹅绒上的一块翠玉。而一对对甜蜜的恋人在这绸缎上尽情地伸展肢体，仿佛是绣在上面的一片片花瓣。

马尔代夫的首都马累应该是世界上最小的首都了，它的面积只有 2.5 平方千米。这里没有大城市刻意修建的柏油马路，放眼望去，满眼尽是晶亮的白沙路。紧邻着马累的是机场富尔瑞岛，从机场步行 5 分钟就可以看到码头。多尼船是很具当地特色的一种交通工具，它的船体、钉、缆绳以及船帆等都是取材于椰子树，承载着当地原住民两千年与海相依相伴的历史。

来马尔代夫就一定要去充满浪漫色彩的度假岛屿，天堂岛、皇家岛、太阳岛、假日岛都是不错的选择。

天堂岛的形状有点像草履虫。马尔代夫人坚信上帝曾经来过这里，并按照天堂的模样建造了它。尽管路途有点颠簸，但天堂就在那里，你的脚步还能停下来吗？步行绕天堂岛一圈大概需要 40 分钟。岛上有 200 多间面朝大海的房子，它们掩映在浓密的椰林与宽阔的芭蕉之间，巧妙地与自然融为一体。嫩绿与翠绿相间，一派生机盎然。房屋之间有造型各异的碎石、石板或细沙铺就的小路，曲曲折折通向海边。不管是靠海的小屋，还是漂浮的水上屋，都不奢华，但透过每个房间最大的窗户，你都能看见最美的风景。

皇家岛位于赤道北5度左右，从马累国际机场乘水上飞机35分钟即可到达。皇家岛处处充满着诱人的贵族气息，这里的120多间房屋全部都是由印尼红木精制而成。这质地细密、古朴高贵的印尼红木，使得皇家岛名扬天下。

到马尔代夫不潜水肯定会感到遗憾，这里可是全球著名的三大潜水胜地之一，假日岛是个不错的选择。花30美元租上一身装备——潜水镜、救生衣、脚蹼和咬在嘴上的吸管，就可以跃入海中尽情地与鱼儿共舞了。在清晨阳光的辉映下，海底世界美得如梦如幻。如果运气好的话，还能见到小鲨鱼和魔鬼鱼。

马尔代夫一岛一景，搭乘多尼船环游岛屿更是乐趣十足。巡岛既可以感受到具有原始风情的生活状态，同时也是与马尔代夫最亲近的交流。一般情况下，一个小岛徒步半小时即可走完。拜访当地土著村落也是不错的选择，穿梭在一幢幢灰白相间的由石屋分隔开的弄巷间，与悠然自得的原住民打个招呼，就在那时，真的会遗忘世间诸多事，仿佛悠然于世外桃源。

“我要变成一条鱼，游在大海里，白天追细浪，晚上数星星……”这歌词虽然不知出处，但是如果你去过了马尔代夫，就会深深地感受到：这只能是属于马尔代夫的美丽童话。

这难道不是天使之泪吗？（下左图）

同样是椰风茅阁，但在马尔代夫却展现出另一番情致。（下右图）

斯里兰卡 Sri Lanka

印／度／洋／上／的／珍／珠

地理位置－亚洲

度假名片－狮子岩、康提、舍利塔

金色的海滩、郁郁葱葱的低地、壮观的高山景致、绚丽芬芳的植物、奇异的野生动物、充满浓郁人文气息的历史古城、令人叹息的宗教遗迹……这就是中国古代称为狮子国的神秘国度，被誉为“印度洋上的珍珠”的斯里兰卡。

没有一个度假胜地能同时拥有与斯里兰卡相媲美的海滨、充满无穷魅力的古城、丰富的自然遗产以及独特迷人的文化。除了珍贵的历史文化遗产之外，在这里还能找到小型的森林，数百种稀有的植物和动物群，有成群的大象、猴子，还有美丽的鸟类和蝴蝶。

狮子岩是斯里兰卡最著名的历史古迹，它处在海拔 377 米高的岩顶上，这里曾经有一座壮丽宏伟的宫殿。这座空中皇宫曾一度是僧侣修道之地，后来消失在丛林之中，直到 19 世纪英国殖民时期才被重新发现。

关于这座空中宫殿还有一个古老的传说：相传在公元 5 世纪后半期，孔雀王朝王子卡西雅伯弑父篡位。为了防止别人报复，他花费多年心血兴建了这座堡垒式的皇宫，居住于此。

游人可以从西门进入，通过护城河，便能看到平台上残破的城墙和废弃的水池。这些拥有千年历史的古代遗迹，联合国教科文组织已将其列入人类文化遗产。经过复修后，虽然无法完整地呈现其原貌，但四周环境幽静，足以令人发思古之幽情。

来到这里，首先要看的当然是崖壁上那一幅幅令人遐思的半裸彩画仕女。小小的岩洞里有 8 幅壁画保存得比较完好，色彩鲜丽，造型生动。她

斯里兰卡是一个多民族的国家，岛上居民民族结构比较复杂，传统服饰也依各民族而异，但传统的纱笼也就是布裙，是各个民族男子服饰的共性。

狮子岩空中皇宫内部的壁画让人想起莫高窟的飞天和反弹琵琶。

们都头戴宝冠，手持鲜花，体态丰盈，臀部以下被迷雾遮盖，让人产生了仿佛身处仙境的错觉。

据说在狮子岩四周的悬崖上原有500多幅彩图，如今仅剩22幅。经过漫长岁月的侵蚀以及人为破坏，有些已经无法恢复原貌。抵达狮子岩峰顶，迎面有一个大平台，从这里可以依稀判断出这座失落宫殿当年的规模和布局。其中皇家游泳池仍保存得十分完好，乍看之下，这千年前的水池和现代水池似乎也没什么两样。岩顶的景色豁然开朗，极目远眺，无边无际的丛林绿意盎然，整个都城尽收眼底。

科伦坡是来斯里兰卡必经的第一站，但对游人而言，更具吸引力的却是山城康提。康提海拔500米，四面环山，春色长在，气候宜人，一切都是青翠的。在这里，心情可以完全放松，悠然地看着时光仿佛在慢慢地流淌。

沿着绿树环拥的山谷慢慢向前，就可以看见一个碧绿的大湖，湖的四周环绕着白色的小楼和金色的寺庙，美丽的别墅在山峦中若隐若现。满眼尽是浓墨重彩的绿色，清凉湿润的空气则令人精神焕发，那水晶般明净的蓝天更是让人看得心醉。

阿努达普拉是斯里兰卡最古老的城市，拥有2 500年历史，在公元前380年成为斯里兰卡首都，并且在这之后的1 000年中都是斯里兰卡王权所在地。如今风光不再，只剩下废墟。

湖边还有一座规模宏伟的寺庙，里面供奉着佛祖释迦牟尼的佛牙，这可是斯里兰卡的国宝。传说佛祖在人间遗留了两颗佛牙，一颗珍藏在北京八大处第二处的佛牙塔，一颗就供奉在这里，它已有 1 500 多年的历史。寺庙正殿的一个暗室里有一个七层金塔，一个罩着一个，只有 5 厘米长的佛牙便安放在金塔最里层的一朵金莲花上。亲身感受这种浓厚的宗教气氛，真的可以让心灵得到片刻的宁静。

康提附近有很多幽深宁静的小村庄，也是不错的去处。这些散落在林海绿荫之中的房舍宽敞漂亮，真的可以和别墅相媲美。在绿野中行走，不时还会看到一些独具特色的庙宇及手工木雕作坊。走累了，就去热情的村民家里喝上一杯热茶，或者来一杯香浓的咖啡，这份闲适，这种享受，恐怕连佛祖都要羡慕了。

旖旎的热带风光、久负盛名的历史古迹、雕梁画栋的佛牙寺庙，斯里兰卡丰富的文化遗产和艺术传统已经深深地打动了尘世的每个人。在皎洁细柔的海滩上沐浴着南亚风情，此时，你只需拿出虔诚的心，让佛祖的泪滴轻轻地洒落在你的心头。

白山乡合掌屋 Shirakawa

清／雅／的／童／话／之／乡

地理位置－亚洲

度假名片－合掌屋

日本山峦众多，平原稀少，而山林繁茂的白川乡地区自然条件更加恶劣。即使环境十分差，但仍然有人为了躲避战乱而居住在这里，后来他们在丛林中，逐渐掌握了生存的方法。他们所建造的房屋，更是日本一个绝妙的景致，它也是追溯历史的依据。

白川乡的人们建造的房子叫做“合掌屋”，就是指屋顶如合掌时所成的角度，也可以看做一个“人”字形。这也似乎象征着人与人在绝境之下互相依靠，团结一心方能成功生存下来的精神。

合掌屋特别适应当地寒冷的大雪天气。因为独特形状的屋顶不会积聚厚雪，雪会顺着人字的边缘滑落下来。即使房屋的身躯用木材扎成，屋顶全部铺禾秆草，没有一块坚固的石头或者一根铁钉，房子仍然十分坚固耐用，甚至可住上数百年。

一年四季，草木的合掌屋都呈现出各不相同的自然风貌。夜幕下，星亮橘黄的灯在各自的小房子里点燃，萤火虫时明时灭，人们犹如落入了爱丽斯的仙境，充满了玄妙梦幻。

这就是古代日本人民智慧的结晶，令后世人民啧啧称奇。

在日本自然条件十分恶劣的白川乡，自古就有人居住在那里，他们将自己的房子建造成“人”字形，集合美观和实用的特点，成为日本政府重点保护的古遗址和游客旅游观光的胜地。

似乎，这里随意入得谁的镜头，都是画境，都胜似画境，无人可与争锋……

宏村民居

Chinese folk houses in hong country

清 / 泥 / 小 / 巷 / 画 / 中 / 人 / 家

地理位置－亚洲

度假名片－中国画里的乡村

这是中国境内最为完好的明清建筑。由于特殊的地理位置，它从未被战火过分侵犯。而里面精巧的结构，装饰的细致，以及遗留下来的每一处砖瓦、石雕，都是那样风韵独具。

公元 1131 年的时候，宏村的祖先们迁徙到这里，建立了村寨。后来几经请来的风水先生看查、规划建立起了现在宏村的格致。整个村庄从高处看，宛如一头身壮体阔的水牛，所以，村里那个半月形的“月塘”是“牛胃”，而一条细长的 400 多米长的小溪流盘绕在牛的“肚子”里，形成“牛肠”。

在这九曲十八弯的村落里，有着明清古建筑 137 幢，除了非常著名的有 400 多年历史的水利工程设施月沼、南湖等遗留建筑外，村里的“承志堂”是皖南古民居中一出蔚为壮观精致的“折子戏”。

远远望去，村落里高大的马头墙巍峨耸立，其中的斑驳陆离，将历史的痕迹悉数展现，把人的精魂都吸附了进去。而青瓦白墙映照在一湾盈盈萦绕而过的水中的景象，就更加使宏村显得扑朔，让人沉迷进那幅生动朴素的中国山水画中。而当你顺着青石铺就的小径，从大大小小独门独户的人家门口经过，宗族祠堂、书院、牌坊、大户人家院落，天井、花园、房梁、屏风、家具，用砖、木、石雕刻的各种图案，人都恍惚寄生于明清，身都是深闺高楼中低头睥睨的女子了……

就这样，背靠青山绿水的宏村，显得是那般迷蒙而幽远，仿佛你一次次地走近，走近，都在一次再一次地，更深更深地，被它碰出那擦动心灵的火花……

具有典型中国江南风味的宏村民居门楼。（左页图）

宏村的秋水让人想到西湖，不过这里少了西湖置身大城市的喧闹，多了一份乡野情趣。

汤加 The kingdom of Tonga

最／早／迎／接／日／出／的／国／家

地理位置－大洋洲

度假名片－日出、肥胖之美、蝙蝠村

每每一个游客踏上汤加这片美丽而充满神奇色彩的土地时，都会听到当地人用这句亲切的汤加语问候："*Malo e lelei*！"汤加人的热情、淳朴与好客感染着每一个来到这里的人。也许当年那位伟大的库克船长登上这片土地的时候，也有着相同的经历和感受，所以才把汤加称为"友谊之岛"。

汤加海域云层很低，伸手可触。

地处太平洋心脏地带的汤加西临斐济，东靠纽埃岛，北向萨摩亚，南面则与新西兰隔海相望。从地理位置上看，汤加紧靠国际日期变更线，是地球上最早迎接日出的国家。

汤加人的生活无忧无虑，轻松愉快的性格养成了他们万事不愁、漫不经心的生活方式，参加活动迟到个把小时在汤加人眼中毫不足奇，甚至就连汤加人自己也笑称这是"汤加时间"。而无忧无虑享受生活的性格也使汤加人的体重持续增加。在汤加人人以肥胖为美，无论男女老幼，身材越胖越被周围的人们推崇。于是在汤加肥胖成了美的标志，越胖越时髦，越胖越漂亮。生性不爱运动的汤加人食量很大，吃饭时一句话不说，只顾着享用眼前的美食。久而久之汤加成了一个具有自己独特风俗——以肥胖为美的王国了，被人们称为“胖子之国”。

汤加没有大都市的喧嚣繁华，但这里独特的自然景观却吸引着无数外国游客。位于汤加塔布岛南岸的喷潮洞与萨摩亚的萨瓦伊岛喷潮洞齐名，是南太平洋独特的奇观。绵延几千米的海岸线珊瑚礁林立，每当涨潮时，惊涛骇浪汹涌地拍向海岸，海水顺着礁石中成千上万的大小洞穴竞相喷涌出来，形成数十米的水柱在空中绽放。岛上卡罗瓦伊素有“蝙蝠村”之称，数以千计的世界上形体最大的蝙蝠——狐蝠常年栖息倒挂在“度阿”树上，蔚为壮观。每年7月到9月，汤加的第二大岛瓦瓦乌岛则会吸引大批游客前来观鲸。在汤加还有不少岛上有外国人的“避静村”，因为这个岛国的工厂很少，被认为隔绝人世，是世界上少有的没有污染的国家。在这里还有一种其他地方很少见的计程车——三轮机车，这是汤加人特有的交通工具。这里人民的生活富有田园风味，日出而作、日落而息，每到夜晚，很难见到电灯光。

汤加海域是驼背鲸的重要活动场域，每年7月至11月大量驼背鲸会聚集到这里求偶、交配、繁殖及育婴。它们的大脑与人类相似，行为也与人类相似，夫妻母子间富有亲情。在汤加赏鲸是一项普遍的消遣方式。

一个被珊瑚礁包围的沙漠岛，这种风光在汤加海域很集中。

汤加人的传统服饰独具风格，男人们穿着名为“图班努”的裙子，女人们在腰间佩戴不同款式的“基基”腰围。遇到各种教堂祈祷仪式、盛宴、婚礼、葬礼等正式场合，无论男女都腰裹草席，裹得越多越靠近头部表示关系越亲近。汤加人淳朴、热情，喜欢热闹的气氛，他们总是寻找一切理由与朋友聚会。不论男女老少都能歌善舞，拉卡拉卡是汤加最具代表性的传统舞蹈，年轻的汤加女孩身穿树皮布制成的裙子，通过舒缓柔和的舞姿向人们讲述一个个动人的故事，配合上周围人美妙的和声演唱，婉约的音符配合着韵律的节奏，难怪有人说汤加人是天生的音乐家。

汤加，这个地球上最早迎接太阳的南太平洋岛国，以它独特的风情与神韵等待着每一个人去体验和感受只属于这里的“汤加时间”。

汤加手工业发达，这是市场上的手提筐。

这就是汤加的日出，壮观又奇特。

塞班岛 Saipan Island

太/平/洋/风/情/万/种/的/佳/人

地理位置－大洋洲

度假名片－潜水

塞班岛拥有一种纯净而原始的风貌。

近500年前，葡萄牙航海家麦哲伦发现了塞班岛，从此这个迷人的小岛才为世人所知。太平洋的蓝天碧海中有无数美丽的小岛，而塞班岛就像一位遗世而独立的佳人，以其宁静清幽和万种风情吸引着无数游客的脚步。

塞班岛露出海面的部分很低，其主峰海拔仅有420米，远远看去几乎要被海浪遮住。但如果从这里的海底开始算起，塞班岛却远远超过珠穆朗玛峰的高度。站在岛上的最高峰——塔泊超山顶可以俯瞰全岛的景色。远处的海面在阳光的照射下呈现出淡绿、碧绿、深蓝、墨蓝等不同色彩，如同一条亮丽的五彩绸带。而那片幽深的墨蓝色海面下，就是世界上最深的海沟——马里亚纳海沟。

塞班是个色彩奔放的小岛，上帝在这里肆意挥洒着手

眼前是一片蔚蓝的大海，脚下是银白色的沙滩，夕阳西下时，海平面上可以看到一轮火红的落日，将周围一切染得通红。各种魅力十足的色彩点缀在塞班的每一个角落。岛上的土著男女更是调色高手，皮肤深棕色的男人会在耳边插一朵红色的花；而有着一头瀑布般黑发的女孩，则在鬓发边插一朵洁白的鸡蛋花。随意的颜色搭配，创造出惊人的美丽。

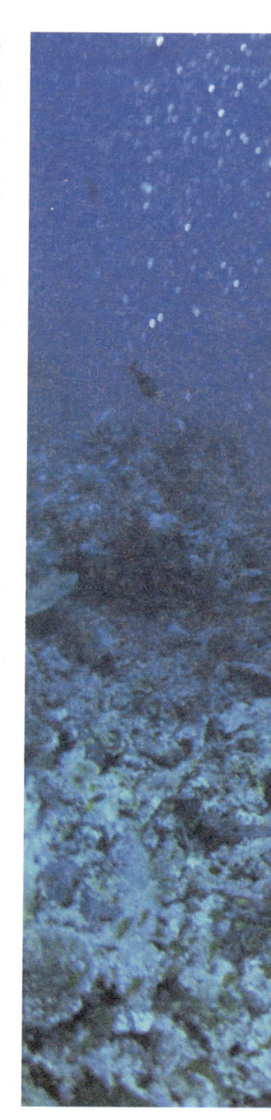

中绚丽的色彩，蔚蓝如洗的天空、晶莹碧透的海水、金色的阳光、银白色的沙滩、葱郁的椰林和灌木、水下生长着的五彩缤纷的珊瑚礁。阳光下的塞班，就好像一块色彩丰富的调色板，斑斓炫目，又仿佛太平洋上一个神话般的海上乐园。

塞班岛全岛只有一条半小时就可纵观南北的主干道——海滩大道。海滩大道临海而建，路边有专供游人步行的清幽小路。路两旁种满了美丽的凤凰木。每年5月，整个塞班岛都开满了如云如霞的红色凤凰花。这个时候也是塞班最迷人的时候。在蓝天绿树的映衬下，火红的凤凰花如同天边绚烂的彩霞。除了各种奇异的植物，塞班岛上还有40多种鸟类、色彩斑斓的热带鱼和数不清的海龟等，充满着一种原始、旷野的风貌。

令许多游客惊喜的是，这里竟拥有一个国际级的高尔夫球场，让爱好此道者能够享受与大自然融为一体的挥杆乐趣。此外，岛上还有丰富多彩的陆地及水上活动：丛林探险、赛车、香蕉船、双人跳伞、快艇、水中漫步以及活力四射的查莫洛晚餐秀等。

塞班岛被誉为世界顶级潜水胜地。岛上有20多个潜水点，海水的透视度达30米。披挂上潜水装备，一头栽入海中，你会惊奇地发现自己仿佛进入了一个奇异的世界：热带鱼在身边游来游去，信手就可以摸到活生生的海星、海参以及许多叫不上名字的海洋生物。当然，你也可选择乘坐潜水艇，借助现代文明

塞班岛的落日温柔地把一切都染上一层金色。（下左图）

塞班岛的海岸由于大自然的鬼斧神工，是个天然的高尔夫球场。（下右图）

的技术潜入海底。透过圆形的舷窗看出去，到处都是一片蓝色，海水中各种鱼类自由嬉戏。在海底深处静静躺着第二次世界大战时被击沉的日军战舰残骸，当年的耀武扬威如今已经完全融入海底美丽的世界，各种鱼类在军舰周围嬉戏。

每天晨起或落日之时，柔逸的阳光抚慰着辽阔安静的海洋，如花般的美景遍布四周。这样的美景能够让人们遗忘掉心中的杂念与烦恼。赤足踩在银色的沙滩上，从岸边眺望深蓝色的海面，享受这海天美景，或平躺着享受温柔的日光浴，任大海在耳边温柔的呢喃，都让人乐而忘返。

富于变化的地形、超高透明度的海水以及珍贵、缤纷的鱼类，使塞班海域具有“潜”力无穷的魅力，是潜水族们的必游之地。

电影《幸福的塔西提》向人们展示了一个梦幻般美丽的太平洋小岛，那里如同天堂一般种满了一种名叫幸福的植物。而画家高更在塔西提的山上手拿画笔，心中也一定洋溢着幸福的感觉。

塔西提岛 Tahiti Island

上 / 帝 / 的 / 天 / 堂 / 小 / 镇

地理位置—大洋洲

度假名片—高更的灵感源泉

英国航海家沃利斯曾说：“这是一个只有天使和生前的好人才能栖居的地方，这是个金光一闪后一切自由幻化的想象空间。”

作为太平洋上最接近天堂的一处地方，塔西提岛拥有一片美丽原始的土地，淳朴的原住民在这美丽的天堂过着与世隔绝的宁静生活，男人、女人、孩子、树木以及花草，一切都是那么天然与纯美。或许是因为上帝喜欢宁静幽远的环境，于是选择让自己钟爱的地方远离尘世的喧嚣，独处太平洋一隅。清晨，当海水的颜色从幽暗的深色逐渐变得清澈透亮时，半空中的太阳也不知不觉将金色的阳光慵懒地洒遍了整座小岛。从太平洋上吹来的海风带着大海的清香从小岛旁缓缓拂过，幽蓝的塔西提岛逐渐展露出自己独有的绚美景色。

最美丽的日落，这大概是只有天堂才能见到的景致。

当人们在塔西提洁白美丽的沙滩上慵懒地享受着日光浴的同时，也体验着灵魂与身体在阳光下得到片刻放松后的舒畅感觉。许多来自欧美的游客更是选择常年停留在这个伊甸园般美丽的小岛上，脱离现代社会繁忙紧张的节奏，让灵魂在塔西提清澈湛蓝的海水中得到洗涤与升华。游人们在岛上漫无目的地四处游荡着，每个人的脸上都带着梦一般的甜美神情，仿佛梦寐以求的幸福正出现在他们面前。画家高更来到这座美丽的小岛后，塔西提美丽的景色点亮了他的灵感，使他在这里尽情发挥出了一个真正伟大的画家的天才。

在塔西提迷人的风情下，高更终于画出了名作《塔西提少女》，一朵素色的小花簪在少女发髻静静地散发着醉人的芬芳，一定是天气阴霾的欧洲想借这两位来自天堂的少女来分得一些热带小岛上宝贵的金色阳光。

塔西提有许多幽静的茅顶小木屋，就建在清澈碧透的海上。每一间木屋都有自己的甲板，适合在懒洋洋的午后躺着晒太阳。更令人难以置信的是，你可以躺在床上，看着小木屋下斑斓的热带鱼快乐地游来游去。

塔西提意味着一个文明的悖论，一种对庸俗城市生活的背叛，它是人们对伊甸园，对一切古老、单纯的美丽世界永远的怀念与梦想。这里远离尘世的喧嚣，人们清闲地做着自己的美梦，脚下晶莹剔透的海水，洁净的空气，悠闲的气氛，是塔西提的无价之宝。如果上帝的天堂在人间某处有着完美的统一，那个地方一定是塔西提岛，因为这里是上帝的天堂小镇。

所罗门群岛 Solomon Islands

潜 / 水 / 天 / 堂

地理位置－大洋洲

度假名片－潜水

西班牙航海家门德纳于1568年终于抵达了一片海域，他以为自己来到了《圣经》故事中所描述的所罗门王宝藏所在地，于是就把这里命名为所罗门群岛。

所罗门王的宝藏究竟是否真的就在所罗门群岛，谁也无法给出确切的答案。但是400多年来，来自世界各地的寻宝人络绎不绝、前赴后继。虽然他们离去时依旧是两手空空，毫无收获，但风景如画的所罗门群岛却因此声名远播，吸引了世界各地无数的游人。

所罗门群岛由6个大岛与900多个小岛组成，如同一盘珍珠撒落在60万平方千米的辽阔海域上。西部省的小礁堡岛被南半球最长的礁湖环抱其中。小岛介于深浅两片海域之间，一侧清澈见底，另一侧则如深渊般神秘莫测。环绕在小岛周围的礁湖水是湛蓝透彻的蓝绿色彩，陪衬着岸上茂密的热带雨林和高大的红树林，如画一般的风景吸引着世界各地的人们来这里休闲度假。在这里度假，手表与时钟都可以抛开不理，从日出时分到夕阳西下，游人们既可以在椰树下放松乘凉，也

风景如画的所罗门群岛色彩绚烂。

可以乘船到邻近的小岛攀爬火山，用砍刀在原始密林中开辟出一条崭新的小路，发现几处奇异的景观。

在潜水爱好者的眼中，所罗门群岛简直就是他们的天堂。这里的大多数海域都清澈见底，海底世界美丽多变，各种热带鱼群和珊瑚云集其中，有如华丽多彩的舞台。所罗门群岛中著名的潜水点名叫“大中心车站”。在大中心车站附近的海域中，各种鲨鱼、大群大群的梭鱼、巨大的蝠鲼，以及其他各种各样的鱼群往来穿梭，完全把这里当成了南太平洋海底世界的交通枢纽，难怪这里被称为“大中心车站”。

第二次世界大战时，所罗门群岛是日军舰队的基地，也是整个太平洋战争中重要的战略目标，当时受到炮轰被炸沉在海底的舰船和飞机不计其数，来这里的潜水者们经常可以在水下发现早已变成水中鱼群乐园的沉船。例如在小礁堡岛附近的一片水域，就有一艘第二次世界大战时日军的补给船埋在30多米深的海底。船上既有军用补给物资，又有陶瓷、玻璃器皿乃至啤酒和剃须刀等日用品，让每一个来到这里的潜水爱好者过足了海底寻宝的瘾。难怪每一个来到这里的潜水发烧友们都不愿上浮回到船上，因为只有在这里他们才能同时享受到寻宝探险与休闲度假的双重乐趣，享受百分百的原始自然美景。

所罗门群岛大大小小的岛屿上，都覆盖着茂密的树林，从空中俯视，好像一个个小花篮，点缀在辽阔的海面上。

新西兰 New Zealand

世／界／边／缘／的／国／家

地理位置－大洋洲

度假名片－白云之乡、风帆之都

在新西兰美丽的海滩漫步，眼前是蓝色的大海与点点白帆；周边有50多座梦幻般的假日小岛等着你去徒步旅行；还有茵茵草坪、珍贵的千年古树、如花园般的城市和神秘的毛利文化，这一切都让新西兰散发着无穷的魅力。

新西兰是世界上最南端的陆地，其南海岸距离南极只有2 400千米。它的处境仿佛是在天之涯、海之角，在大千世界的尽头，因此被称为“世界边缘的国家”。

在毛利语中，新西兰是“长长的白云之乡”的意思，

奥克兰的罗托鲁阿是南半球最有名的泥火山和温泉区，是毛利人的聚居区，也是著名的旅游胜地。

这里带给人们的是淡看庭前花开花落的闲适意境。随处可见的自然风光为这里增添了难得一见的田园风味。热爱大自然的人们可以在这里尽情享受这个天然游乐场，滑雪、帆船、观鲸、登山、潜水、游泳和垂钓都是不错的选择。

奥克兰是新西兰第一大城市，欧洲移民通过辛勤劳动让它具有欧洲的气质，同时也具有现代的繁华。

新西兰最大的城市奥克兰给人一种清新洁净的感觉。这里没有大都市的繁忙与喧嚣，人人生活得舒适随意，经常可以看到有人赤脚在路上行走、逛商店。在奥克兰穿人字形拖鞋是一大风尚，你看过穿着拖鞋在大学讲课的老师吗，你看过穿着拖鞋参加婚礼的新娘吗？也许只有新西兰人才能生活得如此随性。

夜晚的奥克兰拥有丰富多彩的夜生活。作为“风帆之都”，奥克兰的许多市民家里都拥有私人帆船，是全世界人均拥有帆船最多的城市。这里的港湾停泊着无数洁白的帆船，在澄清的海水和美丽沙滩的映衬下，这些洁白的帆船在夜晚宁静的海面上描绘出一幅活生生的港湾风景画。

作为一个移民国家，新西兰融合荟萃了各种族移民间的文化。走在大街上经常可以看到街道两旁极富殖民色彩的 19 世纪欧式建筑。对大洋洲历史文化感兴趣的游客可以去参观当地原住民毛利人及波利尼西亚人的历史遗迹和资料，毛利族独特的雕刻技艺和古老的工具等都可以让游客感受到原住民文化所蕴涵的独特魅力。

新西兰的最大特点是绿色植物特别多，大片的草地、灌木丛、高树随处可见，自然天成，绿莹莹的街景绿化了人们的心情。每个人都贪婪地享受着这无际的绿色，贪婪地呼吸着这清爽的空气，一时间，所有的烦恼都抛诸脑后，也是远离尘嚣、享受自然的开始。

新西兰人对生活本身高度专注的兴趣和投入所延伸出的对休闲生活的理解，使新西兰显得格外五色缤纷、多元多样，成为大洋洲一处适合休闲娱乐的度假天堂。

斐济 Fiji

南/太/平/洋/上/一/串/璀/璨/的/明/珠

地理位置－大洋洲

度假名片－鱼儿的天堂

"南太平洋上一串璀璨的明珠。"这并不是电影《大撒把》中那句介绍瑙鲁的经典台词，而是一个由332个大小岛屿、环状珊瑚礁组成的美丽岛国——斐济。

在斐济，随时随地都可以感受到四周洋溢着的大海原始美感。环状珊瑚礁上白色的沙滩、高大的棕榈树，夕阳西下时，那幅动人心魄的美景足以使每一个来到这里的游客沉醉其中。

由于独特的地理环境，地跨东西半球的斐济既是世界上最东同时也是最西的国家。热带海洋性气候下的斐济拥有着美丽的自然景观。普通的大海是蓝色的，但是斐济的大海却是彩色的。因为在斐济的海中有无数色彩斑斓的鱼类在水中畅游，将大海搅动得五彩缤纷。300多个大小不一的岛屿被美丽的环状珊瑚礁包围，也使这里成了鱼儿的天堂。虽然岛屿众多，但是每个都很精致。在离帝国机场不远的码头，每天都有很多船只载着乘客往返于各个小岛之间。

在首都苏瓦港等主要岛屿的海岸地区拥有各种现代化的酒店与餐馆，海边的沙滩上可以看到世界各地前来旅游度假的人们。而在城市之外的村庄中，斐济人仍旧保持着各种独特且神秘的风俗。现任斐济总统约瑟法·伊洛伊洛就来自维塞塞村，该村因此也被称为"斐济第一村"。

斐济男人穿的Solo。

在斐济村庄里有个特殊的规矩，那就是一般人不能戴帽子，也不能随意摸别人的头（包括小孩子）。因为只有村长才有戴帽子的特权；而摸别人的头，是对他人最大的羞辱，若在100多年前，可能还会引来杀身之祸。此外，将深海中的鱼群呼唤到浅海来捕捉的神奇颂唱仪式、传统的走火仪式等，都是斐济至今仍未消逝的传统习俗，带有浓郁的异国风情。

在斐济，不论男女都喜欢戴着鲜花出门。在斐济把花戴在左侧表示未婚，而把花戴在两侧则表示已结婚。除了男人戴花外，这里更让人吃惊的是男人居然也穿裙子。裙子在这里被称做“solo”，男人不仅穿着 solo 上街，甚至警察们也穿着 solo 指挥交通，算得上是斐济街头一景。

人口稀少而风景秀丽的斐济早已被欧美人士当做度假首选，甚至不少大牌明星也会选择来这里度假休闲。不大的斐济拥有很多高尔夫练习场，蓝天碧海之间，你可以轻松潇洒地挥出球杆；在洁白的沙滩上你可以尽情喝着啤酒，欣赏落日余晖。也许只有在斐济，你才能享受到这样神仙一般的生活。

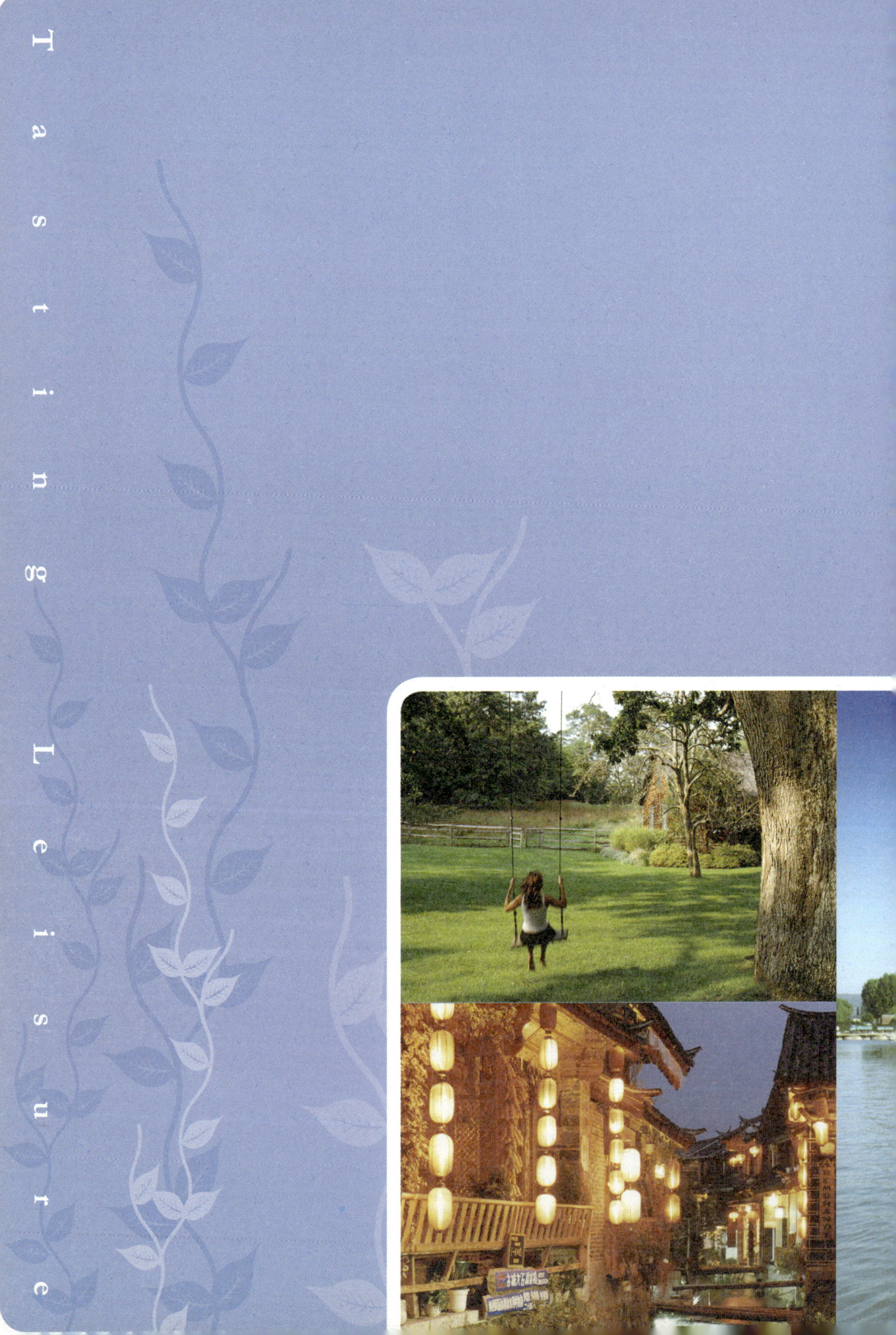
Tasting Leisure

Chapter.06

缓歌慢舞凝丝竹

——品味域外闲逸

冰岛 Iceland

透/彻/尘/世/的/冰/火/王/国

地理位置—欧洲

度假名片—温泉、纯净自来水、彩虹与瀑布

冰岛，国如其名，仿佛是造物主在创世过程中遗忘在欧洲极西角落里的一块碎玉，给人一种彻头彻尾的寒冷、孤寂与距离感。是的，这里确实不是凡尘，这是一处世外桃源般令人恍惚的仙境。

史克卡瀑布高60米，瀑布上经常出现双彩虹。

在冰岛这个国土面积仅10.3万平方千米的岛国上，冰川便占据了约8 000平方千米。放眼望去，很少见到一株树木，只有漫地的苔藓在顽强地抵抗着恶劣的自然环境。远来的旅客驻足其间，不禁会以为自己来到了异于尘世的另一个世界。

但这并不是冰岛的全部。确切地说，正如同世间所有事物都拥有着正反两个截然不同的方面一样，冰岛之美，便隐藏在世人的第一印象的背后，等待着真正懂得欣赏的人去探寻，去了解。

雷克雅未克是冰岛第一大港，全国政治、经济、文化中心，全国1/3的人口都生活在这里，它也是外国人到冰岛旅游的起点。雷克雅未克和欧洲所有的首都都不同，并非到处都有高楼大厦。由于冰岛人受够了严寒，这个城市的暖气设备和热水供应堪称世界第一。市内交通四通八达，环境优美，空气清新，是一座世界上少有的无烟城市。

雷克雅未克大教堂位于市中心，是该市的地标性建筑，也是游客必到之处。它全名叫哈尔格林姆斯教堂，以冰岛著名文学家哈尔格林姆斯的名字命名，以纪念他对冰岛文学的巨大贡献。教堂设计新颖，为管风琴结构，主厅高30多米，可容纳1 200人。主塔高72米，可乘坐电梯上顶楼俯瞰首都全貌。教堂前的西格松雕像是为纪念冰岛独立之父西格松而建。在我们现代人看来，教堂更像枚准备点火升空的火箭，不过它

位于冰岛最南端的维克镇的教堂，它看起来像是出现在梦境中。不过维克镇最有名的还是它的黑沙滩，它黑得天然，黑得通透，却丝毫不影响海水的清澈。

并没有火箭的热气，而是冷峻中带着圣洁。

除去冰冷的外表，冰岛有火热的内心。冰岛境内有100多座火山，其中活火山就有20余座。正是得益于众多火山的恩赐，冰岛成为世界上拥有温泉最多的国家。它的首都雷克雅未克，含义便是“冒泡的港湾”。而冰岛人早已把泡温泉当做生活中必不可缺的一个重要组成部分，出生仅几个月的孩子，就会被父母带着到露天浴场去学习游泳。这些浴场都使用地热温泉水，常年温度保持在29℃左右，所以哪怕时值寒冬，北风凛冽，人们也完全不会担心泡在露天的浴场里会对身体造成伤害。

而令当地人至今依然引以为豪的是，冰岛的水中竟然完全没有任何有害的杂质。当人们在浴场里待得久了，起身上岸，都会自然而然地拧开浴池边的水龙头，畅饮一番甘甜清冽的自来水。这可是地道的无污染矿泉水。因此，如果有机会去冰岛泡温泉，定然是不容错失这样的好饮品了。

特别需要指出的是，在冰岛泡温泉的花费也并不高。以首都

温泉让人洗去所有烦恼，只剩绝对的愉快和舒适。

雷克雅未克布局均匀，无摩天大厦，大多是两层楼，居民住房小巧玲珑，色彩也各不相同，文静地分布在托宁湖畔。

雷克雅未克附近的郎达鲁游泳池为例，只需3美元左右就可随意享受其间的各种设施。更何况，由于冰岛的其他公共场所，如商场、餐馆和电影院等开放时间都比较短，不及温泉大多由早7点开到晚10点的时间充裕，所以许多冰岛人都把温泉当做聚会的首选场所。无论男女老少，正事抑或闲聊，温泉一入，实可谓其乐融融，一切烦恼与不快都随着水面的白雾氤氲而烟消云散了。

冰岛的妙处还不仅限于温泉。因为地势开阔，地貌平坦，许多在别处司空见惯的场景，你都能在冰岛体会到别样精彩的意

境。彩虹是雨后一个很平常的景致，然而冰岛绚烂的彩虹却宛如五彩虹桥一般从地平线的一端横跨到另一端。也难怪会有人发出由衷的感慨，这是世界上最完整的彩虹，完整得好像童话故事一般完美无瑕。再如史克卡瀑布，它是冰岛最高的瀑布之一，也是冰岛最美丽的瀑布之一，发源自冰原，虽流经高山与原野，但却并不狂野。如此动人的奇观，你也只能在冰岛才能见到。再驱车沿着冰岛的经典旅游路线前进，越过欧洲最大的瓦特纳冰川，漫步在火山林立的荒野之间，你还可以见到不时喷涌而出的喷泉。其中最大的间歇喷泉，直径达18米，喷射高度可达20余米。多少人在泉眼边苦苦等候，只是为了一睹它那雄伟壮观的景象。

冰岛人的性格，大约也受到了冰与火在千年岁月的交织中和谐共存的影响，显得格外随意与友善。他们并不会刻意遵守约定的时间，也无须为什么事情事先约会，“随便坐坐”正是生活在这个岛国间的人们世代相承的传统。只是或多或少因为酷似冰川般孤傲的性格，冰岛人虽然好客，却不会乐意从客人的手里接过作为答谢的小费。这一点，倒是外来的游客们应该特别注意的关键所在了。

由于靠近北极圈，冰岛形成了它独特的气候景观。冰岛人热爱阳光，每年六七月份午夜常有太阳照耀，如同白昼；而到了冬天，则刚好相反，有时整天不见太阳，只有明月当空，长夜漫漫，就像意大利作家艾柯在《波多里诺》里所描述的那个整年处于黑夜中的国度。

冰岛对于大多数探险爱好者来说也是一个理想之地，现在每年来这里探险的外国人达几十万，是这个国家人口总数的两倍以上。在冰岛居民大量集中的南部海岸附近，80%的火山岛与冰河、湖泊、山洞熔岩混在一起，加上杂草丛生，似乎永远没有走出去的可能。不能征服极地，来这里体验一下人类生活条件的极限也是不错的选择。

如果感觉疲惫，就去冰岛，泡一泡温泉，领略世外桃源般透彻明亮的景致，再过上几天餐餐海鲜的岛民生活，暂且忘却另一个世界里忙碌的自己吧！

冰岛的大间歇泉形成于一次地震。当它喷发时，烟雾从地底喷涌而出，直冲云霄。

坐落在北莱茵—威斯特法伦州莱茵河畔的科隆大教堂是世界上最完美的哥特式教堂建筑，摄影师都喜欢从莱茵河对岸取景，使得这一画面成为莱茵河上最著名的景致。

莱茵河谷 The Rhine Valley

上／帝／赐／福／之／地

地理位置－欧洲

度假名片－莱茵河之秋、科隆大教堂、白葡萄酒

莱茵河全长1 320千米，发源于瑞士境内的阿尔卑斯山脉，流经瑞士、列支敦士登、奥地利、德国、法国、荷兰6个国家，在荷兰的鹿特丹附近入北海。莱茵河两岸22.4万平方千米的土地上孕育了4个说不同语言的民族，是一条真正意义上的欧洲之河。

莱茵河是德国的命运之河，承载着德意志民族的起起伏伏，但是这条欧洲的大动脉虽然是世界上最繁忙的水道，却有着难得的安详和静谧。莱茵河的运输总是静悄悄的，来往这里的20多个国家的船只都不忍用汽笛划破这里的宁静之美，留下的只是一条安静、浪漫的河

莱茵河两岸有许多古城堡，是德国一条重要的旅游路线。这座城堡顶上的塔就是著名的“猫塔”，它居高临下，俯瞰着河中的“鼠塔”，如猫捉老鼠。

莱茵河集河流的万般面貌于一身。她像罗讷河一样迅速敏捷，像卢瓦尔河一样雄浑宽阔，像缪斯河一样峭壁夹岸，像塞纳河一样迂回曲折，像台伯河一样历史悠久，像多瑙河一样庄严高贵，像尼罗河一样神秘莫测，像美洲的河流一样金光闪闪，像亚洲的河流一样蕴涵着寓言与幽灵……这就是大文豪雨果所钟情的莱茵河。

流。在欧洲的河流中，莱茵河以清澈、优美著称，两岸如诗如画的风光也是其他河流难以企及的。

从美因兹到波恩之间是莱茵河风景最美的中游地区，也是最能代表莱茵河独特的自然和人文景观的地区。莱茵河在这里进入狭长蜿蜒的峡谷地区，水流湍急，风景优美，大片大片的葡萄园，散落于山谷中孤傲的古堡，宛如一幅幅中世纪浪漫风格的油画，赏心悦目，美不胜收。

莱茵河是德国人的骄傲。德国数不胜数的城堡约有一半都坐落在莱茵河谷，它们就像颗颗珍珠散落在河谷铺就的绿色地毯之上。在城堡前，绿色的草地一层层地铺展开来，林荫道蜿蜒伸展。在草地和林道的尽头是优雅而恢弘的城堡，隐隐地，好像看

位于欧本威舍小镇山坡上的美丽城堡也称仙堡，它建于12世纪，曾经是莱茵河一带最富有、最有权力的城镇之一，日耳曼历史上5个最重要的家族都发源于此。

到了身穿燕尾服的管家在向你鞠躬，厚重的大门缓缓打开，走出来一位风度翩翩的伯爵……

莱茵河是厚爱德意志人的。正是莱茵河谷东西两侧绵延起伏的山丘上所覆盖的大面积的森林，带给了整个城市百年不变的清新空气。莱茵河岸长达几十千米的林荫小道，依山临水，风光秀丽，环境幽静，是游人所钟爱的步行区。人们喜欢在这林间小路上悠闲地散步，走累了还可以随时从附近的渡口处登上游艇，饱览莱茵河两岸秀丽的景色。

莱茵河是德意志民族的“父亲河”，他赋予了一个民族勤劳严谨的品格。莱茵河是德国的灵魂，也是无数诗人、音乐家和哲学家精神的寄托。这条充满浪漫气息和神奇色彩的河流，曾经是多少文人雅士心中的梦幻乐园，启迪了多少传承千古的艺术灵感。这里是歌德心中的“上帝赐福之地”，也是剧作家克莱斯特心中的“大自然的乐土”。

可以想见，1817年，英国画家、印象派的先锋透纳背着他的素描本，追随着莱茵河的足迹，从科隆一直画到美因兹，创造了多少价值千金的名作。可以想见，诗坛巨人海涅面对莱茵河上的粼粼波光，悠然呼出了“不知缘何我竟如此悲伤，古老传说始终萦绕心上”的千古名句。可以想见，音乐家贝多芬安详地坐在故居的钢琴前，月光洒满琴键，指尖轻盈地流出温柔恬静的旋律，醉人的音符在寂寞的空气中跳动……今天，在那方陋室，音乐仍带着人们和窗外的莱茵河一起聆听那早已穿越了时空的旋律。

鼠塔，传说中吝啬的哈托主教就在这里被一群老鼠吞噬而亡。如今它高耸于莱茵河中间，为河上往来的船只标识出已经不再构成危险的宾根旋涡。它与“猫塔”均为世界文化遗产。（上左图）

露迪斯海姆是莱茵河高地区的中心点，自古罗马时代即开始栽种葡萄，目前是德国最具代表性的白葡萄酒产地之一。（上右图）

画外传音——红葡萄酒和白葡萄酒

红葡萄酒是用红色或紫色葡萄为原料，采用皮、汁混合发酵而成。果皮中的色素和丹宁在发酵过程中溶于酒中，因此酒色呈暗红或红色，酒液澄清透明，含糖量较多，酸度适中，口味甘美，微酸带涩，香气芬芳。白葡萄酒是用皮红汁白或皮汁皆白的葡萄为原料，将葡萄先拧压成汁，再将汁单独发酵制成。由于葡萄的皮与汁分离，而且色素大部分存在于果皮中，故白葡萄酒色泽淡黄，酒液澄清，透明，含糖量高于红葡萄酒，酸度稍高，口味醇正，甜酸爽口，香气芬芳。红酒养颜，白酒养胃。

Extensive Reading
延·伸·阅·读

如果你要在莱茵河谷享受一个浪漫的假期，可以从法兰克福出发乘船游览莱茵河峡谷。在这样的景区，无论是散步，还是购物，或者是在船上或岸上的餐馆享受一顿典型的德国正餐，那香喷喷的烤肠、酸菜、土豆泥都可以带给你无尽的快乐，每一滴莱茵水都会让你在这片美丽而迷人的欧洲大陆上留下自己欢乐的足迹。

莱茵河谷的葡萄丰收，果实累累，令人大开眼界，能参与这种工作肯定会很有幸福感。

巴登巴登 Baden Baden

德／国／的／春／天／从／这／里／开／始

地理位置—欧洲

度假名片—SPA酒店、黑森林、蒂蒂湖

森林环绕的蒂蒂湖是巴登巴登一个著名旅游景点。它位于多条旅游线路的交会点，湖上有游船提供环湖一周的观光服务。湖畔的度假村多是半木结构的传统民居式建筑。许多度假村的墙上都装饰着别致的图案，给人一种古朴而典雅的感觉。

“5分钟后你会忘掉自己，20分钟后你会忘掉全世界！”——这是马克·吐温在巴登巴登泡过温泉后，由衷发出的一句感叹。

如果你问一个德国人，德国的春天从哪里开始？他会毫不迟疑地告诉你：从巴登巴登开始。

巴登巴登很美，她坐落在德国西南部的黑森林边上，奥斯河谷之中，离法国和瑞士都很近。小小的城市与周围的景观相映成趣，群山起伏，低谷蜿蜒，溪流潺潺，浪漫的葡萄园、沧桑的城堡、孤独的修道院点缀在青山秀水之中。造物主是如此厚爱巴登巴登，这里的泉水富含丰富的矿物质，而且水温高达69℃，真是得天独厚的温泉胜地。

“巴登巴登”是个很奇怪的名字，在德语中就是“沐浴”的

特里贝格瀑布是德国落差最大的瀑布，喷涌而下的水流被长满青苔的岩石分割成七条小瀑布。它位于黑森林中，夏天到此一游，幽蓝的激流与苍翠欲滴的植被将抹去你心中的酷热，令人神清气爽。

意思，这里自古就是一个温泉疗养休闲胜地。早在公元1世纪，古罗马人就用这里的泉水为军人治病疗伤，罗马皇帝卡拉卡拉也曾多次来到这里治疗他的风湿病。此后，在漫长的历史岁月里，巴登巴登逐渐成为皇室、贵族的休闲之所。

到了18世纪末19世纪初，巴登巴登风靡欧洲，拿破仑三世、俾斯麦、维多利亚女王、俄罗斯沙皇亚历山大、普鲁士的威廉等贵族政客也曾流连于此；陀思妥耶夫斯基、瓦格纳、勃拉姆斯等文人墨客也都偏爱这里。随着巴登巴登在社交界的声誉日隆，这里终于变成了欧洲的夏都。

巴登巴登魅惑了欧洲浪漫主义的艺术大师们。勃拉姆斯曾经说过，他对“巴登巴登永远有着一种难以言传的向往。”在舒曼、勃拉姆斯、李斯特等艺术家的共同努力下，巴登巴登成为欧洲的沙龙音乐中心，并将这项桂冠保持了几百年。巴登巴登的宴会厅是德国最大的歌剧院和音乐厅，是继法国巴黎的巴士底歌剧院之后的欧洲第二大歌剧院。巴登巴登的剧院拥有2 500个观众座位，超过意大利米兰的斯卡拉大剧院。现在，在泡温泉之余，每年巴登巴登还会举办多场舒曼、勃拉姆斯、李斯特等音乐大师的音乐会，每一个来此度假的人都能获得身心双重的享受和愉悦。

巴登巴登有一种与生俱来的高贵而矜持的气质。一条南北走向的大街和与之平行的清流贯穿巴登巴登。在大街与溪流间，茂盛的古树严实地笼罩着一座古老的教堂和几家五星级温泉酒店，好像一位低调的绅士静静地守候在这里。

现在，巴登巴登当之无愧是欧洲最美最大的温泉浴场之一。这里的大饭店拥有欧洲第一间SPA套房，拥有欧洲顶级的专业设备，被SPA界誉为“SPA中的SPA”。巴登巴登满城的温泉浴池中有两个罗马式浴池最为著名，一个是卡拉卡拉浴池，古罗马皇帝卡拉卡拉曾御临温泉治疗，它也由此而得名。另一个是文艺复兴风格的弗里德里希大浴池，它始建于1869年，大浴场内有蒸汽浴、灌水浴、流水浴和潜水浴等，还有天然泉泥浴和碳酸浴等多种沐浴种类，且可男女混浴。在弗里德里希大浴池的东面有一条石阶小路通往山下，这条小路上有一个叫“油泉”的泉眼，泉水当然不含油，只是它流淌过光滑的岩石时，产生一种油润的闪闪发亮的感觉。当地人很相信这个温泉的神

蓝得纯粹，静得透明，巴登巴登随便一处农舍都让豪华别墅相形见绌。

巴登巴登是德国顶级的疗养胜地，去SPA酒店泡泡温泉，舒缓一下筋骨，不仅是一种生活方式，也是一种人生哲学。

秘力量，认为它有着医治百病的功效。

在巴登巴登，除了听音乐和泡温泉，还有另外一种休闲方式，那就是赌博。巴登巴登的赌场建成于1824年，是德国最大最古老的赌场，也是世界上最漂亮的赌场之一。赌场的建筑属于巴洛克式，外观虽然端庄简洁，但其内部的厅堂却极其富丽奢华。虽然赌博对中国人来说可能是种陋习，但这里却对赌徒要求严格，男士需穿西服打领带才能进入内厅，女士们更需衣着得体穿戴整齐。所以在这里赌博与其说是以一种不文明的方式做生意，不如说是在参加雅士们的沙龙。俄国作家陀思妥耶夫斯基曾在这里通宵达旦狂赌，结果输得一败涂地。后来他把这种上了赌瘾的感受惟妙惟肖地写进了他的小说《赌徒》中，使之成为传世名作。

每年春秋两季巴登巴登都会举行赛马会，它热闹非凡，深受当地民众的欢迎。届时成千上万的观众赶来观看，这也为赌徒们提供了绝好的机会，他们来这里一方面可以体会观

看赛马的激动，另一方面也不忘一赌输赢。如果你到巴登巴登的时间恰好是5月底6月初或8月底9月初，那么千万别错过这个一年两度的盛会。

巴登巴登的四季都有游客，但是不同的季节人们喜欢选择不同的活动。春秋时节，气候宜人，游人喜欢在山野间漫步，呼吸清新的空气，欣赏蓝天白云，迷醉于鸟语花香之间。夏日时节，游人会像在海边度假一样享受黑森林的日光浴，让身体彻底放松。冬日，漫天飞雪，朔风凛冽，人们泡在温暖的温泉中，透过蒸腾的雾气，眺望远方皑皑的寒山白雪，真是别有一番风味。

来巴登巴登度假，享受贵族般的生活。从温泉浴池中出来，月色朗朗，清风习习，随意走到一家露天的酒吧，来杯纯净的德国啤酒，是怎样一种酣畅淋漓的痛快。

每天下午，小镇的露天音乐会都会奏响欢快的乐曲，你也不妨放松自己，和来自世界各地的陌生人一起随着音乐摇摆，彻彻底底地放纵一把。一曲终了，从侍者的托盘中取下高脚杯，喝一口早已准备好的清凉香槟，你一定会为空气中弥漫的香槟和香水的味道而迷醉。

没见过金秋的巴登巴登，就不会知道什么是世外桃源。

安道尔 Andorra

袖／珍／之／国

地理位置–欧洲

度假名片–比利牛斯山、微型世外桃源

来到法国或是西班牙旅游的人，向南或向北多走几步，就是世界著名的袖珍之国安道尔公国。它是两大国眼里的肥肉，却在虎视眈眈中挣扎着生存了下来。这里是滑雪、狩猎、访古、探幽的胜地，每年接待外国游客的数量相当于国内总人口数的250倍。

在世界地图上，如果不注意，你很难发现这个夹在法国和西班牙之间，掩藏于比利牛斯山东段南麓峡谷之中的内陆小国——安道尔。国土面积仅有465平方千米的安道尔建国于公元819年，是查理曼大帝为防范摩尔人而建立的缓冲国。从中世纪到近代，安道尔在不同势力的你争我抢之中几易其主。法国与西班牙为了争夺眼前的这块“肥肉”不断发生纠纷，直到1728年，两国缔结盟约，决定共享对安道尔的宗主权。1993年，安道尔全民公决通过新宪法，成为一个主权国家。

这个弹丸之国置身于苍茫的山野之中，坡高谷深，险峻崎岖，国境内有大大小小65个山头，全国平均海拔1 300米，堪称整个欧洲地势最高的国家。全境还有8个湖泊散落在山间。山谷之中，秀美恬静的乡村与中世纪的古堡相伴，古老的天主教堂掩映在与世隔绝的山湖、峡谷之中。安道尔虽然临近地中海，却是典型的高山气候，夏季多雨，秋天晴朗，冬季则寒冷多雪，尤其是东北部的索尔德地区，每年有半年之久都会被一望无际的皑皑白雪覆

安道尔全国划分为七个行政区。除首都安道尔外，人口最多的行政区是与首都相毗邻的莱塞斯卡尔德—恩戈尔达尼。

盖，成为许多人观雪、滑雪的理想去处。

安道尔没有机场，没有铁路，对外交通主要靠两条公路，一条东北方向，与法国相连；一条西南方向，与西班牙相接。首都安道尔城的总人口数不足3万，在我们看来还不如北京的一个区的人口多呢。当你走进这座与众不同的“大都市”，首先会发现这里见不到士兵——安道尔是个不设防的国家，全国的武装力量加在一起大约只有十几名警察而已。当然，不是说没有人犯法，一旦有人触犯法律，就会被押解到法国或西班牙的监狱里服刑，就看犯人离哪个国家比较近了。

西班牙和法国都以美食和葡萄酒闻名，安道尔夹在这两个国家之间，餐饮自然也是不可不尝试的一方面。一年之中，有奥尔迪诺美食秀、腌鳕鱼节、栗子节、圣安东尼食品市场节等等。冬天的庆典上还少不了热巧克力和古柯叶派以及温热的麝香葡萄酒。

来到安道尔，你可以尽情享受沿路雪山溪流风光，俯看精致而有特色的小村庄。举起相机，你会发现处处是景，同一立足点，角度不同，拍出来的就是两幅截然不同的自然风光图和人文村落图。澄澈的蓝天、阳光，一切的一切，景色如画，醉人心扉。

安道尔的野外一派田园风光。

如果不去西西里，就像没有到过意大利，因为在西西里你才能找到意大利的美丽之源

西西里岛 Sicily Island

地/中/海/的/心/脏

地理位置—欧洲

度假名片—美丽传说、古希腊遗址

从地图上看，意大利就像一只伸向地中海的皮靴，而西西里岛，就是皮靴正对着的足球。西西里岛位于地中海的中心，既是地中海上第一大岛，同时也是意大利面积最大的一个省，在寸土寸金的欧洲，可称得上幅员辽阔。西西里岛气候温暖，风景秀丽，还盛产柑橘、柠檬和油橄榄。从东海岸到西海岸，到处都能看到果实累累的橘林、柠檬园和橄榄树林，历史上曾有“金盆地”的美誉。

“美丽岛”是块大礁石，一条短浅的地峡把它和西西里岛连接起来。所以要到美丽岛，不必坐船或游泳，挽高裤脚涉水便行。

虽然看起来希腊神庙与西西里岛相隔甚远，似乎没有什么关系。但实际上，除了希腊以外，最重要的希腊神殿遗迹却在西西里岛。阿格里真托坐落在西西里岛的南岸，是昔日“人间最美的城市”。它建城于公元前581年，其中心就是山上的宙斯神庙。

从公元5世纪起，西西里岛久经战乱，昔日的繁华化为云烟，阿格里真托也从当年风华绝代的美女变成了今天这样铅华洗尽的老妇人。如今小小的山城以旅游业为主，游客来到这里，自然而然地会放慢脚步。石板道窄窄斜斜，道旁有许多商店、餐厅和咖啡店。穿过古城，来到神殿之谷，其中最古老的海克拉神殿建于公元前520年，如今只剩下8根廊柱。而这里保存最为完整、规模最大的神殿就是祭祀宙斯的协和神殿，它足可以和雅典的帕特农神庙相媲美。站在这里，从神殿的遗址眺望，可以看到远处迷蒙的地中海，苍茫之感油然而生。

西西里岛西北角的圣母玛丽亚教堂内部装饰温馨，处处透露出圣洁的气氛。

富饶的土地从来都免不了遭受侵略，从公元前8世纪开始，这里曾经居住过希腊人、迦太基人、罗马人、拜占庭人、阿拉伯人、诺曼人、施瓦本人、西班牙人等等。他们各自给西西里岛留下了特别的遗产，从艺术、建筑到语言、烹饪等社会生活的各个方面。希腊人留下的古老剧院和伟大神殿，罗马人留下的精美镶嵌图案，还有阿拉伯人留下的各种各样的摩尔风格建筑以及绝妙的烹调方法……所有的这些都可以在西西里岛的首府巴勒莫找到。这座拥挤、衰败、带点混乱却仍然迷人的城市，在作家D．H．劳伦斯的笔下有着这样的描述：“欧洲领土结束的地方……边上是非洲与亚洲。”

海滨小镇斯科佩洛原是个捕捉金枪鱼的小渔村，如今成了西西里葡萄酒协会所在地，设在庭院当中的自助晚宴为游客提供了多达90余种的葡萄酒。

陶尔米那以美丽的风景、海滨浴场以及多姿多彩的生活吸引着来自各国的度假者。这个只有1.5万居民的小镇是意大利著名的国家公园。夜幕低垂之时，从半山之间，隔着绿茵茵的阔叶树望下去，陶尔米那海角像一只玉簪横落在碧波万顷的大海里，海湾里散散聚聚的游泳者，宛若悬崖上的绿叶红花飘落在海面上。

陶尔米那的路面是用石块砌成的，两边都是密密麻麻的各色店铺，其中以西西里的各种工艺品和风景图片最为吸引人。陶尔米那到处可见古代建筑和艺术遗迹。古希腊大剧院的遗址是一座规

阿格里真托是西西里岛的众神之城，协和神殿还保留着两千年前的雄伟。

傍晚的希法鲁海滩云蒸霞蔚，远处隐约传来教堂缥缈的钟声，真是人间仙境。

模宏大的圆形建筑，其观剧台至今依然完好，有时夏季纳凉音乐会还在此举行，可称得上古为今用的绝佳典范。

距离陶尔米那不远的埃特纳火山，是西西里岛的一大景观。埃特纳火山是一座活火山，海拔3 263米（1971年数据），是欧洲最高的活火山。历史记载中埃特纳的首次喷发发生于公元前745年，此后千余年间一直活跃，曾经摧毁了许多山麓村庄，还湮没了古城卡塔尼亚城的西部。如今的埃特纳火山虽然几年前也曾喷发，却成了人们观景的好去处，在陶尔米那就能看到火山喷发的壮丽景象。

西西里是一个浪漫的小岛，与中国人相同，西西里人也很重视“根”的概念，他们顽强地保持着历经千年形成的生活传统，而一切西西里人传统的核心便是家庭观念，这大概是中国人最能认同这个异国之地的理由吧。

画外传音——黑手党

世界上最大的黑帮组织黑手党发源于西西里，黑手党（Mafia）一词起源于1282年复活节的“西西里晚祷事件”。当时一个巴勒莫少女在结婚当天被法国士兵强奸，西西里开始疯狂报复，他们袭击见到的每一个法国人，并提出“Morto Alla Francica，Italia Anela”（意大利文“消灭法国是意大利的渴求”）的口号，而Mafia就是这个口号的字母缩写。这就是黑手党的起源。不过当时的黑手党是个民间正义组织，而现在的黑手党却是个公开的秘密社团，是全球最大的黑社会组织。“二战”期间黑手党跟纳粹有紧密合作，从而迅速壮大。如今黑手党通过各种手段，比如有偿保护、谋杀、领地统治、国际性贩毒以及帮派合作等，逐渐渗透到政府和其他社会组织，与当地官方具有千丝万缕的联系，既利益勾结又相互冲突。这些犯罪组织不单只活跃于意大利本土，几百年来更随着意大利裔移民而散布于世界各地，特别是美国东海岸，电影《教父》系列就是对此的生动写照。

Extensive Reading
延·伸·阅·读

米科诺斯岛 Mykonos Island

最/接/近/天/堂/的/小/岛

地理位置-欧洲

度假名片-渔村风情、日光浴

希腊号称拥有世界上最美的岛屿群，而位于雅典东南95千米处的米科诺斯岛，则以其独特的梦幻气质在爱琴海的岛屿中首屈一指。

在古老的希腊神话中，米科诺斯是宙斯和提坦族发生圣战的地点。战败的提坦巨人的骸骨落在爱琴海中，就形成了米科诺斯岛。

米科诺斯岛过去也曾经历过战火，在大航海时代曾经发生过无数可歌可泣的故事。但如今的米科诺斯已与任何纷争无关，它被游客们称作“最接近天堂的小岛”——于

爱琴海波光粼粼，湛蓝的海上有海鸥懒懒飞去，向来往的渡轮告别，日晖从落地窗泻进屋里，窗外的花园里，一簇簇不知名的热带花儿悄然绽放……而渡轮长鸣三声开走后，岛上复入宁静……

黄昏时分，渔船纷纷返航，码头边一派繁忙景象，透过这玫瑰色的夕阳，我们仿佛听到了远古渔人的歌声。

米科诺斯岛上古朴的白色风车建于16世纪，现在已成了历史古迹。但它们那坚固的圆筒形造型和轻巧的风篷，依然吸引着无数游客驻足游览。

是出现了米科诺斯式的“天体海滩”。当你在爱琴海的阳光下瞥见海滩上那些毫无保留的浴客时，请不要失声惊呼，这只是一种敞开的皈依，是与天堂和心灵的对话。米科诺斯岛确实是一个使人沉醉的地方，在这里，每个人都很容易忘乎所以。

米科诺斯岛上没有其他行业。在这个没有树木、道路崎岖而又遍布岩石的岛屿上，旅游业是唯一的经济支柱。米科诺斯岛从前只是一个并不引人注目的小岛。它神奇的发迹史始于20世纪30年代，那时这里只有一些艺术家们流连，但到了20世纪50年代时，前往米科诺斯岛度假已经成为一股时尚潮流。于是无数的人们蜂拥至此，逐渐将这个小岛变成爱琴海诸多岛屿中知名度最高的一座。米科诺斯岛以它那希腊式的沉静的黎明、令人炫目的海边日暮和细腻的海滩侵蚀着你，将你纳入它那不可抗拒的怀抱之中。

米科诺斯岛上的建筑是爱琴海最引人注目的奇迹之一。这些房屋依山傍海，分布上毫无规则，每一幢都有极好的观赏视野，低头就可以见到白色的沙滩，平视可以远眺湛蓝的海水，抬头就是纯蓝的天空。这些房屋的外墙都涂成白色，门和窗则是鲜艳的蓝、绿、红、橙诸般绚烂的色调，同纯粹的白和蓝形成鲜明的对比。然而，如此美妙的建筑却没有人确切地知道它们是何时产生，如何建造的。

餐厅傍海而建，游客可以一边享用美食，一边享受海景，还可感受习习海风，摆脱平时的繁忙，彻底懒散一把。

从岛上码头向左转，可以看到一座纯白色的教堂——帕拉波尔蒂阿尼教堂，在希腊语中是“边门圣母”的意

米科诺斯岛上的房子分布很随意，极不规则，它们都尽量朝向阳光，但却并不让人感到杂乱无章。

思。这座教堂因其特别的形制而成为所有希腊教堂中最为上镜的一个。

而“小威尼斯”则是米科诺斯岛上最美丽的角落。这里餐馆和酒吧林立，富有威尼斯情调，是岛上游客最多的地方之一。希腊人喜爱甜食，米科诺斯岛上也不例外，在这里你可以吃到有生以来最好吃的餐后甜品：浓稠得像嫩豆腐似的酸奶浇上蜂蜜，尝上一口让人回味无穷。

岛上的纪念品就是那些漂亮的童话般的沿海建筑，被这里的艺术家用石膏做成了大大小小的可以挂在墙上的饰品；还有一种用蓝色玻璃制成的“幸运眼”。据说幸运眼的制作工艺是从古希腊时期流传下来的，质朴漂亮，很有爱琴海的风格，希腊人相信它能给人带来好运。

回望沙滩，有男男女女正在享受天体日光浴，更多的游客则与家人享受艳阳的沐浴。地中海式的享受以及爱琴海式的夏天所带来的懒散和闲情逸致，在米科诺斯岛淋漓尽致地表现出来。

长岛 Long Island

亿／万／富／翁／的／豪／宅

地理位置－美洲

度假名片－富豪之家、黄金海岸

美国有一部经典的情景喜剧《人人都爱雷蒙德》。剧中的主角雷蒙德是一名体育评论家，一家人住在长岛。整部剧中数不尽的家庭琐事让人笑掉大牙。雷蒙德一家所在的长岛地处纽约东部，碧海蓝天下，美丽的沙滩海景与豪华住宅是这里的标志。

大部分时候，期待与幻想在人们心中总是美丽的。想象着在太平洋的海岸，坐在沙滩上听着耳边海浪声声，看着日出日落、海鸥在视野中自由飞翔。那样的画面勾勒出的色彩是绚烂多姿的，是一种在每个人心底沉睡的梦想。

在美国东海岸有一处碧海蓝天下的白色沙滩，海边林立着数不清的价值千万美元的豪宅。在这里，一切都如同天堂一般完美。150年前，这片美丽的土地上居住着一个古老的印第安部落，现在这里则成为纽约华尔街精英们的度假胜地——纽约东部的长岛汉普敦地区。

长岛位于美国东海岸，纽约市东南，地形狭长，是一个

修葺一新的花园、阳光充足的庭院，生活在长岛上的人真让人羡慕。

在长岛拥有一座带有私家花园的豪宅是无数人的梦想。

三面环海的半岛，从纽约港一路深入浩瀚的北大西洋。全岛被划分为4个行政区，即西部的昆斯和布鲁克林，中、东部的那苏郡和萨福克郡。长岛西面隔着伊斯特河与曼哈顿岛遥遥相望，北面濒临长岛海峡，东面面对大西洋，南边则是绵延的海滩，海岸外有一系列大小沙坝，是纽约市民假日游览休闲的度假胜地。

在半岛之上，人们可以眺望远处纽约中央公园的成荫绿树、春华秋实，以及沿岸奢华的水岸豪宅。

如果你想体验一种世界顶尖级的奢华生活，那么一定要去长岛看看，因为在这片世界级的黄金海岸生活，本身就是一种代表顶尖生活品位的证明。在全美十大豪宅中，排名第三的就是美国的长岛豪宅。世界各国的达官贵人都钟情于此，包括罗斯福、肯尼迪家族等历任美国总统和第一家族都曾在这里居住。中国近代的权贵世家宋美龄、从华尔街起家的摩根家族、以铜矿起家的古根汉姆家族，以及其他许多好莱坞大明星等上层人物，都选择长岛作为他们在美国的第一居所。

在这里居住是美国人向往自然、注重健康的生活理念的完美体现。蓝天白云，水波粼粼，长岛之上随处可见的是高级的高尔夫球场、绿草如茵的网球场、洋溢着田园情调的各色别墅、盛满葡萄酒的地窖和种植着各种奇花异草的大花园……

长岛上湿地众多，是玩高尔夫球的天堂。

由于靠近曼哈顿地区，再加上享有度假胜地的美名，长岛东海岸总是能吸引大量的作家、模特或商业奇才。各式各样的人们将长岛装饰得璀璨绚烂。而长岛西海岸丰富的夜生活和极尽奢华的海滩建筑也别有一番风味。即使不能够像亿万富翁一样在长岛拥有一套属于自己的豪华别墅，普通旅游者也可以在这里找到适合自己，只属于自己的那一寸空间。

长岛和在它近旁咫尺之遥的纽约，一个像是清新的海风一般清朗到让人心旷神怡，一个是纸醉金迷、灯红酒绿、让人迷失自我的世界大都会。两者结合之后，诞生了20世纪美利坚成功与富有的代名词。作为美国梦的终点，它那无法用语言描述的现代繁华都市与自由宁静的海滩豪宅，已深深烙印在每一个向往美国、向往长岛的人们心中。因为在他们心中，长岛作为一种世界顶级奢华生活的所在，向人们诠释的是一种永恒的境界。

长岛上密布着一幢幢价值千万美元以上的豪宅，富豪们都拥有自己的船只，还有水上飞机。由于风景秀丽，房价昂贵，长岛海岸线被称作“黄金海岸”。

波多黎各南濒加勒比海，岛上风景秀美，气候宜人，素有“迷人岛”的美誉。1509年，西班牙殖民者占领该岛，将它改名为“波多黎各”，意为“富裕之港”。

波多黎各 Puerto Rico

海／滩／以／外／的／精／彩

地理位置－美洲

度假名片－世界上最美的海滩、圣胡安堡垒

波多黎各是美国在加勒比海地区的一个自治领地，正式名称是波多黎各自由邦。和大多数加勒比海地区的国家一样，波多黎各拥有明媚的阳光、洁净的沙滩、碧蓝的海水，以及常年高于20℃的气温。这个由波多黎各岛及别克斯、库莱布拉等小岛组成的岛国总面积不过8 897平方千米，人口也仅有约400万。因深受历史与地理等诸多方面综合因素的影响，在漫长的岁月里不断融合源自西班牙、非洲、印第安和美国等国家和

地区的多样性文化，进而形成了自身别具一格的、充满活力的现代社会文明体系。

出于对过往的珍视，虽然波多黎各人在生活上与他们的邦主国美国有着很多的共同之处，但依然不遗余力地保持着最初的殖民者西班牙人遗留至今的文化烙印——在波多黎各，英语和西班牙语，都是法定的官方语言。

波多黎各拥有一些号称世界上最漂亮的海滩，而且其海岸线长达数百千米，海滩玩家在这里几乎拥有无穷的选择。海滩的大小、颜色和形状各不相同，有诸如伊莎贝拉的纯白沙丘，还有蓬塔—圣地亚哥

圣胡安堡垒内部饱经风霜的柱廊，至今仍可看出它的宏伟和坚固。

附近的黑色火山沙滩。至于潜水和游泳爱好者，则可以尝试到闪闪发光的卢科依罗海水中游弋，或者到里肯湾狂暴的海浪中畅游一番。

当然了，如果不会游泳或是不感兴趣，游客还可以钓钓鱼，打打高尔夫球——波多黎各堪称加勒比海地区的高尔夫球之都，拥有着近30个设施精良的高尔夫球场，或者还可以骑着矫健的骏马，仿佛一个征服者那样，去巡视一番这片美丽的国度。

但波多黎各的风情绝不仅仅局限于沙滩一隅。如果说世界上没有一个地方会与热带火山岛相似的话，那么，加勒比海地区大概也没有任何一个地方会与波多黎各相似。

波多黎各的地理位置与众不同，它包含了明显不同种类的地形和一个相对小的地区的小气候：崎岖的山脉横穿岛中央，从东部延伸到西部，使雨云不能到达南部；岛的北部是浓密的植被、石灰岩和湍急的河流；而南部是被阳光烘烤的地带，是热带干森林和许多奇异鸟类的家园。波多黎各仅有大约160千米长和56千米宽，因此距离驻地最远的景点一般最多也只需要3小时的车程。这也意味着你只需作一次短途旅行，就能看到每一种热带风景！

想要探索最佳自然景区和探险场所，你可以通过多种多样的方式去了解更多岛上迷人的植物和动物群落。从简单的开车兜风、散步到实实在在的徒步旅行、攀

圣胡安堡垒的碉堡和阳台构成这个城市海边一道靓丽的风景线。

岩、洞穴探险、划皮艇和在岛上荒地露营，自然爱好者和探险旅行者一定能在波多黎各找到这一切乐趣！

另外还需要特别提醒一点，波多黎各人文景观同样不容错过。甚至在这个只有8 000平方千米的小岛上，你也能体验到几千年悠久的历史和四种截然不同的文化。

你可以探究古老的印第安仪式公园，比较一下两座最古老、最具建筑魅力的西班牙殖民教堂，或者是参观现今仍在经营的19世纪的咖啡种植园；也可以纵览西班牙人在新大陆上筑起的两座最大最复杂的防御工事圣胡安堡垒，或者是加入参观阿雷西波无线电波望远镜和巴卡第朗姆酒的酿酒厂的现代之旅，还可以去探寻古老的印第安部族遗留给后世的那些充满神秘气氛的石刻雕像和墓地……

在波多黎各，迷人的绝不仅仅是沙滩而已！

波多黎各盛产各种水果，图为一个妇女正在采摘葡萄柚。

透过波多黎各库莱夫拉岛的凤凰木，可以看到海阔天高。

北海道 *Hokkaido*

东 / 方 / 的 / 普 / 罗 / 旺 / 斯

地理位置－亚洲

度假名片－薰衣草、雪国、深秋

北海道素以滑雪和诱人的海鲜而闻名于世。但北海道还有另一种美丽，那就是富良野的薰衣草。整片整片的薰衣草花海遍布于高低起伏的丘陵地带，连空气中都充满了淡淡的花香，充满了童话般的气息。

北海道的美食。

法国的普罗旺斯因为薰衣草而广为人知，很多人却不知道，日本北海道的富良野也有大片大片的薰衣草，被誉为“东方的普罗旺斯”。北海道的薰衣草是1937年从法国引进的种子。此后，一批制作精美的日本电视剧相继以北海道生活为背景，画面上争奇斗艳的紫色薰衣草花田深深震撼了电视机前的观众。对于多数亚洲人来说，普罗旺斯太过遥远，于是人们便将同在亚洲的北海道富良野当成了另一个浪漫的胜地。而北海道在冰天雪地之外，也拥有了一抹浪漫与温馨的色彩。

在季节转换中，褪下漫山遍坡缎带般绚丽的五彩花田，换上冰肌玉肤的雪季素颜，北海道迎来了漫长的冬天。此时来到北海道，当然要去滑雪。北海道每年冬季的降雪量有八九米之厚，踩上去厚厚软软的。

北海道最著名的滑雪场位于余市郡，这里的KIRORO雪世界

冬天，大雁南迁，这一景观给人以思乡的惆怅。

北海道的薰衣草与普罗旺斯的相比，似乎更多了点东方的风情。（本页图）

拥有21个滑雪道，5座高速缆车，缆车最高的地方有近千米。从山顶往下看，雪道几近垂直，对于喜欢刺激的滑雪高手来说，是非常具有挑战性的。而初学滑雪的菜鸟们也可以在坡面16度的初级道上体验速度带来的快感。这里还设有儿童雪道，有专业的滑雪教练从准备操开始，一步一步地教孩子们滑雪。此外，这里还有一个雪上乐园，雪上摩托车和雪橇等等多种设施，可以让孩子们尽情地享受冰雪世界带来的快乐。

“冰火两重天”是北海道冬季最为著名的度假享受。冰是指滑雪，火就是指温泉了。北海道的温泉以“深山密汤”远近驰名，而且几乎全是露天温泉。一边眺望山川美景，一边享受气温在零下四五度而身体在六七十度温泉里的奇妙感觉，“汤烟”袅袅，颇有人间仙境的感觉。

来到北海道，同样可以满足口腹之欲。北海道是世界第三大渔场，最棒的饮食自然就是海鲜。大马哈鱼做的“石狩火锅”味道鲜美，鱼子酱就米饭寿司更是妙不可言。

札幌的啤酒园也是不能错过的地方，这里是北海道啤酒的发源地。札幌向人们提供独特的成吉思汗烤羊肉。羊肉烤的时候要

把蔬菜先垫在下面，再把羊肉盖上，烤熟之后的羊肉鲜嫩可口。

到函馆山眺望蝴蝶海岸夜景和津轻海峡风光，也是来北海道旅游不可缺少的一项观光内容。函馆夜景与香港维多利亚夜景、意大利那不勒斯夜景并称为“世界三大夜景”。由于地理原因，函馆的两侧被海洋包围，左侧是函馆港，右侧是津轻海峡，函馆山仿佛一个孤悬海上的半岛，与函馆市区以一狭长的颈岬相连，成就了弧线的海湾、扇形的夜景。

夜幕降临之时，登上上山的缆车，沿途的缤纷景致尽收眼底。俯观陆地，家家户户的窗棂内灯火通明，都市霓虹亮起，到处是艳丽的光芒；远眺海面，海风吹皱的微微波浪映照着风中闪烁的渔火；抬头望天，高高的天幕里，点点星光争相辉映……到达山顶再从山顶俯视，整个城市犹如

北海道的秋天呈现出亚洲罕见的阿尔卑斯风貌。（本页图）

一串撒落在北方大地上的宝石美钻，晶莹闪烁，璀璨夺目。

相较于香港维多利亚海湾的绚丽缤纷，那不勒斯的浓郁艺术气氛，函馆的夜景竟是如此的浪漫与优雅，近与远中，似真亦假，如梦如幻，让人惊叹。

其实北海道的冬天并不特别冷，冬夜的北海道更给人一种风轻云淡的感觉。在白色的雪季里，灯火与星光一起驱散了人们心头的寂寞，点燃了无尽的浪漫与温情。

北海道的春天美得像个刚起床梳洗完毕的少女。

济州岛 Chejudao

神/的/休/息/处

地理位置－亚洲

度假名片－蜜月之岛、汉拿山

天地渊瀑布高22米，水深21米，风景优美，是济州岛保护自然原形的标本地区。

她不太远，却有着独特的异国风情；去那里不需要太多金钱，却总有让你心甘情愿掏钱的诱惑；那里的人文风俗并不很陌生，也不是很熟悉，似乎一切都是刚刚好，这就是韩国的济州岛。

济州岛是韩国第一大岛，又称蜜月之岛，位于朝鲜半岛的南端。数百万年前，从海底冒出来的熔岩铸成了今天的火山岛。一直到今天，济州岛的自然生态始终保持原样，几乎没有受到过外部的影响。漫步岛上，一座座海滨别墅错落有致地依坡而建，其间有蜿蜒的小径相互连接并通向海滩。可以从山林间望见不远处的茶园，伴着海风，有一种笃实、轻甜、淡香的生活气息扑面而来。

济州岛有“三无”，指的是无乞丐、无小偷、无大门。岛上民风淳朴，造就了无乞丐、无小偷的社会，无大门也就顺理成章了。这“三无”的境界实在让人感叹，仿佛这里是一个富足而淳朴的桃源胜地。

济州岛盛产多种多样的鱼类，这是有名的锦鲤，硕大而美丽。

身为火山岛的济州岛，岛上生态原始，火山、溶洞、贝壳化石等都是对亿万年前生命的见证。信步走在济州岛上，有种无限开阔的感觉，因为建筑物不多且都不高。只有岛的中心地带，有一座大山显得格外巍峨，它就是韩国最高的山峰——汉拿山。汉拿山海拔其实并不是很高，只有1 950米，但它的名字在韩语里是“伸手可及银河”的意思。可见古人们也觉得，位于孤岛上的山峰看起来格外的高。

汉拿山据说有360个子火山，城山日出峰就是其中之一。这里号称是世界上最大的突出于海岸的火山口。火山顶是一片开阔的牧场，这里的日出景色最为著名。山上还生长着亚热带、寒带等数千余种动植物，春天的杜鹃花、夏

韩国的橘子很有特色，体形较小，很像柿子，在冬天成熟。济州岛产的橘子是最有名的。

天的高山植物、秋天的红叶和冬天的雪景，种种美不胜收的景色共同组成了汉拿山的四季图画。

随着韩剧的热播，这座海上的岛屿日益为人所知。如果你是一个韩剧粉丝，那么你一定会疯狂地爱上济州岛。无数著名韩剧，从《冬季恋歌》、《人鱼小姐》到《大长今》，都选择了济州岛作为拍摄的外景地。随着主人公命运的起伏，人们也记住了济州岛这个美丽的地方，记住了这个创造了一段段纯洁浪漫爱情故事的地方。

济州岛是韩国主要渔业基地，有丰富的渔业资源。渔民们驾着小船手工捕捞，就可随时捕获到真鲷、石鲷、黑鲷，或是乌鲗鱼和黄斑鱼，还会有鲈鱼或石斑。对于酷爱吃海鲜的人来说，济州岛实在是个美味的天堂。

济州岛还是韩国重要的柑橘生产基地。岛的南部公路两旁，橘园连成一片，枝叶茂盛，气味芬芳。游人们在这里可吃到刚从树上摘下的新鲜橘子，一饱口福。

而最为女性所钟爱的泡汤，在济州岛也能享受到，而且价钱并不昂贵。舒舒服服泡一次只相当于人民币七八十元，而且水质和设施都非常好。济州岛的水好，在韩国也是出了名的。如果羡慕韩国女性白净光滑的皮肤，就到她们心中的大浴池——济州岛去找答案吧。

当然济州岛也有她动感的一面——可爱的泰迪熊博物馆、西归浦体育场、充满刺激的赌马场，这些都是年轻人聚集在此的理由。

在全球化的浪潮下，大城市无论在哪个国家，长相都差不多，要想真正给心灵度个假，济州岛一定不会让你失望。这里的海风会让你在轻轻松松、悠然自得中体味世外神仙的逍遥自在。无论是出海、滑翔、钓鱼、登山、打高尔夫、逛繁华的塔洞小店，还是品尝营养丰富的参汤和海鲜……都是一次身体和心灵的盛宴。

朝鲜族人的婚礼具有浓厚的传统民风，新人都要穿上传统婚礼盛装，喜结连理。在济州岛的民俗村参加一次传统的韩式婚礼，那经历会让你毕生难忘。

丽江古城 Old Town of Lijiang

回／归／世／外／桃／源

地理位置－亚洲

度假名片－黑龙潭、木府

四方街静卧在丽江古城世外桃源般的世界里，享受着岁月的宽容。在这里，钟表变得多余，人生像戏剧一样富于诗意。在今日的都市生活中，丽江所蕴涵的纳西文化所特有的沉静悠远的人生睿智，已经成为隔世之音。于是，来丽江度假就成为都市文化的一种回归，成为现代都市人的一个田园美梦。

丽江古城始建于南宋，是历史上茶马古道的重要枢纽，也曾是滇西北的政治、经济重镇。

丽江的县城叫大研镇。据说“大研”二字实际上是“大砚”的谐音。因为丽江古城依山傍水而建，四周青山环绕，城内绿水长流，而西北处又有几座孤山高耸入云，形似一块巨大的砚石，故而称之为大砚。

丽江的中心是四方街。所谓四方街实际上就是一个小广场，四四方方，好似一颗府印。据说，四方

一架悠悠转动的大水车象征着古城厚重的历史。

丽江纳西族民居轮廓优美，古朴素雅。

街是古代丽江木氏土司让人仿照其印章建成的一个露天集市，取意“中镇四方”，是古城权力的象征。

丽江城内街道密如蛛网，以四方街为中心向四方辐射，四周店铺客栈环绕，沿街逐层外延，构建成缜密而又开放的格局，古老的集市就这样孕育了城市最初的形状。大街小巷排列有序，街路缠着水路，水路绕着街路，就这样纠纠缠缠了几百年。青色的石板，已经磨得光亮，平坦着，起伏着，曲折或是顺势成坡。这里没有一辆车，没有交通灯，只有水声，只有阳光，甚至脚步声也被青石悄悄地消解。

四方街东西两面都有流水，静静地流过街边的居民区。泉水在石板条下潺潺流淌，时而穿墙过屋，时而流出地面，又忽然消失得无影无踪。这种类似江南水乡的场面是高原城市里所少有的。

这条在古城里穿巷走院的泉水，流着的是雪山上流下的雪水，流得并不汹涌，却也并不温柔，一刻也不停地奏着乐。凉风习习的四月天，泉水旁的桃树、樱花树、玫瑰花树都开满了鲜花，把水道点缀得七彩缤纷。水声带着生活的节奏，带着生命的气息，涌动着古城、古街的灵气。

丽江的景致，没有商业的浮华，反而遍布诗意，很容易令人想

起元曲里脍炙人口的《天净沙·秋思》。只是马致远心中的古道、小桥、流水、人家，在枯藤、老树、昏鸦、瘦马的陪衬下，经西风吹拂，夕阳西照，显得悲凉凄切。而这里的古道、小桥、流水、人家在白云悠悠的蓝天下，经灿烂的阳光渲染，便洋溢着江南水乡般清新秀丽的古朴神韵。

沿着古老的街市在丽江古城内慢慢逡巡，那流水的清音一直回响在你的耳畔。走在窄窄的巷道里，似乎漫步在悠长的历史空间之中，自己的心绪则在历史与现实的交错中逐渐迷失，不知所往。

街市的路面是用丽江出产的五花石铺砌而成的。石上花纹图案自然雅致，质感细腻，与整个城市环境十分协调。铺路用的五花石，不知是何年何月来到古城的，经世人几百年的踩

黑龙潭位于丽江城北象山脚下，潭水清澈碧透，依山傍水而建的仿古建筑点缀其间，更增添了几分古韵。

踏，块块石头光滑可鉴，流光溢彩。

丽江城内遍布的是鳞次栉比的瓦顶老式木房屋，溪水穿城而过，柳树下妇女洗衣、淘米的图景随时可见，一派“家家临溪，户户垂柳”的高原水乡风貌。踏在石板路上，虽非生在明清，却已游走在古人天地间。刹那间竟有一时恍惚：这个古城竟是活的。

时至今日，穿梭在纵横交错的街巷中，聆听着朝夕的市井之声，仍然能够想象当时商贾云集的盛况。凝神细听，似乎仍然能够听到山间急骤的马蹄声，从远古的时间隧道中向我们传递着历史的回声。我们还可以看到这样唯美的画卷：晨曦微露，伴随着马帮悦耳的铃声，四方街开始了忙碌的一天；待暮色四合，四方街仍在迎候着迟来的客人。

在这里，一口井、一座桥、一对门联……都在诉说着一个动人的故事。

今天，站在丽江的古街上，摊贩云集，古玩百货，琳琅满目。商家撑开的布篷和黄油纸大伞以及传统货摊，形成了古城市井风俗的经典画面。翻弄各种古旧的手工制品，仿佛在翻弄这整个古城，仿佛翻阅着一个个古老的民间故事，古朴的民俗总能演绎出全新的故事。

现在的丽江天天人来人往，川流不息，却没有金钱的俗气，透着一股温文尔雅、灵气四射的感觉，与自然浑若一体，让人疑为天地之造化。触摸这里的古董、铜器，穿梭于街铺之间，不禁浮想联翩，古情幽幽。如果能品尝到纳西族老妈妈做的传统豆凉粉，简直就舒服到心里去了。

白天，丽江的人们载着各种各样的物产进入大街小巷，挑担子的、牵马匹的、背背篓的，手提肩扛的队伍向着市场移动。在悠闲的氛围下，每个游客都步履轻松，悠然随意，边走边歇，慢慢地

观赏着石板路两旁的小店挂着的各式各样的手工艺品：刻有象形文字的木雕、做工精美的银饰，富有民族特色的背包……

日薄西山，叫卖声、喧哗声逐渐远去，街上留下一片映着洁白月光的青石板。粗粝的石条接纳着温柔的月光，以清寥而孤寂的姿态，静坐在亘古不变的一片清辉中。听着泉水唱着摇篮曲，看着天上星星明明灭灭，一天就在静谧而安详中安歇了。夜阑人静，丽江古城被月光洒满，跳动着纳西族轻灵飘逸的风韵，充满了浓厚的民族文化气息。

木府是座仿故宫建筑群，是丽江古城文化的“大观园”，建筑之宏伟、宫殿之辉煌、雕刻之精致、构件之玲珑、绘画之璀璨，真可谓美轮美奂，无与伦比。有人评论说“不到木府，等于没到丽江”。

夜色中的古城流光溢彩，可谓“古今合璧”。

有时的夜晚会呈现出不同的面貌。四方街上会点起营火，纳西人和游客们就围着营火，伴着纳西乐，跳起简单的纳西舞步。不管穿着古老的传统服装或是现代的T恤牛仔，仿佛都没有了界线，不分你我了。

在月夜聆听纳西古乐是最能领悟丽江古城雅趣的事情了。纳西古乐是音乐的精魂、音乐的活化石。丽江因为有了古乐而有了底蕴、有了高雅、有了文化品位。月夜聆听古乐最浪漫、最温馨、最恬静。

水渠边、柳树下、石桥旁，一阵阵笛弦交融、筝琴悦耳的乐曲声响起，乐师们吟唱起来，只觉得天地之间充塞着一股庄严神圣之气。夜幕下的丽江，月光泼洒在古城小巷，渠水波光粼粼，杨柳树影婆娑，月朦胧，古乐也朦胧。缠绵悱恻、哀婉动人，玄妙悠远的古韵雅音，令人沉迷，让人心醉，真是：“此曲只应天上有，人间能得几回闻？”

坐在柳树下，脚下是清澈的小河，远处有石桥弯弯，红色的纸风灯和烛光为游人的脸庞染上红晕。不经意间抬起了头，月儿已经升到了中天，静静地挂在柳枝头，安详地看着这人世间的美景，一切仿佛都陶醉了。

除了月夜，雨中踏寻最能洞悉丽江的美趣。丽江的美不是浓艳盛妆、扑面而来的，而是不期而遇的，不经意的，要你去找寻、去发现。雨滴把石板路洗刷得一尘不染，五花石的花纹，如一幅幅奇妙的山水画铺展在脚下，走在石板路上，恰似在画中漫游。这里的小雨缠缠绵绵，几乎不用打伞。雨丝飘在脸上，落入颈中，凉凉的，温温的，充满女性的温柔。沉寂下来的街上，许多微弱的灯光，慢悠悠地从古香古色的老房子里挤出来，看着遍地的雨水徐徐流淌。

万古楼位于丽江县城狮子山顶，楼共5层，斗拱重檐，用16根22米高的木柱贯通各层，总高度30多米，是中国木结构建筑第一楼。

来这里度假的人，就像误入童话仙境的小女孩，处处都觉得美丽和惊喜。小桥、流水、青石板路、垂柳、马灯、古乐……每一样都是梦里的思念。静止的街道、悠扬的音乐，一丝丝、一寸寸钻入耳膜，缠绕起一种渴盼多年的感觉。

丽江是一个会让生命丰满起来的地方。在这里生活，傍水而居，看太阳一点点爬上湛蓝如镜的天空。待到晚上等太阳睡去，便和朋友一道坐在河边，就着马灯，品一杯红酒，饮一盏月色，做一个河灯，送一个希望去漂流。这是一个最人性化的地方，笑容在这里的阳光下一天天舒展。

在街边的咖啡屋或小茶馆前，涓涓溪水缓缓流过，柳树随风摇曳，在这里寻一个位置坐下，或读书，或闲聊。在这个微风送爽的午后，笼着一身金黄的阳光，品着香浓的咖啡，尽情地享受着古城的宁静、和平，任由时间奢侈地随着流水在哗哗声中流逝，这恐怕是多少都市人一生的梦想。

Enjoying Natural Wonders

Chapter.07

天地有声 山川幻绮

——醇享自然奇观

肯尼亚 Kenya

失/落/在/东/非/大/草/原/的/爱

地理位置－非洲

度假名片－野生动物的乐园、树顶旅馆

奥斯卡获奖电影《走出非洲》描绘了发生在非洲大陆上一段凄美的爱情故事。弥漫着淡淡忧伤的唯美画面，女主人悠悠的画外音，那最终陨落在大草原上的刻骨铭心的爱，发出一种召唤，吸引着无数远方的游客踏上这片神秘的土地。

东非冕鹤因头顶有一簇冠冕状的羽毛而得名。这种鸟生性活泼，舞姿优雅，叫声却嘶哑难听。

当汽车在肯尼亚马赛马拉无边的草原上行驶时，低矮的丘陵绵延起伏，宽广的草原一望无际，巨大的金合欢树和波巴布树散落其间，马拉河的众多支流纵横穿越。这片美妙绝伦的景色构成了狮子、大象的家园，是原始的马赛人的家园。在这里，安静是对大自然最好的尊重。

在肯尼亚，有动物最集中的栖息地和最多色彩的荒原。狮子、豹、大象、长颈鹿、斑马等各种野生动物生生不息。在这里可以看到成群结队的斑马与南非羚羊在车周围奔跑；非洲野牛奔跑时激起的尘土与大象缓缓行进的步伐相映成趣；地上乍一看以为是石头，仔细一看原来是几只匍匐不动的旱龟；随着一声低沉的吼叫，草丛中会突然窜出一两只猎豹与豺狗，令你惊出一身冷汗。

要想真正地感受大自然的魅力，体验住在野外的感觉，可以去阿巴尔德拉自然

峰顶银白、山腰翠绿的肯尼亚山，是肯尼亚最美丽的地标。

保护区内的树顶旅馆，这里大概也是全世界唯一一家建在树顶上的三星级旅馆。1952年，英国伊丽莎白公主在肯尼亚旅游时就住在树顶旅馆，随后传来她父亲乔治六世去世的消息。第二天，伊丽莎白就返回伦敦登基，因此人们说伊丽莎白上树时还是公主，下树时便成了女王。这几间小小的房子因此声名远播，可惜在一次大火中被烧毁。1954年，人们在原址的对面建起了现在的树顶旅馆。

这是一座离地10米，高约21米的三层建筑，完全采用木质结构，由几十棵粗壮的树木连接而成。这些作为房柱的大树有的还穿过楼层向天空继续生长，枝繁叶茂。旅馆的楼梯也是用一棵大树盘旋而上，非常别致。旅馆的底层是餐厅和酒吧，上面两层是客房，里面的陈设都是用原始木料制成，共有70多张床。北侧的一个房间里陈列着当年伊丽莎白睡过的那张床。旅馆的屋

一望无际的东非大草原是无数野生动物的天堂，这里提供了生物的无限多样性。

顶有一个大露台，游客在此远眺，能看到非洲第二大山——肯尼亚山白雾覆盖的山顶，那冰清玉洁的世界让人精神为之一爽。低头俯瞰，则可以看到成群的野牛在水塘里打滚，大象从架空的二楼下面穿行而过。除了这些，在树顶旅馆住宿有一项特别的表演，每到夜晚旅馆就会打开专用的探照灯照亮楼下一处空地表演给大象喂食盐。工作人员把盐撒在地上后，早就在那里等待的几十头大象就会争先恐后地用鼻子将盐卷进嘴中，直到盐被吃尽还久久不愿离去。

金色的阳光下，披着艳丽斗篷的马赛人在草原上生活了千百年。在这里，人与自然、人与动物之间的和谐相处孕育出了独特的原始文化。电影《走出非洲》中的女主人公凯伦在丹尼斯死后走出了她一直生活的非洲，回到自己的故乡，从此再没有踏上非洲的土地。虽然没有再回来，但曾走过的路，经历过的一切，却一直留存在她的记忆中。草原上日出日落，高大的金合欢树下栖息着各种动物。徜徉在仙境般的草原上，感受着原始气息的同时，可以使久居都市的现代人忘记一切压力与烦恼，完全融入奇妙绚丽的大自然风光中，感受到一种真正的放松与解脱后的快乐。

肯尼亚火烈鸟大概是草原上数量最多的鸟类，它构成了肯尼亚一景。

马达加斯加是世界第四大岛，这里在自然生态、居民成分等诸多方面，都与非洲大陆迥然不同。秀丽的自然风光、自成体系的动植物，使马达加斯加成为人们心目中一片神奇的土地。

马达加斯加 *Madagascar*

一/片/神/奇/的/土/地

地理位置－非洲

度假名片－变色龙、狐猴、猴面包树

马达加斯加岛隔着莫桑比克海峡与非洲大陆相望，是由非洲冈瓦纳古陆分裂形成的。尽管人们一直将它列入非洲的范畴，但经过长期独立地发展进化，岛上的物种已经和非洲大陆上截然不同。岛上没有非洲大陆最常见的狮子、大象、猩猩等动物，多是一些岛外所没有的奇特动植物。有“活化石”之称的狐猴更是这里的一大特色。岛上有很多蜥蜴类动物，变色龙的种类占世界一半以上。各种奇花异草达万余种，而且4/5的品种都是该岛所独有的，罕见的猴面包树、猪笼草、灯心草和罗望子等，组成了一座巨大而奇异的天然植物园。

狐猴外形与鼠、猫、狐和猴都有相似处，是马达加斯加特有的物种，会“跳舞”，它是一种小巧可爱的动物。

漫步在马达加斯加岛上，看着变色龙将自己的身影巧妙隐藏在充满原始趣味的森林中，众多野生的珍贵兰花上不时会跳过马达加斯加所独有的狐猴。你还可以在当地土人向导的引领下，一路穿越湖畔山谷间的热带雨林，在狐猴岛上与众多可爱的狐猴零距离接触，体会与狐猴嬉戏玩闹的美妙乐趣。运气好的话你还能在森林里见到传说中的跳舞狐猴，它们滑稽至极的舞姿会令你开怀大笑。

马达加斯加东北部是有“海天堂”美誉的圣玛丽岛。这里拥有完美无瑕的碧海蓝天、阳光沙滩，在这里可以去森林徒步探险、骑自行车环岛游，也可以潜水观光。但最吸引人的还是圣玛丽岛上一年一度的鲸鱼节，每年的7月到9月，大量鲸鱼会出现在附近的海域，而圣玛丽岛恰好可以提供一个绝佳的近距离纯生态亲近鲸鱼的机会。

马达加斯加岛西部的贝马哈国家地质公园完整地保存了亿万年来马达加斯加岛孤独进化的独特地貌和生态，是自然学家和崇尚探索发现的背包客梦寐以求的圣地。在这里几乎能够找到全世界所有种类的猴面包树，而被红树林和泻湖包围的海岸也散发着独特的魅力，还有马达加斯加享有盛名的细软沙滩和海边撑着平衡杆的双桅帆船。

或许是与非洲大陆分离的缘故，马达加斯加人从体形、身材、嘴唇、肤色等特征看，完全不同于非洲大陆的尼格罗人和阿拉伯人，而与东南亚一带居民的体形特征很相像。而他们的社会生活习俗，如乡间农舍的房屋轮廓、建筑结构和高耸的双斜屋顶，屋内的摆设、炉灶、水缸、舂具和农具，乃至安放于北墙上的神龛和祭祀习惯，以及层层梯田和稻田、养鱼的习惯等等，也都呈现出浓厚的亚洲气息。

马达加斯加也是联合国认定的最不发达国家之一，每9 800马元才兑1美元，所以去这里旅行将很便宜。马达加斯加人爱牛，牛为财富的标志，牛头为国家的象征，所以马达加斯加也被称为牛的王国。马达加斯加人有一项奇特的习俗，他们葬礼铺张，每隔四年就要掘开祖坟，举行隆重的翻尸换衣仪式。元旦时，人们互赠鸡尾，以示祝福。去看看非洲的异国风俗，也能得到不错的猎奇享受。

走遍马达加斯加，这座印度洋上的岛屿就好像“诺亚方舟”一般为人们展示着一个神奇的“新世界”。在很多欧美游客眼里，马达加斯加可与亚当夏娃生活的“伊甸园”相媲美，是大自然留给人类的一处“世外天堂”。

马达加斯加是世界最不发达国家之一，这是其首都塔那那利的市中心。

沃特顿—冰川国际和平公园

Waterton-Glacier International Peace Park

落／基／山／脉／的／皇／冠

地理位置—美洲

度假名片—北美大陆的地质编年史

在落基山脉的中段，隐藏着一片神秘的净土，一件大自然亿万年来精心营造的艺术品，这便是素有"落基山脉的皇冠"之称的沃特顿—冰川国际和平公园。

沃特顿—冰川国际和平公园由位于加拿大艾伯塔省最南端的沃顿特国家公园与美国蒙大拿州冰河国家公园共同组成。这是世界上第一个跨国界的自然公园景

区，总面积4 576平方千米，拥有250多种珍稀鸟类，111种珍贵植物。一进入公园，一幅幅生动的自然景观立刻展现在眼前：连绵的山脉、飞翔的老鹰、碧蓝的沃特顿湖、雪白的冰川、翠绿的茂密森林……

雄浑的落基山脉，由北向南纵贯国际和平公园，在它岩层叠置的主脊线两侧，遍布着众多现代形成的冰川。在冰川的下方，呈“U”字形的古冰川谷里，则由上至下分布着层层叠叠、波光粼粼的冰碛湖。冰碛湖的总数有600余座，在这些阳光和煦、雾霭朦胧的湖面上，还隐约可见国际和平公园内海拔最高的山峰——克里夫兰峰。

站在峰巅，俯视落基山脉多彩的岩层和壮美的地貌景观，犹如翻阅一部北美大陆的地质编年史。那些袒露在阳光之下，12.5亿年前形成的白云质灰岩中包含着生活在海洋环境中的蓝绿藻群体化石，这正是地球上最原始的生命痕迹。在晴朗的天气里，公园内的岩石上还可以依稀看出因形成时环境因素差异而呈现出的红绿不断交叠堆积的岩层奇景。

公园内湖光山色，相映生辉，美轮美奂。

淡黄色的熊草和碧绿的格里奈尔湖，更是相映成趣。从高山的雪线往下直到山脚，国际和平公园向游客们展示了完整的寒温带植被垂直分布。秀丽挺拔的北美落叶松仿佛君临大地，倨傲地注视着身旁和脚下那些茂密的云杉、冷杉和铁杉。常与铁杉为伴的香樟树在林间散发着沁人心脾的清香。再到了暖季，灌丛和苔原地带一片五彩缤纷，洋红色的猴花、绛紫色的龙胆和亮黄色的冰川百合竞相争艳，进而组成了缠绕在雪峰下的绚丽花环。

所以，它不仅是加拿大自然风光的代表，也是世界上两个自然地带——落基山脉与草地草原交会在一起的典型范例。1995年，联合国教科文组织将沃特顿—冰川国际和平公园作为自然遗产，列入世界遗产名录。

而这里的生物也如风霜雨雪般的自然现象一样，是自由的国际公民，不受国界的限制。

马鹿夏天在美国冰川公园避暑，冬天下山到加拿大沃特顿大草原避寒。风暴过后，栖息在美国的大雁、天鹅便迁飞到沃特顿的骑士湖，在此追逐戏水。而多年以来，狼似乎在沃特顿公园内销声匿迹了。可喜的是少数狼群从北方向南迁移，越过边境从加拿大跑到了美国的冰川公园内，人们又可以看见狼的踪影了。

鳟鱼则经常跨过国界，穿梭游动在两个公园之间。为此，和平公园的两国水产专家们共同开展了有关鳟鱼DNA、本地和非本地产鱼，以及公园湖泊和溪流的水质状况等方面的研究，并探究保护这一濒危物种的措施。

可以毫不夸张地说，从与沃特顿公园相遇的第一眼开始，许多人就被其静谧深深迷醉。明镜如诗的湖水映着棱角分明的山峰，像洒下魔咒般令人惊呼赞叹，情不自禁按下数次快门，生怕遗漏任何一个角度。它的美，就在此刻深植人心，从此挥洒不去。

晴天的沃特顿湖展现出绝美的空灵，荡去了心灵的杂质。

落基山脉 Rocky Mountain

现／代／人／心／灵／的／庇／护／所

地理位置–美洲

度假名片–北国的原始森林

这里有静逸祥和却不失雄伟壮观的自然风光，有野性难驯却又与世无争的动物群落，这里还因一部电影而举世闻名，这是时至今日为数不多的一处现代人心灵庇护所——落基山脉。

或许对于大导演李安而言，想在现实中的美国西部找到一处适宜的角落，借以诠释发生在两个牛仔之间的那份至死不渝的同性恋情，实在是件殊为不易的难事。这是一部诗意的电影，需要一个如诗境般纯净的世界，优雅、感性，间或带有几分神秘的原始气息。不然，镜头下所要展现出有关“爱”的林林总总，就会失去它原本应有的美丽而真实的特质。

于是，他离开西部，远离现代都市繁华的袭扰，一路向北，走向落基山脉高耸入云的雪峰，青翠的原野，碧绿的溪水，还有那一望无垠的蔚蓝苍穹。

也只有在这个地方，《断背山》中的两位主角，杰克和埃尼斯，才会真正寻获一片属于他们自身情感与心灵的舞台。落基山脉最终成就了这部如传奇般动人的电影，也成就了李安在电影界写下一笔浓重的华彩。

落基山脉物种丰富，大多是温顺的北方物种。

落基山脉从北向南纵贯北美，北起阿拉斯加，穿过加拿大、美国，在墨西哥消失。正因其辽阔，南北各地的自然地理特征和生态环境差异明显，各自呈现出风格独特的自然风光。落基山巍峨壮观，层峦叠嶂，群峰耸立，犹如一条巨龙腾空而起，自北向南绵延起伏约5 000千米，成为美国辽阔疆域的支柱。许多美国地理学家称它为北美洲的“脊骨”，这或许是主要原因之一吧。

春天，山谷中一片新绿，百花盛开；夏

季，漫山遍野都是野草莓和蓝莓，黄色的冰川百合也从融雪中冒出头来；秋天艳阳高照，山中层林尽染，颜色煞是好看；冬季银装素裹，天空湛蓝，是滑雪的胜地。每个季节在山区远足都会有一番不同的发现和感受。

为了保护落基山脉的自然景观，这里已经建立了贾斯帕、班夫、约霍、库特奈等国家公园，以及汉帕、罗布森、阿西尼伯因等省立公园，把整个落基山脉建成了一座展现大自然美景的巨型博物馆。

落基山脉完全是大自然的世界，人在其间，既可独处，也可以享受与大自然亲近的乐趣。行走在任何一个季节，你都可以欣赏到四季常青的原始森林，静谧的河谷，画境般美丽的湖泊、河流、瀑布、温泉，还有神奇的史前时代遗留下来的冰川。沿着山中的小径，你会发现这里随处是风景，步步都精彩——细微往往比宏观更加动人，这句话用在这里真是再确切不过了。

落基山脉的马里奴湖风景如画。

在山中行走的你永远不会感到孤独与寂寞，这里是野生动物的家园，它们会时刻陪伴着你。偶然间，你会看到伏在石头上注视着你的小田鼠，它们的嘴里叼着花茎，准备回去做窝。你也可能与一只山羊四目相对，这些矫健的生灵见了你并不逃遁，只是和你保持着一段距离，警惕地打量着你。你再走向一条河边汲水，也许一头驼鹿刚刚喝完水，转身与你擦肩而过，默然仿佛城市街头一次匆匆邂逅。

落基山脉里还有两种熊：黑熊和灰熊。黑熊体形较小，性情温和；灰熊体形硕大，生性残暴。如果你意外遇到了它们，也不必太紧张，因为它们通常会忙着自己的事，漠视你的存在。你可以尽情地观赏它们，然后悄悄走开。

行走在落基山脉，脚步越快，便越发能感受到生活的节奏在逐渐放缓。因为大自然，你所有感官都开始苏醒。于是刹那间，你内心自然的真我跃然而出，急不可耐地迎接着山中清新的空气和美景，享受自然的快乐和施舍。生活竟是如此纯粹，宛如新生的婴儿般单纯得令人备觉怜爱。

还会有什么感觉比这更美好呢？

落基山脉的雪白得刺眼，让人知道什么叫洁净。

育空地区 Yukon Territory

极 / 光 / 绚 / 烂

地理位置—美洲

度假名片—极光

育空地区位于加拿大西北角，约有1/10位于北极圈内，气候严寒。加拿大全境的7座高峰都位于育空地区，因此这里的旅游特色是拥有大量野生动物和连绵不绝的大自然风光，以及那绚丽多姿的极光。

这就是极光。鉴于众多大作家都无法描述它，我们还是不多说它了。它大概只属于眼睛，而不属于语言。

育空地区是北美唯一有公路可以通向北极地区的省份。旅游项目主要有：欣赏极光、淘金、观赏野生动物、独木舟泛舟、体验原住民文化、乘坐狗拉雪橇等，而对所有游客最具吸引力的则是那里绚烂多姿的极光。

对于极光的成因，住在极地的爱斯基摩人认为，极光是天界的鬼神引领世间逝者的灵魂登上天堂的火炬。而科学界比较通行的说法是：极光是由太阳发出的高速带电粒子进入两极附近，激发高空大气中的原子和分子而引起的。

观赏极光的最佳时间为冬季没有月亮的夜晚 。站在育空地区寒冷的极地，举目遥望夜空，时常可见五光十色、千姿百态的极光。毫不夸张地说，在世界上简直找不出两个一模一样的极光

雪橇是育空地区的传统运输方式，为了保护狗的脚不被冻坏，需要给它们穿上鞋子。

形体来。它们或呈带状，或呈弧状，间有幕状、放射状，在遥远的苍穹之上不断地折射出红、蓝、绿、紫的绚丽光芒，如梦似幻，令人如痴如醉。

极光的亮度变化也是很大的，从刚刚能看得见的银河星云般的亮度，一直演变成为满月时的月光般皎洁的亮度。在强极光出现时，地面上物体的轮廓都能被照见，甚至会照出物体的影子来。

极光有时出现时间极短，犹如节日的焰火在空中闪现一下就消失得无影无踪；有时却可以在苍穹之中辉映几个小时。极光的形态有时像一条彩带，有时像一团火焰，有时

白桦是育空地区最具代表性的树种。深秋，从地上透过树冠仰望天空，那是一种绝美。

则像一张五光十色的巨大银幕。有的色彩纷纭，变幻无穷；有的仅呈银白色，犹如棉絮、白云，凝固不变；有的异常光亮，掩去星月的光辉；有的又十分清淡，恍若一束青丝；有的结构单一，状如一弯弧光，呈现淡绿、微红的色调；有的犹如彩绸或缎带抛向天空，上下飞舞、翻动；有的软如纱巾，随风飘动，呈现出紫色、深红的色彩。有时极光出现在地平线上，犹如晨光曙色；有时极光如山茶吐艳，一片火红；有时极光密聚一起，犹如窗帘幔帐；有时它又射出许多光束，宛如孔雀开屏，蝶翼飞舞。

极光的运动变化，正是自然界这个魔术大师，以天空为舞台上演的一出光的话剧，上下纵横成百上千千米，甚至还存在近万千米长的极光带。这种宏伟壮观的自然景象，好像沾了一点仙气似的，颇具神秘色彩。令人叹为观止的则是极光的色彩，早已不能用五颜六色去描绘——大自然这一超级画家用出神入化的手法，将深浅浓淡、隐显明暗一一搭配、组合，宛如万花筒般绚烂多彩。

极光如此多姿多彩，如此变化万千，又是在这样辽阔无垠的穹隆中、漆黑寂静的寒夜里和荒无人烟的极区出现，此情此景，无怪乎在许许多多的极区探险者和旅行家的笔记中，描写极光时往往显得语竭词穷，只好说些“无法以言语形容”，“再也找不出合适的词句加以描绘”之类的话作为遁词。是的，普通的美丽、壮观、奇妙等字眼在极光面前均显得异常的苍白无力，即使有生花妙笔也难述说极光的神采、气势、秉性脾气于万一，唯有亲眼去看，去感受……

古往今来，人们对极光赋予了太多美好的想象。或许正如一首歌中唱的那样：古罗马神话里的织架女神、掌管北极光的欧若拉，正用美丽的极光不断向渴望着幸福与美好的人们指引着他们未来前行的方向。不知置身极光绚烂之下来自异地的旅客们，可曾向它许下了什么毕生憧憬的美好心愿呢？

Galapagos Islands...

加拉帕戈斯群岛

>> 生物进化博物馆

加拉帕戈斯群岛是由远古时代海底火山喷发出来的岩浆堆积而成的火山岛，就像一座“魔幻之岛”，将天南海北的珍奇生物汇集于一处，演绎着地球生命进化的传奇。

地理位置－美洲

度假名片－珍奇生物、火山岩

加拉帕戈斯群岛位于东太平洋，隶属于厄瓜多尔，距该国本土西部大约1 000千米，由长达130千米的伊莎贝拉岛和十几个稍小的岛屿组成，此外还有许多岩礁和小礁。群岛最高处是伊莎贝拉岛上的沃尔夫火山，海拔1 707米。

其实，加拉帕戈斯群岛在地理上的发现是一个美丽的“错误”。本来向秘鲁航行的巴拿马主教的船却阴差阳错地来到这里，水手们在这里发现了许多巨龟，群岛由此得名。

加拉帕戈斯群岛最为有趣的地方，莫过于生活在其间的约400余种特有物种。当初，伟大的生物学家达尔文发现这里的许多生物与南美洲大陆的同类极为相似，却又在诸多特征上有着明显的差异——或者说是“变化”。详加考察之后，他终于创立了伟大

这几块孤独壁立于海面的石头几乎成了加拉帕戈斯群岛的标志。

的生物进化理论。群岛也由此受到了世人高度的关注，百余年间慕名而来的游客更是络绎不绝。

比如龟，在这里，你能看到这种被称作“象龟”的巨大陆地生物。背负着沉重背壳的它们仿佛是一座座移动的城堡，坚如磐石，缓慢地爬行在茂密的草丛间，一副稳如泰山、浑然不为外物所动的架势。这也正是启发达尔文进化论的关键所在——他在当地人的帮助下发现，尽管都是同类，然而不同岛屿上的象龟们却长得不尽相同，全然就是一个个独立演进的生物种群，正足以印证他有关生物进化的相关理论。

这里还生活着以这位生物学家的名字命名的达尔文鹰，这种

伊莎贝拉是加拉帕戈斯群岛中最大的岛屿。

骁猛的飞禽是仅存在于该群岛的珍稀物种。漫步林间，你还可能遇见翩翩起舞的蓝脚鲣鸟在求偶，鹈鹕正在交配，加拉帕戈斯小蜥蜴趴在加拉帕戈斯海鬣蜥的背上，信天翁在天空展翅翱翔，加拉帕戈斯陆生鬣蜥忙着觅食，雄军舰鸟鼓起深红的喉囊以吸引异性……

象龟是当今世界上现存最大的陆间龟，体长约2米，重达200～300千克，因其腿粗似象，故名“象龟”。它们匍匐在岸边草丛中，俨如身披铠甲的卫士，守卫着加拉帕戈斯群岛。

再看海下。加拉帕戈斯群岛的海水营养丰富，这儿交汇了赤道暖流和南美的洪堡寒流，充足的食物吸引来很多海洋动物。颜色鲜艳的萨莉伦轻脚蟹、色彩神秘的海葵和奇特的小虾都是加拉帕戈斯岛常见的动物。最壮观的景象是在海中遇到双髻鲨群，成百上千条性情凶猛的大家伙从你身边掠过的感觉非同寻常。

举手投足憨态可掬的加拉帕戈斯海狮的眼神中则带着一丝不快，似乎在责怪外来者们打搅了它的生活。它们与海鬣蜥、象龟等几百种动物一起，在群岛上过着与世隔绝的生活，在物种进化的巨树上，走出一条独特的分支。

对于珍稀和濒临灭绝的物种们的保护，历来都是世界各国为之头痛的难题，加拉帕戈斯群岛也没能幸免。如群岛曾经出现猖獗一时的偷猎活动，幸好在当地政府近年来的严厉打击下，已呈现出了明显好转的态势。然而也正基于达尔文进化论，这些仿佛永世孤独的生物们也正在步步走向为自然界所淘汰的终点——一只名叫“孤独的乔治”的象龟，今年已经60多岁了，它是一个象龟亚种存在世间最后的生命，当它死去的时候，便意味着这个生物种群将在地球上彻底地消失。眼看着它依然以古老的方式缓慢地行走在你眼前的时候，你是否会怀有一丝激动，却又备觉沉重呢？

香格里拉 Shangri-la

西／方／人／眼／中／的／世／外／桃／源

地理位置－亚洲

度假名片－雪山、湖泊

雪山环绕之间，有大大小小的草甸。这里水草丰美，牛羊成群，碧绿的草地和山坡上，杜鹃花、格桑花竞相怒放，骏马奔驰，牧人在蓝天白云下唱起悠扬的牧歌，这就是香格里拉人间仙境的生活，一幅活生生的美丽图卷。

香格里拉有很多著名的天然湖泊。它们星罗棋布地分布在雪山环抱之间、草甸的中间或边缘，就像是镶嵌在那里的一面面镜子。这些神圣静谧的湖泊，映照着雪山森林、蓝天白云，引来牧人畜群和各种飞禽走兽，成为人与自然共存的乐园。

碧塔海位于香格里拉县城东25千米的崇山峻岭中，四周群山环抱，林木蓊郁，雪峰连绵。湖面呈海螺形，由雪山溪流汇聚而成，雪山树影倒映在碧蓝的湖水中，清雅迷人。湖中有岛，生长着云杉、高山松、白桦等林木。碧塔海有“高原明珠”的美称，它最吸引人的就是这塔状的小山和这一湖宁静澄澈的水。相传，天女在梳妆时不小心失

雪山、草甸、蓝天、白云、藏族村庄、五颜六色的草原、成群的牛羊、耕作的藏民，等等，构成了中甸最美丽的风景区——小中甸。

小中甸静中有动，美得像油画。不过这种红色的狼毒草却是草场退化的标志。

落的镜子破碎后，在这里形成了许多高原湖泊，碧塔海就是其中的一块镶有绿宝石的镜片。

在碧塔海，骑着藏民们准备好的马，悠然地徜徉在春的怀抱里。马蹄轻悠，蹚河过溪，穿林踏草。看着碧塔海四周的林木倒映在水中，水中有林，林中有水，碧波荡漾，颇有“半湖青山半湖水”之感。

香格里拉雪峰连绵，雄奇挺拔，屹立着梅里、哈巴、白茫、巴拉更宗等大雪山。提到香格里拉的雪山，就一定要说哈巴雪山。“哈巴”是纳西语，意为“金子之花”。哈巴雪山主峰高5 396米，山顶终年冰封。主峰挺拔孤傲，周围环立着四座小峰，远远望去，宛如一顶闪着银光的皇冠。随着时令、阴晴的交替变化，雪峰时而云笼雾罩，“皇冠”也随之时隐时现；时而云雾缥缈，丝丝缕缕荡漾在雪峰之间，正是“白云无心若有意，时

与白雪相吐吞”。在雪山海拔大约4 700米的地方，悬岩披挂着冰瀑。据说那些形态各异的角峰、刃脊、U形谷和羊背石，都是古代冰川留下的遗迹。

古远的冰斗融化后还积聚成许多冰碛湖，这些冰碛湖就分布在哈巴雪山海拔4 100米左右的地方，其中尤以黑海最为著名。黑海因水色如墨而得名，湖水幽深莫测，四时景观各不相同。最奇特的是，据说人们只要站在湖畔高喊数声，湖畔四周便会细雨纷纷，有时甚至会有倾盆大雨。这种能让人呼风唤雨的奇特景观，更增添了黑海的神秘气息。

黑海中有一种十分罕见的雪鱼，通体雪白，鱼腹上生有四足。在气温

属都岗湖四面环山，年平均气温35℃，湖水清澈透亮，湖中盛产“属都裂腹鱼”。秋冬季节是游览属都岗湖的最佳季节。

梦里的青草地，这就是西方人眼里的东方伊甸园。

适合的时候，雪鱼结对成环状，黑压压地环绕在湖边的浅水中，景象十分壮观。

除雪山、湖泊外，哈巴雪山风景区还有许多悬泉飞瀑。它们或温柔清秀、丝丝缕缕，或气势汹涌、声势如雷。气势恢弘的飞瀑从崖顶跌落，化为绵绵细雨，在阳光的折射下，水雾幻化成七色的彩虹，景致十分奇妙。皑皑雪峰，云雾缥缈，飞流似破云而出，如天河入尘，确有“飞流直下三千尺”的气势。

1893年，美国小说家詹姆斯·希尔顿在他的长篇小说《消失的地平线》中，描绘了一个远在东方群山峻岭之中的永恒、和平、宁静之地。他说，那里有雪山环抱中的神秘峡谷，有金字塔般的雪峰，有蓝色的湖泊，有宽阔的草甸，还有喇嘛寺、尼姑庵、道观、清真寺和天主教堂；那里的人们与大自然和谐共生，那里的寺庙金碧辉煌，那里就是世外桃源，这正是香格里拉的真实写照。显然，在他笔下，香格里拉已不仅仅是一片景观，更是一种意境。

下龙湾 Ha Long Bay

海 / 上 / 伊 / 甸 / 园

地理位置－亚洲

度假名片－海上桂林

“不到下龙湾，不算到越南”，这是中国著名诗人萧三在访问越南时所作《下龙湾赋》中的佳句。越南人把下龙湾称为世界第八大奇观，中国人称其为“海上桂林”，而浪漫的法国人则亲切地称呼它为“海上的伊甸园”。

这是一片美丽而神奇的海湾，上千个具有典型喀斯特地貌的大小岛屿散落在蔚蓝的海面上，把下龙湾点缀得美丽异常。乘着轻舟在岛与岛之间巡游，你会发现，每个岛都像一座天然的楼台，嶙峋的山石和幽暗的山洞仿佛

位于越南北部的下龙湾，碧波万顷的海面上石灰岩岛若繁星密布，奇峰异洞比比皆是，是越南著名的旅游胜地。

在诉说着一个个美丽的传说。

由于下龙湾的小岛都是石灰岩的小山峰，而且造型各异，因此还有一个美丽的神话传说。据说在很久以前，上天遣一条神龙下凡，降临在北部湾，帮助越南人民抵抗外侵。神龙口吐龙珠，打退了侵略者，龙珠落入海中即化为山峰，后来人们就将龙珠落海之处称为“下龙湾”。

水上木偶戏是越南最具特色的传统民间舞台戏，也是世界上独一无二的木偶戏，表演者必须长时间浸泡于水中，利用其强劲的臂力及纯熟的控绳技巧，让玩偶生灵活现地演出各项传说故事，其动静合宜的神态令人拍案叫绝。

在下龙湾1 500平方千米的海面上，山岛林立，姿态万千。有的一山独立，一柱擎天；有的两山相靠，一水中分；有的峰峦叠起，绵延十几千米。下龙湾可谓一步一景，令你目不暇接。有的似蛟龙出海，有的宛如雄鹰展翅，有的好像金龟探头，有的看似孔雀开屏……

游览下龙湾的另一个乐趣就是能停船上岸，一览岛上的奇观。号称“下龙湾最美丽的洞窟”的独耕洞，虽然并不深邃，但各色钟乳石林立，有的石笋竟高达20米。这些石笋形成的景象正是大自然的鬼斧神工，如斗鸡山、老人石、狗头石、一帆风顺石、美女峰等。从这里向外眺望，美丽的下龙湾更是别具风情，海水更蓝，岛屿更幽，使人流连忘返。

中门洞是下龙湾又一个著名的山洞，它可分为形状和规模各不相同的三间。外洞像一间高大宽敞的大厅，可以容纳数千人。洞底十分平坦，洞口与海面相接。涨潮时，小游艇可以一直开进洞口里。从外洞通往中洞的拱形洞口只能容一人通过。中洞长8米、宽5米、高4米。洞里仿佛是一个精美的艺术馆。透过拱形洞口射进来的暗淡光线，映射得一座座钟乳石都闪现出绮丽的光彩。再通过一个螺口形的洞口，就进入了长方形的内洞。内洞四周的钟乳石错落有致，又自然地形成了许多小洞以及生动的雕像造型。

下龙湾还有一个可以体验回归大自然的好去处，那就是巴门岛。这里有近乎原始状态的热带丛林，岛上树木青葱繁茂，还有野猪、梅花鹿等野生动物出没。特别是在若岛，你还可以看到一个极其特别的红鼻猴王国，因为这里的猴子都是红鼻子的。这些红鼻猴极为顽皮和大胆，见到陌生人就成群结队地跑到海滩上跳跃、欢呼，仿佛是在欢迎远道而来的客人。

绵长的细雨让下龙湾罩上了一层鲜绿，像烟雨江南。

游览下龙湾，清晨和黄昏的感觉是不一样的。早上乘船出海，在蓝天朗日之下，突兀而起的山峰在晨光的照耀下远近高低各不同，给这里增添了一股梦幻般的美。峰回水转之际，海中小岛也在阳光的映射下不断变化着形状。船只穿行在溶洞与海岛之间，远处可见点点渔舟，斜挂红帆，时隐时现。渔舟上依稀可见头戴斗笠的婀娜女子，侧身摇橹，风情万种。

舟行至午，当你还陶醉在良辰美景之中时，已有当地渔民荡舟而归，向你推销鲜活的海蟹、龙虾、明虾、石斑鱼和墨鱼。夕阳西下时，金色的余晖横斜在下龙湾浩渺的海面上，金灿灿的，更显出典雅的风韵。置身于如此幽美的景致之中，不由想起唐人韩昌黎的两句诗："江作青罗带，山如碧玉簪。"此佳句赠与下龙湾，也是最合适不过的。

下龙湾有许多小岛是没有人烟的。如果找一处小岛停下来，拣贝壳，游泳，静听海水拍岸。看得久了，你会不由得涌出一种想融入其中的冲动，想象着自己变成一条自在的小鱼畅游在这清澈的海中，足以让人忘却尘世的诸多纷扰。

中门洞内的钟乳石色彩绚丽，造型奇特。

墨脱 Motuo

青/藏/高/原/上/的/“孤/岛”

地理位置－亚洲

度假名片－未开发的处女地

它是藏语里“鲜花盛开的坝子”，它是佛教里的“莲花圣地”，它是世人心里的深深感动，只因为它叫墨脱。

墨脱，藏语意思为“隐秘的莲花”，在大藏经《甘珠尔》里，墨脱被称作“佛之净土白马岗，殊胜之中最殊胜”。

墨脱，西藏最神秘的地方，一片未开发的处女地。它位于西藏雅鲁藏布大峡谷的腹地，是中国目前唯一一个不通公路也不通邮件的地方，人力背夫是这里唯一的运输方式，石锅和筷子是唯一能运出去的商品。可是，它却是西藏海拔最低、环境最好、气候最湿润、雨量最充沛、生态保存最好的地方。

它就是这样，你可以说它古老、陌生、闭塞，却永远没有办法拒绝它。

历史上，它曾被众多的佛教徒所向往，虔诚的信徒们甚至把一生能去一次白马岗看做最大的幸事。只是，现在

在墨脱，却几乎看不到磕长头、手持转经轮的善男信女了。这里的人们依旧还是和西藏其他地区的人们一样，信仰藏传佛教，墨脱境内的寺庙也在修复中。但是，墨脱人有自己的信教特点——独一无二的转经楼。转经楼一般造在路边有河流溪水的地方，一座座的小木屋不断传出隆隆的转动声和悦耳的铃声，木轮转动一周，铜铃叮当响一次，于是，下有水声潺潺，上有铜铃叮当，伴着漫山遍野的花香和鸟叫。墨脱的转经，让严肃的宗教信仰变得诗情画意。

墨脱自然保护区中仅高等植物就有3 000多种，其中有40多种还是以墨脱命名的。

其实，在墨脱，是没有严肃的。它有的，只是让你在走路的时候，知道生命的美好。或许，在某种意义上，墨脱更是作为一种象征留在世人的心里，作为一个意想，装着美好、灿烂和孤独。

墨脱也和其他峡谷村子一样，有山有水。但是墨脱却能留在人们心底，源于的是那个“多”字。墨脱复杂的地质构造决定了它拥有比其他峡谷盆地更多的山、更多的水和更多的瀑布。而其中瀑布注定成为墨脱路途上的看点：泻下的瀑布细如古时女子肩上的轻纱，缓缓从石壁上飘落下来，水珠被突出的岩石碰得四分五裂，然后化为缕缕青雾，在山间飘浮；或瀑布水流吼声震耳，逶迤壮观……

走路去墨脱，是件很惬意的事情。把生命握在自己手里旅行，永远是最璀璨的旅途。或许，如果墨脱不再是西藏高原上的“孤岛”，墨脱也就和其他的旅游地一样了，去墨脱的意义也就减半、消失了。

伴着鸟语花香，伴着高山峡谷，伴着随时可能出现的泥石流，伴着激动和畏惧，走在这不见人烟的原始森林里、马行道上、悬崖边……这样的事情，你的一生可以拥有几次？

去墨脱，在你的心灵需要休假的时候。

墨脱地区雅鲁藏布江畔矗立的“江河汇合处”石碑。

借用一句澳洲人用来向中国人推荐大堡礁的话：去澳大利亚，如果不看大堡礁，就好像到了中国，却没有去看长城一样，将会给你留下毕生的遗憾。

大堡礁 Great Barrier Reef

绝 / 美 / 的 / 水 / 下 / 奇 / 景

地理位置—大洋洲

度假名片—珊瑚礁群、海底世界

去澳大利亚，一定要看大堡礁。这是一处纵贯蜿蜒于澳大利亚东部海岸，全长达2 011千米的巨大珊瑚礁群。每当落潮时分，海水隐退后显露出的礁体顶部，便形成了无数的珊瑚海岛。乘快艇流连其间，俯首可见清澈的海水下那些色彩斑斓、形态各异的珊瑚美景。可以说，在地球上几乎没有比大堡礁水域中的海洋生物更绚丽多彩、变化多姿的景象了。1789年，随英国航船“努力”号搁浅于此的植物学家班克斯曾在日记里描述说，这里的景象真是“见所未见”，哪里是什么普通的珊瑚礁，简直就是“一堵珊瑚墙，矗立在这深不可测的海洋中”。

也正是得益于大堡礁得天独厚的壮丽景观，人们对它的自然生态保护格外重视。今天，这里依然生活着1 500余种鱼类、4 000余种软体动物和242种鸟类，甚至还是传说中的美人鱼——儒艮和巨型绿龟等濒危物种在这个喧嚣繁杂的地球上最后的栖息地之一。

大堡礁水域常驻水面的岛屿共约有600个，以绿岛、丹客岛、磁石岛、海伦岛、琳德曼岛、蜥蜴岛和芬瑟岛等较为有名。而这其中，从游客的角度而言，绿岛则是绝对不容错失的观光胜地。这里修建有较之寻常略显不同的“水族馆”，馆内不仅有为数众多的热带鱼和水生植物，更有奇异的活体珊瑚展出。这些鲜活的生命体有的悬浮在水中，静静展示着自己的美丽，有的则如茁壮的植物般仍在摇曳成长。五颜六

之所以彻底露天，就是为了更好地享受阳光。

色的珊瑚闪耀着绚丽多彩的光芒，使人禁不住想要打破展厅的约束，自由自在地和它们相拥在一起。

聪明的澳洲人自然不会错过这样延揽游客的商机。离开展厅，你可以租一套潜水用具，换上潜水服，戴上潜水镜，纵身入海去亲身体验大自然壮丽的奇观。如果你想到深海探险，还可以租一套专业深海潜水服，经过相关人士的快速训练，在导游的陪伴下潜入神秘未知的海底世界。当你与有着四种颜色的海葵鱼擦肩而过，目睹它们悠然自得，不为你这个“异世界”的闯入者而心存顾虑的时候，你的心里大概会产生一种恍惚的感觉，仿佛自己置身于传说中

驾驶摩托艇遨游于大堡礁海域是种无上的享受，海阔天空，令人神清气爽。

大堡礁水域有世界上最大的礁群，是由粉红、深红、黄、绿、紫、蓝、白等各色珊瑚汇集而成，颜色鲜艳，绚丽异常。

的鱼类王国，一个绝色而神奇的自由世界。

如果有较好的体力，你还可以选择步行穿过热带雨林，到海边的落潮点欣赏珊瑚礁在太阳的余晖下渐渐崭露头角，形成一片连接天空与海洋的珊瑚墙的壮丽景象。岸边有着许多旅游用品商店和供游客休闲的活动场所。你可以买上一些海洋工艺品，诸如海花、海星、贝壳之类。这里有一种用海蓝色蛋白石制作的饰品，是大堡礁所在地昆士兰州的特产。

至于位于桌山——因其山顶形状似桌而得名——的那株形状奇异的门帘树，和宛如绿宝石般镶嵌在山顶“桌”面上的两个火山湖，也绝对是值得一游的好去处。而著名的旅游景点库连达村庄，首先以其隐没在密林深处的热带瀑布而闻名于世；其次它还拥有着澳大利亚最负盛名的火车线路，连接库连达与阿瑟顿的“陆军达克”。坐上火车穿行在热带丛林的深处，目所能及，人们莫不为大自然造化的精妙与神奇而赞叹不已。

此外，库连达的古艺术品市场也是相当有名的。这里出售精美的木雕工艺品、各种材料和式样的项链等等。据称是世界上最大的蝴蝶展馆，也坐落其间，等待你去感受一番前所未有的奇妙的视觉体验，大呼不枉此行。

心形礁是大堡礁中最具吸引力的一处景观。从空中俯瞰，一个完美的心形在浩瀚的海面闪烁，不禁让人感叹自然造化的神奇。

鲨鱼湾 Shark Bay

人 / 与 / 动 / 物 / 的 / 和 / 谐 / 之 / 道

地理位置－大洋洲

度假名片－海豚、贝壳沙滩

鲨鱼湾并非只有鲨鱼。这个听上去略显恐怖的名字，不过只是最初发现它的人们直观但片面的形容而已。这里有迷人的海滩，奇异的海洋生物，丰富的资源和世界上最蔚蓝的海洋。它是人与动物和谐相处的乐园，一处宛若童话般的仙境。

鲨鱼湾位于澳大利亚最西端，距离陆地城市珀斯以北约800千米。它拥有世界上最大的海床地貌，面积约4 800平方千米。同时，它也是世界范围内叠层石分布数量最多的水域。这是一种奇特的海底岩石，由海藻变成的硬质圆形沉积物所形成，是地球最古老的生命形式之一，在科学界享有“古生物活化石”的美誉。

当然了，对于远道而来的旅行者而言，鲨鱼湾种群和数量繁多的海洋生物，才是这一趟远足所关注的真正焦点所在。巨大的海床孕育出了令人叹为观止的水下草原，成片的海草在绿松石色的水中随波漂荡，使得海湾深处形成了一个得天独厚、非常适宜生命存在的天然环境。无论是长达18米、号称世界上最大的海洋鱼类的巨型鲸鲨，还是背负着厚重的水藻，怡然自得地在水中畅泳的长颈龟，抑或传说中“美人鱼”的原型、性情温顺的儒艮，无不把这里当做自己世代繁衍的故乡，年复一年欢迎着那些来自天南海北，充满了好奇心的游客们。

这就是有名的贝壳沙滩，地上的各类贝壳多得像满天星。

去鲨鱼湾，最不容错过的，是同世界上最友善的海洋生物——海豚亲密接触的机会。据说在30多年前，当地有位叫爱丽丝的女渔民，每当她出海捕鱼的时候，船边总会有只海豚与她相伴。于是，善良的爱丽丝不时往水里投下鲜鱼去喂养这位不请

水母是一种非常漂亮的水生无脊椎动物，其身体成分的99%由水构成，外形像一把透明的伞。图为生活在鲨鱼湾的水母。

自来的“客人”。久而久之，这只海豚竟然养成了习惯，总是在每天清晨等待着爱丽丝手中美味的早餐。再后来，爱丽丝试着引导海豚游向岸边，不想它却叫来了自己的伴侣，以及它为数众多、形貌各异的子女和朋友。

时至今日，爱丽丝和这只海豚都早已不在了，但是海豚的后代们依然保留着与人为善的习性。7只海豚十年如一日地每天清晨游向这片沙滩，向岸边的人们索要食物——仔细算来，这已经是海豚家族的第三代成员了。在它们的带领下，另有20余只海豚也会时不时地光临此地。当地人于是就地建起了度假村，以便游客们能更好地和这些海洋朋友们相处。在工作人员的指导下，游客可以用鲜鱼喂食海豚，合影留念，甚至于伸手去抚摸它们光滑的脊背，也绝不会遭到任何拒绝。

这或者正是人与动物相亲相善的最好证明吧！

度假村的规模不大，但为蓝水晶般清澈的大海所包围，实在可称得上世人梦寐以求的人间仙境。除了海豚，这里还有四轮驱动车探险之旅、海滩野餐等丰富的户外活动。更令人惊讶的是，沿着鲨鱼湾超过1 500千米的绵长海岸线徒步前行，你会见到一片奇特的、绝无仅有的贝壳沙滩。在一片宽10米、长约6千米的海岸边，无数细小的白色贝壳代替了人们在海滩上司空见惯的沙子，以一种光亮鲜活又略显神秘的姿态静候着游客们的探访。在贝壳海滩举目眺望远方水天一色般如梦的幻境，夕阳西下，如此绚丽的场景，将令每一个曾经有幸亲历的人毕生难忘。

鲨鱼湾地处热带和亚热带之间，给海洋动物提供了良好的生存环境，是各种洄游性鱼类的必经之处。

南极 South Pole

冰/雪/帝/国

地理位置－南极洲

度假名片－QQ世界、海豹

巨大的寒冷使人孤独，然后便是令人窒息的恐惧。征服这片大陆，是绝对的挑战、绝对的极限、绝对的超越自我。那种满足感、成功感，必将至高无上。

在地球上，若是两个人处在任何不同的位置，只要他们始终不变地沿着相同经线向着正南方向前进，必然会相聚在一点，这个点就是南极。

南极是世界南端的尽头，是我们最终会相遇的地方。

不是所有人都能有幸目睹地球最南端的风采，更多的时候，我们只是听说。听说那里整日狂风呼啸，夹带着冰雪的颗粒，除了白色只有黑色，没有绿树鲜花，只有无穷无尽的冰川雪峰，没有四季轮回，只有漫长的极昼与极夜交替。

这才是真正的银装素裹，静中有动，精灵们正打算下水觅食。

这里是真正的地球边缘，冰天雪地。巨大的寒冷使人孤独，然后便是令人窒息的恐惧。这绝世的美丽，却如空谷佳人，对常人而言可望而不可即，冰封万年，时时都是寂寞。

南极寂寞地站立在地球最南端，由于位置太过偏僻，它成了世界上最晚被发现的大陆。太平洋、大西洋和印度洋将它紧紧怀抱，形成一个巨大的水圈，不但隔断了其他陆地，也隔绝了现代的文明世界。

称其为大陆其实有些勉强，南极洲本身是一个亘古不化的巨大冰盖，土地的面积少得可怜。这里有95%的面积都被白色冰雪覆盖着。大面积的浮冰在南极周围的水面上浮沉，它们是极为美丽的，广阔无边，在湛蓝的海水中若隐若现，充满了神秘诱惑；它们又是极为危险的，成为人类接近南极的第一道路障，多少海上航船葬身于它冰冷的亲吻，如同一个被施了魔咒的迷阵。你能抗拒这种危险的诱惑吗？

南极应该是地球上最清洁的地方，从这张照片一望便知。

水面上漂流着的还有数以万计的巨大冰山，它们挣脱了冰盖的束缚，与冰盖决裂，坠入大海，开始寻觅属于自己的航道，就这么静静地漂着，没有目的，不知道漂了多远，漂了多少年。冰山的体积是庞大的，华丽非凡，气宇轩昂，在阳光下通体反射着清冷的光辉。因为疲累，它的身形渐渐委靡，不时有碎冰散落，轰鸣雷动，咆哮着离它而去，就如它当年离开冰盖那么决绝。终会有一天，那最后的巨响告诉我们它的心已经碎了，裂成无数不规则的碎块，被打着旋儿的波涛吞没。这就是冰山的宿命，总有一

刚出生的小企鹅不敢脱离父亲的怀抱擅自走动，仍然躲在父亲腹下的皱皮里，偶尔探出头来望一望父亲的四周，窥视一下四周冰天雪地的陌生世界。

天它会粉身碎骨，不得不终止漂流的脚步。但是茫茫海面知道，它已经来过。它的结束与开始，同样精彩。

在酷寒中，海豹非常惬意，因为它有丰厚的皮毛和脂肪。

太阳，在任何地方都不可一世的太阳，却难以成为这个世界的主宰，它不能令冰雪消融，不能令万物生长，甚至都不能给予人温暖。在这里它只是作为一个白天的象征，或者是一个景色的点缀——为这个纯白的世界缀上一道富丽堂皇的金边而已。可能正因如此，它在极地的工作似乎也是漫不经心的。夏季里，它可以勤勉到不分昼夜地出现，为南极世界长时间地带来光明。冰雪泽被阳光，金碧辉煌地闪烁着，但它们倔犟地把阳光反射回去，不接受这温暖的赏赐，仅有的一点点余热，也最终被凛冽的空气吞噬。半年的极昼过去后，南极依旧冰冷彻骨。

骄傲的太阳也会累的，于是在冬季，南极的极夜出现了。南极陷入了半年的黑暗。白色没有向黑夜屈服，反而在暗夜的笼罩下格外分明，告诉人们它才是南极的王者，南极永远都是冰雪的王国。但是，因为我们不会忘记海面上日出时的美丽，所以也不会忘记南极的阳光。

南极并不是单调不变的，因为除了白色我们还可以看到黑色。黑色的礁石是南极除了冰川之外数量最多的东西。石头比坚冰的年龄要年轻很多，它不像冰盖深深地埋到土地里，甚至深入数千米，而只是悄无声息地蛰伏在地表之上，默默忍受着风雪的侵袭。千万年的风化磨蚀了它的形状，有高大的石峰，有凌乱的石块，有几乎被碾成齑粉的石屑，黑色的表面带着些绿色的苔藓、地衣，讲述着一个古老岁月的故事。

这些小小的苔藓、地衣是南极鲜有的绿色。在潮湿的地方，它们顽强地生长着，给这块冷冰冰的土地带来了一丝生命的气息。偶尔有暖和的日子，南极的积雪化成涓涓细流，苔藓在水流的滋润下快活地生长，让枯燥的黑白色得到了一丝调剂。

短暂的春天过后，南极又恢复了它的本来面目，-80℃的低温、12级的暴风，雪柱冰花高达百丈，似乎要剿灭一切生的痕迹。但是有些动物偏偏不服输，选择了这片大陆世代生存。

不要以为没有生命能忍受这极度恶劣的环境，南极最耀眼的明星——企鹅就可以。我们已经从无数以它为主角的影视作品里欣赏过它们憨态可掬的样子。企鹅是南极海鸟中数量和种类最多的家族，深谙南极的生存之道，甚至连它们的身子都是黑白二色，综合了南极的主打色彩，如一袭专制的燕尾服，以谦谦君子的模样表明南极是它们的专属领土。在寒冷的冰面上，迎着呼啸的狂风，一群企鹅依偎在一起，用体温互相取暖，轮流去阻挡

给冰川来个特写，你会发现它并非冷酷到底，还是有那么一丝情意。

猛烈的狂风。长期的严寒让它们知道只有团结才能生存。最令它们欣慰的是，至少这里还没有其他的危险。南极摒弃一切陆地食肉动物，尽管它们也会寒冷，但至少还有安逸，所以它们愿意做执著的坚守者。

海豹是南极又一个活跃的生灵，很多时候它们懒洋洋地卧在海滩上，仿佛周遭的恶劣天气都和它们无关，灰黑的颜色就像一块礁石。有时它们还会登上漂流的冰山，体验一下“乘船远航”的感觉。

威德尔海是南极最危险的海域，这里大片流冰群与冰山相互撞击、挤压，发出一阵阵惊天动地的隆隆声，令人心惊胆战。另外，这片海域还有大量海上“屠夫”——逆戟鲸，让不少进入这里的船只有来无回。

南极对生命并不是时时仁慈的，尤其是对于人类。它用酷冷奇寒的肃杀之气断然谢绝人类好奇的拜访，平原上巨大开裂的冰缝仿佛张开大口的地狱之门，让人举步维艰。但它偏偏又是一个巨大的藏宝之地，它的神秘、它的矿藏、它的动物资源，都是人类想要发掘的宝藏。

征服这片大陆，是绝对的挑战、绝对的极限、绝对的超越自我。在极点上插上属于自己的国旗，张开双臂对着白茫茫的原野呐喊，那种满足感、成功感，必将至高无上。

只是，我们不是训练有素的科考队员，我们只能把羡慕的眼光投给他们，然后从他们的视野里，看着这一片冰肌玉骨的妖娆。

只要这片大陆存在一天，对生命的探索和追求就永无止境。

今夜，希望我多彩的梦里，能点缀你的黑与白。

全球
100度假天堂

- 文图编辑：黍　离
- 美术编辑：李树香　张鹤飞　罗小玲
- 装帧设计：韩少杰
- 文稿撰写：张　玮　孙玉梅　赵晓玉　严　昕　刘　智　陈　宇
- 图片提供：华盖创意图像技术有限公司
  北京全景视觉网络科技有限公司
  达志影像　中国图片网
  FOTOE.COM　IMAGINECHINA